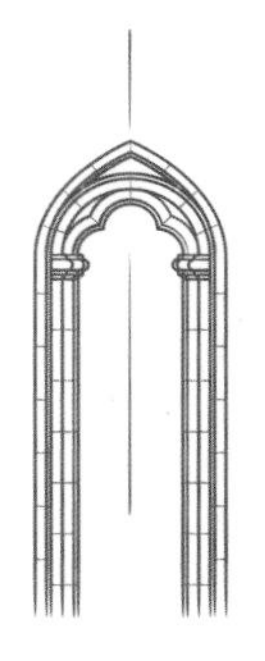

유럽 성당 방문자를 위한
맞춤형 지식 교양서

여행자의 성당 공부

일러두기

이 책에 등장하는 인명, 지명 등 외래어의 표기는 국립국어원의 외래어 표기법 및 외래어 표기 용례집을 따랐습니다.
다만, 일부는 원어 발음을 고려하였으며, 대중적으로 널리 사용되고 있는 표기가 있는 경우 필요에 따라 그 표기를 따랐습니다.

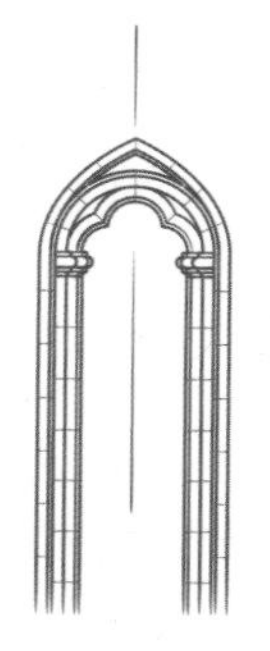

유럽 성당 방문자를 위한
맞춤형 지식 교양서

여행자의 성당 공부

글 신양란 | 사진 오형권

북핀

바티칸시국 성 베드로 대성당 내부

유럽, 한 번도 안 간 사람은 있어도
한 번만 간 사람은 없는 치명적인 여행지

"한 번도 안 간 사람은 있어도, 한 번만 간 사람은 없다."
여행자마다 정말 그렇다고 수긍하는 곳이 각각 다르겠지만, 필자의 생각으로는 유럽이야말로 그런 여행지가 아닐까 싶어요. 한번 빠지면 헤어날 길이 없는, 아주 치명적인 매력을 지닌 곳. 혹시 유럽을 '여행계의 세이렌'이라고 하면 너무 호들갑스러워 보일까요?
무엇인가를 지나치게 좋아하는 습성을 '벽癖'이라고 합니다. 한번 빠지면 고질병이 되는 게 바로 '벽'인데, 어떤 사람에게는 여행이 그런 몹쓸(?) 병이 되기도 합니다. 그리고 유럽이 발병 원인이 되는 때가 많다는 것이 필자의 주장이랍니다.

그리스도교 문화권인 유럽은 어느 나라 어느 도시를 가든 성당을 흔하게 볼 수 있습니다. 성당이라는 용도의 건축물을 대충 구경하려는 사람에게는 한 시간도 충분할 테지만, 유럽의 문화와 정신이 집약된 문화유산을 이해하면서 제대로 보려는 사람에게는 하루도 부족할 겁니다.

이 책은 유럽에 가서 죽어도 성당을 볼 생각이 없는 사람한테는 필요 없는 책입니다.
그렇지만 유럽 가서 성당을 한 군데도 안 본다는 건 너무 손해나는 일일 텐데, 어쩌죠? 혹시라도 생각이 바뀔 여지가 있을까 하여 바티칸시국 성 베드로 대성당의 화려한 내부 사진을 보여드립니다. 일종의 미끼 상품이지요. 저렇게 멋진 곳을 외면할 자신 있느냐는 도발이기도 하고요. 어떤가요? 좀 맘이 흔들리시나요?
그리스도교 신자가 아니라 해도, 유럽의 성당은 가 볼 필요가 있습니다. 유럽의 역사와 문화, 예술 등을 이해할 수 있는 소중한 문화유산이라고 받아들인다면, 종교적 입장이 다르다고 해도 거부감이 덜할 겁니다.

자, 맘이 흔들린 김에 유럽 가면 성당을 한 군데라도 보는 걸로 마음을 딱 정합시다. 그러고 나면 이 책이 꽤 유용할 겁니다.

파도바 대성당 부속 세례당의 벽화와 천장화

맙소사,
성당에 오긴 왔는데 뭐가 뭔지 도무지 모르겠어

눈앞에 우뚝 선 성당의 장엄한 규모와 화려한 장식에 입이 떡 벌어지며 '와, 진짜 대단하네. 옛날에 어떻게 저런 엄청난 건물을 지었을까. 저기 잔뜩 붙어 있는 것들은 다 뭘까. 무슨 의미가 있기는 할 텐데, 도무지 모르겠어.'라고 생각하면서 남는 건 사진뿐일 것 같아 카메라 셔터를 누르기에만 바빴던 경험이 있는 분들이라면, 이 책을 눈여겨 봐주세요.

'커다란 한 권의 성서'라고 불리는 성당은 그리스도교에 대한 기본 지식을 알아야 제대로 볼 수 있습니다. 유럽 여행의 중요한 부분이라고 할 수 있는 성당 투어가 그저 건물 규모에 놀란 기억밖에 남기지 못한다면 너무 아까운 일입니다.

이 책과 함께라면 성당 투어에 관한 한,
아는 만큼 보이는 여행의 즐거움을 만끽할 수 있을 겁니다.

이 책은 유럽에 가서 한 군데라도 성당을 들를 생각이 있는 여행자를 위한 안내서입니다. 성당을 방문할 여행자들이 미리 알고 가야 할 내용을 공부할 수 있는 맞춤형 지식 교양서거든요.

유럽에 가서 죽어도 성당은 볼 생각이 없는 사람은 읽을 필요가 없는 책,
그러나 단 한 군데라도 볼 생각이 있는 여행자라면 반드시 읽고 가야 할 책,
성당 안팎의 모든 것을 다 알고 있는 사람은 읽을 필요가 없는 책,
그러나 아는 것보다 모르는 게 더 많은 여행자라면 꼭 읽고 갔으면 하는 책!

까짓것, 앞으로는 성당 앞에서 주눅 들지 말자고요.

Contents

Part 1.

성당 건축 양식과 내부 구조

Part 2.

성화와 성상의 소재가 되는 주요 인물들의 생애

1 예수의 일생

2 예수의 수난

3 성모 마리아의 일생

4 세례자 요한의 일생

Part 3.

성화와 성상에 자주 등장하는 인물들

1 예수의 열두 제자

5 서방 교회의 4대 교부

6 그밖에 자주 등장하는 성인들

Part 4. 알아두어야 할 그리스도교 관련 용어와 주요 사건

1 그리스도교 관련 개념과 용어

Part 1.

성당 건축 양식과 내부 구조

1
성당 건축 양식

그리스도교 문화권인 유럽은 어느 나라 어느 도시를 가든 성당을 흔하게 볼 수 있습니다. 규모가 크고 유명한 성당이 있는가 하면 역사가 오래되고 종교적인 가치가 높은 성당도 있는데, 그런 곳들은 여행자들의 관심을 끌기 마련입니다. 혹은 주민들의 삶의 일부가 된 작고 소박한 성당들도 많은데, 그런 곳을 들르면 수더분한 현지 주민을 만난 것 같아 마음이 놓이고 친근한 느낌을 받게 되지요.

그리스도교의 성전聖殿이라는 공통점을 갖는 성당들이지만, 건물의 생김새는 각양각색입니다. 그리스도교가 로마 제국의 국교가 된 이후로, 다양한 건축 양식이 나타나 각각의 성당에 영향을 미쳤기 때문입니다.

여기에서는 성당 건축에 반영된 중요한 건축 양식들에 대해 알아보려고 합니다.

바실리카 양식
BASILICA STYLE

현존하는 바실리카 양식의 성당 중, 그 원형이 비교적 잘 남아 있는 '성 밖의 성 바울 대성당' 측면

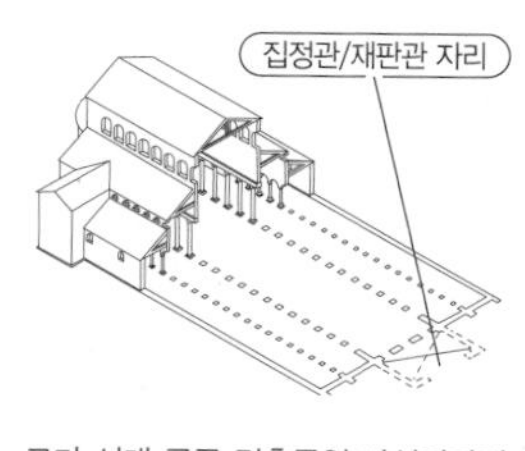

로마 시대 공공 건축물인 바실리카의 형태

성당 건축 양식 중, 가장 이른 시기에 나타난 것이 바실리카 양식입니다.

바실리카basilica란 원래 로마 공화정 시대에 재판소나 집회장, 시장, 관공서 등으로 사용하던 대규모 공공시설을 가리키는 말이었습니다. 그런 건물들은 대개 중앙의 넓은 복도를 줄지어 늘어선 기둥들이 둘러싼 구조였지요. 바실리카는 다수의 사람들이 이용하는 큰 규모의 공공 건축물로, 천장을 높게 해서 창문을 달았고, 한쪽 끝 혹은 양쪽 끝에는 집정관이나 재판관이 앉는 자리가 있었습니다.

바실리카란 단어는 세월이 흐르면서 건물의 용도(공공시설)보다는 건물의 형태(열주列柱가 늘어선 직사각형 구조)를 가리키는 말로 쓰이게 되었습니다. 고대 그리스 문명을 폭넓게 받아들인 로마는 그리스 신전 양식을 받아들여 건물을 지으면서, 그리스 신전 모양의 직사각형 건물을 바실리카라고 부른 것입니다.

이러한 바실리카는 훗날 그리스도교 시설로 사용됩니다. 콘스탄티누스 1세가 밀라노 칙령을 반포하여 그리스도교를 공인公認함으로써 종교의 자유를 얻게 된 그리스도교도들은 공개적으로 예배를 드릴 수 있게 되었지만, 그들에게는 함께 모일 만한 마땅한 장소가 없었습니다. 그전까지는 박해를 피해 소규모로 예배를 드렸기 때문입니다.

할 수 없이 기존에 있던 건물을 예배 장소로 이용하는 방법을 모색했는데, 가장 안성맞춤인 것이 바실리카였습니다. 왜냐하면 바실리카는 많은 신자들을 수용할 수 있을 만큼 규모가 컸고, 건물 안쪽에 위치한 집정관이나 재판관의 자리는 중앙 제단이 놓이는 애프스apse 역할을 할 수 있었으며, 열주들로 분리된 공간의 중앙부(신랑)와 그 양쪽의 공간(측랑)에는 신도들이 앉을 수 있었기 때문입니다.

이렇게 기존의 바실리카를 예배 공간으로 사용하다 보니 이후에 짓는 성당 건물들도 자연스럽게 바실리카의 구조를 닮게 되었고, 그런 건축 양식을 바실리카 양식이라고 했습니다. 콘스탄티누스 1세의 명으로 짓기 시작한 옛 성 베드로 대성당[1]이 바실리카 양식의 건물이었습니다.

바실리카 양식은 가장 오래된 건축 양식이기 때문인지, 현재는 성당 전체가 바실리카 양식으로 되어 있기보다는 신랑 쪽에서 바실리카 양식의 특징을 찾아볼 수 있는 경우[2]가 더 많은 듯합니다. 바실리카 양식으로 지어진 오래된 성당이 세월이 지나면서 증개축되는 과정에서 다른 양식이 가미되었기 때문일 겁니다.

바실리카 양식은 뒤에 나타나는 로마네스크 양식이나 고딕 양식에 영향을 미쳤습니다. 로마네스크 양식은 줄지어 선 기둥과 기둥 사이를 로마식 둥근 아치로 연결[3]하였고, 고딕 양식은 끝이 뾰족한 첨두아치로 연결[4]한 차이가 있을 뿐입니다.

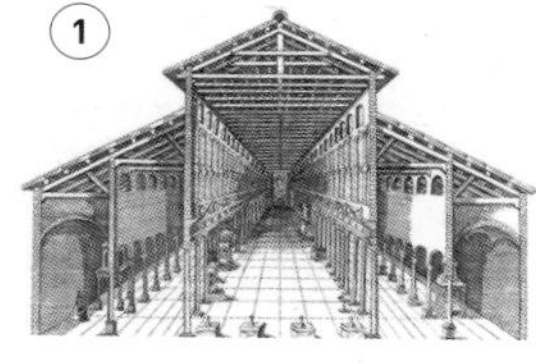

바티칸시국의 옛 성 베드로 대성당 상상도

로마 산타 마리아 마조레 대성당 (바실리카 양식의 신랑)

라벤나 산 프란체스코 성당 (로마식 둥근 아치로 연결)

탈린 올레비스테 성당 (끝이 뾰족한 첨두아치로 연결)

로마의 4대 바실리카

성 베드로 대성당

산 조반니 인 라테라노 대성당

성 밖의 성 바울 대성당

산타 마리아 마조레 대성당

'바실리카'라는 용어를 사용하는 또 다른 경우가 있는데, 그것은 종교적으로 특별히 중요하여 교황이 축성하거나 승인한 성당을 일컫는 경우입니다. 주교좌 대성당을 의미하는 '카테드랄'보다도 더 중요하게 여겨지는 대성당이 바로 바실리카입니다.

로마에는 4대 바실리카로 일컬어지는 대성당들이 있는데, 성 베드로 대성당Basilica di San Pietro[5]이 가장 대표적인 바실리카이며, 그밖에 산 조반니 인 라테라노 대성당Basilica di San Giovanni in Laterano[6], 성 밖의 성 바울 대성당Basilica di San Paolo Fuori Le Mura[7], 산타 마리아 마조레 대성당Basilica di Santa Maria Maggiore[8]이 바로 바실리카라는 명예로운 이름을 부여받은 대성당들입니다.

그중에서도 가장 위격이 높고 중요한 위치를 차지하는 것이 바로 산 조반니 인 라테라노 대성당인데, 그 이유를 알아봅시다.

산 조반니 인 라테라노 대성당은 라테라노 가문의 저택을 콘스탄티누스 1세가 접수하여 성당으로 개축한 다음, 교황청에 기부하였다고 합니다. 이 말은 이 성당이 공식적으로는 그리스도교 역사상 최초의 성당이라는 뜻입니다. 왜냐하면 콘스탄티누스 1세 이전까지는 그리스도교가 극심한 박해를 받았으며, 그가 313년에 밀라노에서 반포한 칙령에 의해 비로소 종교로서 인정을 받았기 때문입니다. 그 이전에도 그리스도교 교인들의 비공식적인 신앙 공동체가 있었지만, 공식적인 성당이 등장한 것은 이때가 처음인 것입니다. 그런 까닭에 산 조반니 인 라테라노 대성당은 교황의 거처이자 중요한 회의가 열리는 곳으로 그리스도교 안에서 가장 높은 지위를 누렸던 것입니다. 다섯 차례에 걸쳐 라테라노 공의회가 열린 것만 보아도 그런 사실을 짐작할 수 있습니다.

산 조반니 인 라테라노 대성당 내부

그러나 아비뇽 유수Avignonese Captivity(1309년~1377년까지 교황청을 남프랑스의 아비뇽으로 이전한 사건)로 인해 산 조반니 인 라테라노 대성당은 쇠락의 길로 접어들게 되지요. 교황이 없는 로마 주교좌 성당은 존재 의미가 희미해졌기 때문입니다.

그 뒤로 여러 차례의 재건축을 거치면서 현재의 모습[9]을 갖추었지만, 바티칸시국 안에 있는 성 베드로 대성당에서 대부분의 교황청 관련 행사가 이루어지고 교황이 그곳에서 거주하면서 산 조반니 인 라테라노 대성당의 중요성은 예전 같지 않은 게 사실입니다. 그러나 이곳은 여전히 로마 교구를 주관하는 대성당이자 공식적인 교회법상으로는 로마의 주교인 교황이 거주하는 곳으로 여겨지므로 가톨릭 신자들에게는 여전히 의미가 깊은 곳이라고 할 수 있습니다.

바실리카 양식에 로마식 둥근 아치를 사용한 경우

로마 산타 마리아 인 아라코엘리 성당

산 지미냐노 대성당

모데나 대성당

바실리카 양식에 첨두아치를 사용한 경우

밀라노 대성당

하이델베르크 성령 교회

빈 보티프 성당

카테드랄과 바실리카의 차이점

바실리카basilica와 카테드랄cathedral은 우리말로는 둘 다 '대성당'이라고 번역하지만, 개념은 약간 다릅니다.

바실리카는 종교적으로 특별히 중요하여 교황이 축성하거나 승인한 성당을 일컫는다는 설명을 앞에서 했습니다.

카테드랄은 개신교가 아닌 구교(로마 가톨릭과 동방 정교회)의 교회 건물을 이르는 이름 중 하나인데, 특히 주교가 관할하는 주교좌성당을 말합니다. 이 말은 주교가 앉는 의자인 '카테드라cathedra'에서 온 말로, 대개 도시에서 가장 규모가 크고 중요한 의미가 있는 성당이 그에 해당하며, 영어로는 카테드랄cathedral, 프랑스어로는 카테드랄cathedrale, 이탈리아어로는 두오모duomo, 독일어로는 돔Dom 또는 뮌스터Münster라고 합니다.

서울의 명동성당도 주교좌성당이지요.

피렌체 두오모(산타 마리아 델 피오레 대성당)

쾰른 돔(쾰른 대성당)

카테드랄은 각 도시에 하나만 들어서게 되므로, 특별한 사정이 없는 한 도시의 이름 뒤에 '대성당'이라는 말이 붙은 경우에는 카테드랄로 보면 무난합니다. 예를 들어 밀라노 대성당, 시에나 대성당, 피사 대성당 식으로 말입니다.

밀라노 대성당

시에나 대성당

피사 대성당

로마 건축의 특징인 둥근 아치를 풍부하게 사용한 양식

로마네스크 양식

ROMANESQUE STYLE

로마네스크 양식의 파르마 대성당

바실리카 양식에 당대의 유행인 비잔틴 예술과 이슬람 전통, 켈트족과 게르만족의 전통이 복합적으로 영향을 미친 것이 로마네스크 양식입니다. 11세기부터 12세기 중엽에 유행한 새로운 건물 유형이지요.

'로마네스크'란 용어는 '로마스러운(로마적인)'이라는 의미를 갖습니다. '아라베스크'가 '아랍스러운(아랍 풍의)'이란 의미를 갖는 것과 마찬가지이지요. 로마 건축의 가장 큰 특징인 둥근 아치를 건축에 많이 사용하였기 때문에 로마네스크 양식이라는 말이 나왔습니다. 로마 건축의 대표 사례인 콜로세움[1]과, 로마네스크 양식 건축의 대표 사례인 피사 대성당[2]을 비교해 보면 이해하기 쉬울 것입니다.

로마 콜로세움

피사 대성당

코모 대성당의 아치형 창문

코모 대성당의 로마식 아치로 이루어진 아케이드

로마네스크 양식의 대표적인 특징이 로마식 둥근 아치의 사용이라면, 아치형 창문과 문, 로마식 아치로 이루어진 아케이드arcade(늘어선 기둥들에 의해 지탱되는 아치와 그것이 조성하는 개방된 통로 공간)도 로마네스크 건축물의 중요한 특징이 될 수 있습니다. 이탈리아 코모의 대성당[3·4]에서 그런 요소를 찾아볼 수 있지요.

로마네스크 건축 양식이 유행하던 당시는 전쟁이 잦았으므로, 쉽게 파괴되지 않는 튼튼한 건축물이 요구되었습니다. 그래서 두꺼운 벽과 튼튼한 기둥, 큰 탑 등도 로마네스크 양식의 중요한 특징입니다.

페라라 대성당

라벤나 세례자 요한 성당(내부)

앙굴렘 대성당

투르네 노트르담 대성당

밤베르크 대성당

동로마 제국에서 유행한 양식

비잔틴 양식

BYZANTINE STYLE

비잔틴 양식의 대표적인 건축물인 하기야 소피아

예술 분야에서 비잔틴 양식이라고 하면, 동로마 제국과 그 세력권에 속했던 지역에서 유행한 예술의 한 유형을 말합니다. 동로마 제국을 다른 말로는 비잔틴 제국이라고 하였으므로, 비잔틴 양식이라고 하는 것입니다. 비잔틴 제국은 동로마 제국의 수도인 콘스탄티노플(현재의 튀르키예 이스탄불로, 콘스탄티누스 1세가 수도로 정하였으므로 그의 이름을 따서 콘스탄티노플이라고 함)의 원래 이름이었던 비잔티움에서 따온 명칭입니다.

성당 건축에 있어서 비잔틴 양식이라고 할 때 가장 중요한 두 가지 특징은, 그리스 십자가형 평면 구조와 펜던티브 돔 구조라고 할 수 있습니다.

그리스 십자가는 가로와 세로의 길이가 같은 십자가 형태를 말합니다.

라틴 십자가형 평면 구조의 쾰른 대성당(고딕 양식)

그리스 십자가형 평면 구조의 산 마르코 대성당(비잔틴 양식)

가로보다 세로가 긴 십자가는 라틴 십자가라고 하지요. 고딕 양식의 성당이 대체로 라틴 십자가형 평면 구조[1]를 갖는 데 비해, 비잔틴 양식의 성당은 그리스 십자가형 평면 구조[2]가 대부분입니다.

비잔틴 양식의 성당 건물에서 볼 수 있는 둥근 돔 지붕을 '펜던티브 돔 pendentive dome'이라고 합니다.

고대 건축에서 돔 지붕의 대표적인 사례를 우리는 로마 판테온에서 찾아볼 수 있습니다. 둥근 평면의 건물에 올린 돔 지붕이지요. 이 경우는 벽과 천장이 맞물리므로 불필요한 공간이 남지 않습니다.[3]

펜던티브 돔은 이와 달리 사각형의 평면에 올린 둥근 돔 지붕이므로 돔 주변에 네 개의 삼각형 공간이 생기게 됩니다. 이 공간을 펜던티브라고 했으므로, 펜던티브 돔이란 용어를 쓰는 것입니다. 비잔틴 양식 건축물의 효시가 되는 이스탄불의 하기야 소피아에서 둥근 돔 지붕과 펜던티브를 볼 수 있습니다.[4]

로마 판테온의 외관과 내부 돔

이스탄불 하기야 소피아의 외관과 내부 펜던티브 돔

비잔틴 양식 성당의 또 다른 특징은 건물 내부의 돔 천장과 벽에 프레스코화나 모자이크화로 빈곳이 보이지 않을 정도로 화려하게 장식했다는 점입니다. 베네치아의 산 마르코 대성당,[5] 라벤나의 산 비탈레 성당, 이스탄불의 카리예 뮤지움(코라 성당)[6] 등이 특히 유명합니다.

다만, 이스탄불의 하기야 소피아[7]는 동로마 제국이 멸망하고 오스만 제국이 들어서는 과정에서 이슬람교도들이 그리스도교 관련 모자이크화에 회반죽을 덧바른 뒤, 그 위에 이슬람식 아라베스크 문양을 그려 놓았습니다. 그래서 현재는 일부 복원된 모자이크화를 통해 비잔틴 양식 성당의 화려했을 모습을 짐작할 수 있을 뿐입니다.

그밖에 아테네 고대 아고라에 있는 성 사도 교회의 프레스코화[8]는 세월의 흐름을 이기지 못하고 대부분 지워졌지만, 원래는 내부 전체에 그려졌을 것입니다.

유럽의 비잔틴 양식 성당에서 만날 수 있는 화려한 모자이크화와 프레스코화 장식

베네치아 산 마르코 대성당

이스탄불 카리예 뮤지움(코라 성당)

이스탄불 하기야 소피아

아테네 성 사도 교회

고트족스럽게 거칠고 야만적이라고 하여 붙인 이름

고딕 양식

GOTHIC STYLE

고딕 양식의 특징이 잘 드러나는 샤르트르 대성당

'신이 인간을 지배한 시대'라고 한마디로 요약할 수 있는 중세 시대에는 누구나 예외 없이 그리스도교 신앙을 갖고 살았습니다. 문제는 대부분의 신자들이 문맹이라서 성서의 내용을 읽고 해석할 수 없다는 점이었지요. 그들은 사제의 설교를 통해 그리스도교의 교리를 이해하려고 노력했을 테지만, 확성기가 없던 시절이라 미사에 참여한다고 해도 사제의 설교를 들을 수 있는 사람은 한정되어 있었습니다.

그래서 고육지책으로 성당 측이 생각해 낸 방법이 바로 성서 관련 내용을 담은 조각이나 회화를 활용하는 것이었습니다. 그렇기 때문에 중세 시대에 건축된 성당들은 한 권의 성경책이라고 해도 지나치지 않을 정도로 많은 내용이 건물 안팎에 미술 작품의 형태로 장식되어 있는 것입니다.

중세 시대 성당 건축 양식의 대표적인 예가 고딕 양식입니다. '고딕'이란 단어는 '고트족Goths스러운'이란 말에서 왔으며, 게르만족의 일파인 고트족族을 야만적이라고 생각한 르네상스 시대의 미술가들이 붙인 표현입니다. 르네상스 이전의 미술을 '야만적인 것이 꼭 고트족 같다.'고 생각해서 붙인 이름이니, 고딕 양식은 '야만스럽고 거친 양식'이라는 의미를 담고 있습니다.

이탈리아의 건축가이자 화가였던 조르조 바사리Giorgio Vasari는 고딕 양식을 이렇게 폄하했습니다.

"고트족(즉, 참된 고전을 배운 적이 없는 야만인들)은 독자적인 양식을 발전시켰으나, 그것은 고전의 소박한 아름다움이라고는 찾아볼 수 없는 드높은 첨탑과 기괴하고 불필요한 장식을 모아놓은 것에 불과하다."

그런데 재미있는 것은 그의 지적에 고딕 양식의 특징이 잘 요약되어 있다는 점입니다. 고딕 건축의 특징을 생각할 때 가장 먼저 떠오르는 '하늘을 찌를 듯 높이 솟은 성당의 첨탑'이야말로 하늘에 닿고자 하는 중세인의 신앙심을 나타내는 것이지요. 또한, 높은 천장과 크고 긴 창문, 성서의 내용을 아름답게 새겨 넣은 스테인드글라스도 고딕 양식 성당의 특징입니다.

고딕 양식 성당 건축물의 특징적인 요소들을 살펴봅시다.

가장 먼저 언급되는 것이 높이 치솟은 첨탑尖塔(지붕이 뾰족하게 솟은 탑)입니다. 대부분 고딕 양식의 성당에서는 대칭을 이루는 쌍둥이 첨탑[1]을 볼 수 있습니다. 그러나 항상 그런 것은 아니어서 건축 당시의 사정상 하나의 첨탑만 세운 경우도 있고, 프랑스의 랭스 대성당이나 파리 노트르담 대성당의 사각형 종탑도 고딕 양식의 결과물입니다.

1 쾰른 대성당(쌍둥이 첨탑)

세비야 대성당(첨두아치)

파리 생트 샤펠 성당(스테인드글라스)

빈 슈테판 대성당(리브 볼트)

파리 노트르담 대성당
(플라잉 버트레스)

로마네스크 양식에서 많이 사용된 둥근 아치와는 달리, 폭이 좁고 끝이 뾰족한 첨두아치pointed arch도 고딕 양식의 특징입니다.[2] 신이 있는 곳이라고 생각한 하늘에 닿을 듯 조금이라도 더 높이 지으려니 당연한 선택이었을 것입니다.

폭이 좁고 세로로 높은 창을 스테인드글라스로 아름답게 장식하는 것도 고딕 양식의 중요한 특징입니다.[3] 스테인드글라스는 성서의 내용을 그림으로 표현해 신자들에게 설명하는 효과도 있었지만, 색유리를 통해 성당 안으로 들어오는 신비스러운 빛은 신자들에게 신의 은총을 느끼게 해 주었을지도 모릅니다.

리브 볼트ribbed vault도 고딕 양식의 건축물에서 특히 발달한 특징입니다.[4] 리브 볼트란, '안쪽에 리브(두께가 얇은 부분을 보강하기 위해 덧붙이는 뼈대)를 부착한 볼트(아치에서 발달한 반원형 천장)'란 뜻인데, 고딕 건축물의 천장을 보면 그 형태를 알 수 있습니다. 마치 천장에 갈빗대가 드러난 것처럼 보이는 것이 리브 볼트로, 천장의 무게를 분산시켜 무너지지 않도록 하는 역할을 합니다.

플라잉 버트레스flying buttress(벽 날개)[5]도 고딕 양식 건축물의 특징인데, 이는 높은 수직 벽이 받는 압력을 분산시키기 위해 건물 외벽에 세우는 날개 모양의 구조물을 말합니다.

르네상스 시대의 사람들이 보기에는 아름답기는커녕 기괴하고 우스꽝스러울 뿐인 양식이었는지 모르지만, 고딕 양식은 그 뒤로도 성당 건축물에 즐겨 응용되었습니다. 자신들의 기도가 하늘에 닿기를 열망한 그리스도교 신자들의 바람을 충족시키기에 가장 적합한 양식이었기 때문입니다.

드높은 종탑

빈 슈테판 대성당(하나의 첨탑)

파리 노트르담 대성당(사각형 종탑)

첨두아치

빈 슈테판 대성당

프라하 성 비투스 대성당

폭이 좁고 긴 창문과 스테인드글라스

빈 보티프 성당

쾰른 대성당

리브 볼트

빈 보티프 성당

프랑크푸르트 대성당

플라잉 버트레스

시에나 대성당

로텐부르크 성 야고보 성당

신이 아닌 인간을 먼저 생각하다

르네상스 양식

RENAISSANCE STYLE

르네상스 건축을 대표하는 산타 마리아 델 피오레 대성당의 아름다운 돔 지붕

르네상스 양식은 르네상스 시대로 불리는 15세기부터 16세기까지 약 200년 동안 사랑받은 건축 양식입니다. 르네상스Renaissance란 '재생, 부활'이란 뜻으로, 예술 분야에 있어서 찬란했던 고대 그리스 · 로마 시대의 문화를 되살려내자는 의미를 담고 있습니다.

5세기에 서로마 제국이 멸망하면서 중세 시대가 시작되는데, 이 무렵 유럽은 그리스도교가 지배하는 사회였습니다. 그로부터 약 1,000년의 세월이 흘러 동로마 제국이 멸망하는 15세기까지를 중세 시대라고 하는데, 이때는 완고한 그리스도교 신앙의 지배 아래 인간적인 것은 배척당하고 억압당한 시기입니다. 이러한 중세 시대의 엄혹함에서 벗어나 인간성을 회복하려고 노력한 것이 르네상스의 출발이었지요.

건축에 있어서도 이러한 경향이 나타났는데, 그것을 르네상스 양식이라고 합니다. 이 당시의 건축은 그러한 시대정신에 발맞춰 신神 중심에서 인간 중심의 건축으로, 중세 시대 양식에서 고대 그리스 · 로마 시대 양식으로 회귀합니다. 신의 영광을 찬양하기 위한 위압적이고 거대한 성당 건축에서 벗어나 인간을 위한 팔라초palazzo(궁전), 피아차piazza(건물로 둘러싸인 광장), 빌라villa(귀족들의 교외 별장) 등의 건물들이 지어진 것이 이 무렵입니다. 르네상스의 발원지였던 이탈리아에서 특히 르네상스 양식의 건물이 많이 지어졌는데, 현재도 로마와 피렌체 등에서 그 당시의 건물들을 많이 볼 수 있습니다.

르네상스 건축의 특징 중 하나로 '루스티카Rustica, Rustication'라는 게 있는데, 이것은 외벽에 사용하는 돌에 요철 무늬를 넣어 거칠면서도 단단해 보이도록 하여 위용을 드러내는 기법을 말합니다. 피렌체의 피티 궁전[1] 외벽을 보면 르네상스 양식의 그러한 특징이 잘 나타나 있으며, 그라나다의 알람브라 궁전 안에 있는 카를로스 5세 궁전[2] 또한 마찬가지입니다.

피렌체 피티 궁전

그라나다 카를로스 5세 궁전

성당 건축에 있어서의 르네상스 양식은 일반 건축에서의 특징과는 다르게 나타납니다. 앞에서 르네상스 시대는 15세기부터 16세기까지 약 200년 동안을 일컫는다고 하였는데, 이 정도의 기간은 거대한 성당을 짓기 시작하여 완공하기에는 너무 짧다고 할 수 있습니다. 유럽의 중요한 성당들은 대개 수백 년에 걸쳐 지어진 경우가 대부분이기 때문입니다.

그래서 중세 시대를 풍미한 고딕 양식으로 지어지다가 르네상스 시대를 맞아 새로운 시대상을 반영하여 르네상스 건축 양식이 가미된 경우가 있습니다. 피렌체의 산타 마리아 델 피오레 대성당이 대표적인 경우입니다. 산타 마리아 델 피오레 대성당의 내부[3]를 보면 고딕 양식의 중요한 특징인 라틴 십자가형 평면, 신랑과 측랑을 나누는 기둥을 연결하는 첨두아치, 천장의 리브 볼트, 장미창, 스테인드글라스 등을 찾아볼 수 있습니다. 이 건물이 중세 시대에 해당하는 13세기 후반에 공사가 시작되었기 때문입니다.

피렌체 산타 마리아 델 피오레 대성당(고딕 건축 요소를 볼 수 있는 내부)

피렌체 산타 마리아 델 피오레 대성당(부르넬레스키의 돔)

그러나 공사가 계속되는 동안 피렌체에 르네상스 시대가 도래했고, 15세기에 부르넬레스키가 고딕 양식의 건축물에서는 찾아볼 수 없는 독창적인 돔 지붕[4]을 완성함으로써 르네상스 건축의 대표적인 사례가 되었지요. 부르넬레스키의 돔은 훗날 미켈란젤로가 성 베드로 대성당의 돔 설계를 요청받았을 때, "산타 마리아 델 피오레 대성당의 돔보다 더 크게 만들 수는 있지만, 더 아름답게 만들 수는 없다." 하여 유명세를 타기도 했습니다.

부르넬레스키의 돔 이전에도 돔 지붕을 가진 성당은 많았습니다. 르네상스 양식 이전에 유행한 비잔틴 양식에서 돔 지붕은 중요한 특징이었기 때문입니다. 그러나 비잔틴 양식의 돔 지붕은 펜던티브 돔이라고 하여, 사각형의 평면에 둥근 지붕을 올리는 방식이었습니다.

그에 비해 부르넬레스키의 돔은 팔각형의 평면에 팔각형의 지붕을 올린 점이 비잔틴 양식의 돔과 다릅니다. 오히려 벽과 지붕이 완벽하게 맞물린다는 점에서 로마 판테온의 원형 돔에 가깝지요. 로마 건축물의 영향을 받은 이러한 특징은 르네상스 시대의 중요한 특징, 즉 고대 그리스나 로마를 본받고자 한 시대상의 반영이라고 볼 수 있지요.

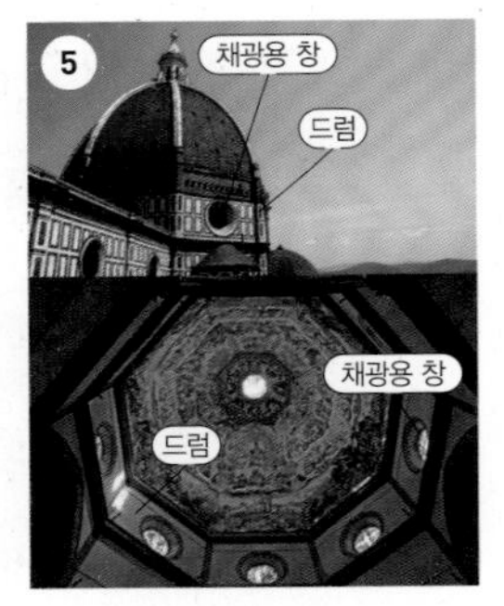

드럼에 채광용 창을 가진 부르넬레스키의 돔(외관과 내부)

부르넬레스키 돔의 중요한 특징은 돔을 떠받치는 벽체인 드럼이 있고, 거기에 채광용 창을 냈다는 점입니다.[5] 이것은 로마 판테온에서도, 비잔틴 양식의 펜던티브 돔에서도 찾아볼 수 없는, 르네상스 건축 양식만의 특징입니다.

성 베드로 대성당

베네치아 산 조르조 마조레 성당

만토바 성 안드레아 성당

돔 지붕을 지탱하는 드럼에 채광용 창을 가진 건축물로 바티칸시국의 성 베드로 대성당[6], 베네치아의 산 조르조 마조레 성당[7], 만토바의 성 안드레아 성당[8] 등을 꼽을 수 있습니다. 그리고 이 돔 지붕은 이후에 나타나는 바로크 양식에도 영향을 미쳤지요.

산타 마리아 델 피오레 대성당이 고딕 양식으로 지어지기 시작해 르네상스 양식을 가미했다면, 바티칸시국의 성 베드로 대성당은 르네상스 양식으로 짓기 시작해 바로크 양식으로 마무리된 경우입니다.

건축을 시작한 것은 16세기 율리우스 2세 당시로 이탈리아에 르네상스의 기운이 만개한 때였지요. 돔 지붕의 설계를 맡은 미켈란젤로가 르네상스 시대의 천재적 미술가이자 건축가였던 점은 널리 알려져 있습니다.

그로부터 여러 건축가의 손을 거쳐 성 베드로 대성당이 완공된 것은 17세기였습니다. 르네상스 시대가 저물고 바로크 양식이 새로운 시대를 열 때였지요. 특히 성 베드로 대성당의 내부 인테리어는 웅장하고 장식적인 바로크 양식의 특징을 잘 보여줍니다.[9]

바로크 양식의 특징이 잘 반영된 성 베드로 대성당의 내부

마지막으로, 이탈리아 비첸차에 있는 산타 코로나 교회Chiesa di Santa Corona에서 고딕 양식에서 르네상스 양식으로 넘어가는 과도기적 특징을 찾아볼 수 있으므로 소개합니다.

산타 코로나 교회의 내부[10]를 보면, 첨두아치와 리브 볼트가 먼저 눈에 띕니다. 이 두 가지 요소는 고딕 양식의 중요한 특징이지요. 그런데 중세 시대의 고딕 건축물이 하늘을 찌를 듯 높이 치솟아 인간에게 위압감을 주는 데 반해, 이 교회의 내부는 높이를 파격적으로 낮춰 안정감을 주고 있습니다. 중세의 고딕 양식이 이렇게 높이를 낮추면서 인간에게 친화적인 르네상스 양식으로 변화했음을 알 수 있는 사례인 것입니다.

비첸차 산타 코로나 교회

웅장하고 화려한 특징을 갖는 건축 양식

바로크 양식

BAROQUE STYLE

바로크 양식의 빈 성 베드로 성당

바로크 양식은 16세기 말~17세기 초 이탈리아에서 나타나 유럽 전역으로 퍼진 양식으로, 르네상스 양식에 로마식 건축 기법이 혼합된 것이라고 설명할 수 있습니다. '바로크baroque'는 '일그러진 모양을 한 기묘한 진주'를 가리키는 말입니다.

그러나 바로크 양식의 건축은 매우 장중하고 엄숙한 느낌을 주기 때문에 '일그러진 모양의 기묘한'이라는 낱말 뜻과는 거리가 있습니다. 다만 바로크 양식의 건축물에서 과장되고 지나칠 정도로 화려한 장식을 찾아볼 수 있는 것은 사실이지요. 그래서 바로크 양식을 르네상스 양식의 균형미 있고 조화로운 아름다움이 퇴폐적으로 변형되었다고 보는 견해도 있습니다.

바로크 양식은 기념비적인 건물이나 절대 군주의 강력한 힘을 과시하기 위한 궁전 등에서 주로 활용되었기 때문에 웅장하고 화려한 것이 특징입니다. 파리 근교의 베르사유 궁전이 대표적인 예이지요.

베르사유 궁전

바로크 양식의 성당 또한 웅장하고 장엄한 분위기를 풍깁니다. 거기에 섬세하고 화려한 장식이 지나칠 정도로 많이 덧붙다 보니, 성당 특유의 경건하고 엄숙한 분위기를 찾기 어려운 면이 있습니다.

고딕 양식의 성당 또한 건물 외부와 내부에 많은 장식을 하는 특징이 있지만, 그것은 성서의 내용을 문맹인 신자들에게 설명하기 위한 고육지책이었습니다. 그에 비해 바로크 양식의 성당에서 볼 수 있는 장식은 화려하고 아름답게 보이기 위한 치장이라고 할 수 있지요. 바로크 양식의 성당에서는 제단 주변, 설교단, 파이프 오르간 등과 천장 및 벽에 그려진 그림 등에서 요란한 바로크적 특징을 찾아볼 수 있습니다.

유럽에서 만날 수 있는 바로크 양식의 성당들

프라하 성 이그나시오 성당

상트페테르부르크 페트로파블롭스크 성당

바르샤바 성모 방문 기념 성당

하이델베르크 예수회 교회

빌뉴스 성 카시미르 성당

베를린 대성당

Part 1.

성당 건축 양식과 내부 구조

2
성당의 내부 구조

여행자들이 방문하는 유럽의 성당들은 대부분 그 규모가 대단합니다. 필자는 세비야 대성당 안에서 일행을 놓쳐 찾느라고 허둥댄 적이 있답니다. 세비야 대성당이 유럽에서 세 번째로 큰 성당이라는 사실이 군더더기 없이 명료하게 실감 나는 순간이었지요.
세비야 대성당만은 못하더라도 대개의 성당이 역사도 오래되고 규모도 크다 보니, 볼 것이 참 많습니다. 성당이라는 용도의 건축물을 대충 구경하려는 사람에게는 한 시간도 충분할 테지만, 유럽의 문화와 정신이 집약된 문화유산을 이해하면서 제대로 보려는 사람에게는 하루도 부족할 겁니다.
그런데 대부분 성당은 비슷한 구조로 되어 있으므로, 구조를 알면서 보면 그리스도교에 대한 이해가 깊어질 것 같아 먼저 알아보려고 합니다.

파사드
FACADE

피렌체 산타 크로체 성당의 파사드

'파사드façade'란, 건축물의 출입구가 있는 전면부를 말합니다. 그러니까 꼭 성당에만 파사드가 있는 건 아니지요. 그래도 성당에서 제일 먼저 보게 되는 건축 요소가 파사드이니, 파사드 감상부터 해볼까요.

어느 건물이든, 건물의 첫인상을 좌우하는 파사드에 특별히 공을 들일 수밖에 없을 겁니다. 성당 또한 마찬가지입니다. 확실히 출입구가 없는 측면이나 후면에 비해 파사드의 장식이 훨씬 아름답고 화려합니다. 그리고

'한 권의 커다란 성서'라고 할 수 있는 성당 건물의 역할에 맞게, 그리스도교와 관련된 사건이나 인물의 조각상들이 설치된 경우가 많습니다. 특히 그리스도교가 세상을 지배했던 중세 시대에 지어진 건물들은 더욱 그러하지요. 앞에서 본 고딕 양식의 쾰른 대성당이 대표적인 예로, 그런 성당들 앞에 서면 어지간한 사람들은 혼란스럽고 정신 사납다는 생각을 먼저 하게 됩니다.

쾰른 대성당 파사드의 각종 장식

건물 안으로 들어갈 수 있는 출입구가 있는 면을 파사드라고 한다고 했지요. 그런데 성당에 따라서는 파사드가 많게는 세 군데까지 있답니다. 바르셀로나에 있는 유명한 성당인 사그라다 파밀리아의 경우, 탄생의 파사드, 수난의 파사드, 영광의 파사드(아직 미완성 상태) 등 세 군데의 파사드가 있지요. 단, 파사드가 네 군데일 수는 없습니다. 성당의 동쪽 면에는 중앙 제단이 설치되므로, 거기에 출입문을 낼 수는 없으니까요

대부분의 성당은 파사드에 많은 장식을 해놓아 그것부터 살펴본 다음 안으로 들어가는 것이 맞지만, 우리는 일단 성당 안으로 들어가기로 합니다. 이 책을 다 읽은 다음에 파사드의 장식을 다시 보면 하나둘 아는 것들이 눈에 띌 겁니다.

유럽의 성당에서 만날 수 있는 다양한 파사드들

바르셀로나 사그라다 파밀리아의 '탄생의 파사드'

피렌체 산타 마리아 델 피오레 대성당의 파사드

톨레도 대성당의 파사드

성스러운 물로 속세의 때를 씻어 내자

성수반
BAPTISMAL FONT

피렌체 산 조반니 세례당의 성수반

자, 이제 성당 안으로 들어서 봅시다.

성당 안으로 들어왔으니, 먼저 속세에서 묻혀온 티끌을 씻어 보는 건 어떨까요. '성당聖堂'이란 용어는, 글자 뜻대로 해석하면 '성스러운 집'이란 뜻을 갖습니다. 성당 밖의 풍진세상風塵世上과 구별되는 신성한 공간이지요. 그러니 할 수 있으면 성당 입구 쪽에 있는 성수반(성수聖水를 담아 놓는 그릇)의 성스러운 물로 속세의 때를 씻어 내는 의식을 치러보는 것도 괜찮을 겁니다.

성수를 찍어 십자의 성호聖號를 긋는 행위는 성스러움을 방해하는 사악한 기운을 물리침으로써, 심신을 깨끗이 씻어내는 의미를 갖는다고 하는

군요.

성 베드로 대성당의 성수반

성당마다 성수반을 갖추어놓고 있지만, 성 베드로 대성당의 성수반처럼 현재는 사용하지 않는 문화재 수준의 것도 있고, 신자들이 실제로 사용하는 조촐한 것도 있습니다. 성당 안으로 들어가자마자 제일 먼저 만나게 되는 시설이 성수반이니, 거기에 담긴 물의 특별한 의미를 생각하면서 찾아보면 어떨까요.

유럽의 성당에서 만날 수 있는 다양한 성수반들

코모 대성당의 성수반

친퀘테레 마나롤라 마을의 산 로렌초 성당의 성수반

파르마 세례당(파르마 대성당 부속 세례당)의 성수반

쾰른 대성당의 성수반

아트리움과 나르텍스, 클로이스터

아트리움atrium은 로마 제국 당시의 건축물에서 건물 안에 둔 사각형의 널찍한 앞마당을 말합니다. 대개 조경을 위해 마당 중앙에 분수나 연못을 두었으며, 지붕이 없는 경우가 많았습니다.

일반 가옥의 아트리움이 초기 그리스도교 건축에도 영향을 미쳐서 성당 입구에 사각형의 안뜰을 두게 되었는데, 마찬가지로 그 공간을 아트리움이라고 했습니다. 아트리움 중앙에는 물을 담아두는 시설이나 샘을 설치했는데, 이는 조경 목적의 분수나 연못과는 달리 성당 안으로 들어가기 전에 몸을 씻도록 하기 위함이었습니다. 몸을 씻는다는 것은 속세에서 지은 죄를 씻는다는 상징적인 의미가 있는 행위이지요. 아트리움을 찾아보기 힘든 현대의 성당에서는 성당 안에 두는 성수반이 그 역할을 대신합니다.

아트리움을 거쳐 성당 안으로 들어가게 되는데, 그 전에 현관에 해당하는 나르텍스narthex란 공간을 더 거치게 되는 경우가 있습니다. 초기 교회 당시 나르텍스는 본당에서 이루어지는 미사에 참여할 자격이 없는 사람(세례를 받지 못했거나 속죄할 필요가 있는 사람 등)이 회개하는 장소로 이용되었습니다.

옛 성 베드로 대성당의 상상도. 아트리움과 나르텍스가 있다.

아트리움은 대부분 사라졌으나 나르텍스는 현재도 찾아볼 수 있는 곳이 남아 있습니다. 바티칸시국의 성 베드로 대성당, 이스탄불의 하기야 소피아 등에서 나르텍스를 볼 수 있지요. 하기야 소피아의 경우는 엑소나르텍스(나르텍스 바깥 공간)를 거쳐 나르텍스로 들어갈 수 있는 구조로 되어 있습니다.

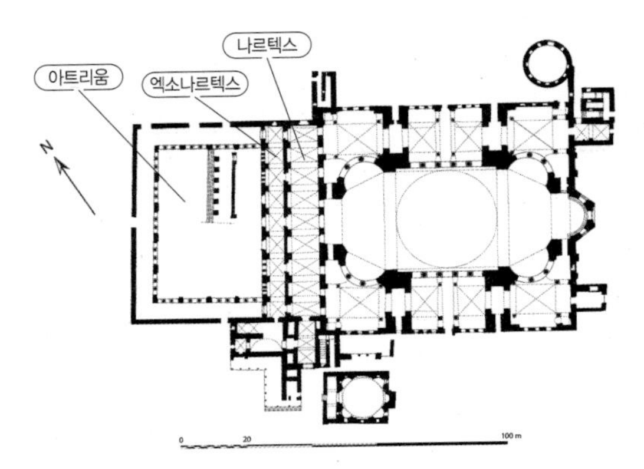

이스탄불 하기야 소피아 평면도(현재 아트리움은 사라졌음)

나르텍스는 사방이 벽으로 막힌 곳을 말하고, 한쪽 면 이상이 개방된 곳은 포르티코portico라고 합니다. 성 베드로 대성당의 현관은 포르티코에 가깝고, 하기야 소피아의 현관은 나르텍스에 해당하지요.

성 베드로 대성당의 포르티코에 가까운 나르텍스

하기야 소피아의 나르텍스

바르셀로나 근교의 몬세라트 수도원에는 현재도 아트리움이 남아 있는데, 그곳은 뜰 중앙에 샘을 설치하는 대신 물속 세상을 모자이크 그림으로 표현해 둔 것이 독특합니다.

몬세라트 수도원

몬세라트 수도원의 아트리움

몬세라트 수도원의 아트리움 바닥(샘이 변형된 형태의 모자이크로, 물속 세상이 표현됨)

성당이나 수도원에는 클로이스터cloister란 공간도 있으므로 함께 설명하기로 합니다. 사방이 건물로 둘러싸여 이루어진 사각형의 공간을 클로이스터라고 하는데, 그 원형을 초기 성당 건물에 있었던 아트리움에서 찾습니다.

클로이스터는 열주랑列柱廊(일정한 간격으로 기둥이 세워진 복도)에 둘러싸인 안뜰로 지붕이 없는 공간을 가리키며, 지금은 수도원 자체를 가리키는 용어로도 쓰이지요. 일반적으로 클로이스터를 둘러싸고 있는 건물은 단층이 대부분이지만, 2층인 경우도 있습니다.

클로이스터는 성당과 수도원에 딸린 부속 건물들을 연결해주는 기능을 하기도 하고, 수도사들의 휴식 공간이 되기도 했습니다. 작은 수도원의 경우는 하나의 클로이스터가 있을 뿐이지만, 규모가 큰 수도원이나 대성당의 경우엔 원장이나 고위 성직자용으로 작은 클로이스터를 추가로 짓는 경우도 있었습니다.

그라나다 카르투하 수도원의 클로이스터

톨레도 산 후안 데 로스 레이예스 수도원의 클로이스터

세례 의식이 이루어지는 공간

세례당과 세례실

BAPTISTRY

피렌체 산 조반니 세례당(산타 마리아 델 피오레 대성당의 세례당)

성당 안으로 들어서면 속세의 때를 씻기 위해 성수반의 물을 찍어 성호를 긋는 의식을 치른다고 하였지요. 그것은 개인적인, 일종의 약식 세례라고 할 수 있습니다. 약식 세례 이야기가 나온 김에, 정식 세례에 관한 이야기를 하고 넘어가겠습니다.

'세례洗禮'란 글자 뜻 그대로 해석하면 '몸을 깨끗이 씻는 의식'을 말하는데, 여기서 씻는 것은 육체가 아니라 영혼입니다. 몸의 때를 씻어내는 게 아니라, 영혼에 낀 죄를 씻어내는 것이지요.

그리스도교 신자가 되기 위해 통과해야 하는 첫 번째 관문이 바로 세례를 받는 것입니다. 그러니 그리스도교 문화권인 유럽의 성당마다 세례를 위한 시설이 있는 것은 당연한 일입니다.

세례를 위한 시설로, 규모가 큰 것은 세례당입니다. 아예 세례 의식만을 위한 독립적인 공간을 마련한 것이지요. 피사 대성당,[1] 피렌체 대성당(산타 마리아 델 피오레 대성당), 파르마 대성당, 시에나 대성당, 라벤나 대성당, 파도바 대성당 등에 세례당이 따로 있으며, 파르마 대성당이나 시에나 대성당, 파도바 대성당의 세례당은 내부 장식이 놀라울 정도로 화려하고 정교합니다.[2]

피사 대성당과 세례당

시에나 대성당 세례당의 화려한 천장 장식

성당 안에 세례실을 두는 경우도 많습니다. 바티칸시국의 성 베드로 대성당[3], 빈 슈테판 대성당[4]이 대표적인 예입니다. 세례당보다는 규모가 작지만, 가족 단위로 이루어지는 세례 의식을 치르기에는 적당한 공간으로 보였습니다.

세례당이 되었든 세례실이 되었든 공통적으로 예수의 세례 장면을 표현한 성화[5]나 성상이 있고, 세례 의식에 사용하던 세례용 수조[6]가 있습니다. 그걸 찾아보는 것도 성당 투어의 묘미겠지요.

성 베드로 대성당 세례 소성당

빈 슈테판 대성당 성 카탈리나 예배당(세례 소성당)

파르마 대성당 세례당의 '예수의 세례' 프레스코화

시에나 대성당 세례당의 세례용 수조

신랑(新郞) 아니고 신랑(身廊)

신랑
NAVE

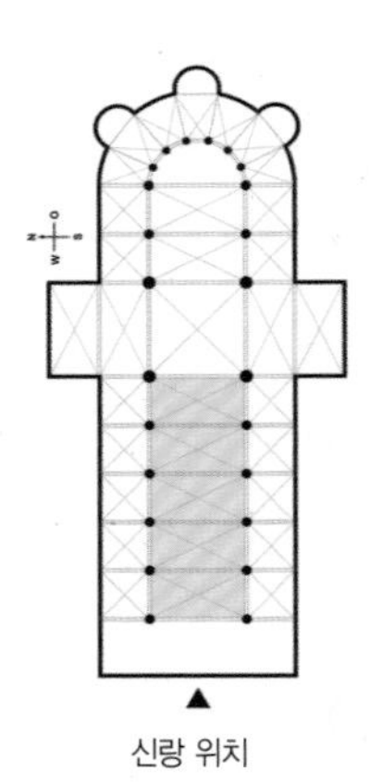

신랑 위치

빈 슈테판 대성당의 신랑

성당 안에 들어선 다음에는 제일 먼저 중앙 제단을 바라보는 자리에 서보라고 권하고 싶습니다. 그때 눈앞에 보이는 공간을 신랑, 혹은 네이브nave라고 합니다.

신랑이라는 말은, 건물의 몸身에 해당하는 복도廊라는 뜻입니다. '몸'이라기보다는 '등뼈'라는 표현이 더 정확하지 않을까 싶습니다만.

그리고 네이브란 말은, '배舟'를 의미하는 라틴어 '나비스navis'에서 유래했습니다. 그리스도교에서는 교회(그리스도교 공동체, 혹은 그리스도교 성전)를 배에 빗대어 표현하는데, 아무리 풍랑이 몰아쳐도 배 안에 있으면 안전하듯이 세상이 아무리 어지러워도 믿음만 굳건하다면 교회 안에서 안식을 얻을 수 있다고 보기 때문입니다.

그러니까 따지고 보면 성당 자체가 네이브인 셈인데, 대개는 성당 안 공간에서 가장 중앙에 해당하며 미사에 참여하는 신자들을 위한 자리가 마련되는 곳을 신랑, 혹은 네이브라고 합니다. 당연한 이야기지만, 신랑의 규모가 클수록 더 많은 사람을 수용할 수 있습니다. 큰 성당의 경우는 수천 명을 수용할 수 있으니, 신랑을 보며 큰 배를 연상하는 것도 무리는 아니지요.

로마 산 조반니 인 라테라노 대성당의 신랑

빈 카푸치너 성당의 신랑

유럽의 성당에서 만날 수 있는 신랑들

그라나다 대성당의 신랑

로마 산 로렌초 인 루치나 성당의 신랑

헬싱키 대성당의 신랑

측랑과 익랑

ISLE, TRANSCEPT

신랑 양쪽에 측랑을 설치한 라벤나 세례자 요한 성당

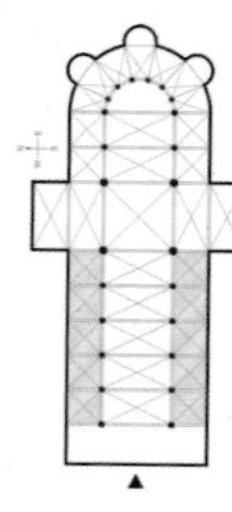

측랑 위치

규모가 작은 성당은 신랑만 있어도 되지만, 큰 성당의 경우 신랑만으로는 공간이 부족하므로 양쪽에 측랑을 추가로 설치하기도 합니다. 여행자들이 많이 찾는 유서 깊고 유명한 성당들은 대부분 신랑과 측랑을 함께 갖추고 있다고 보는 게 좋습니다.

측랑側廊/aisle이란, 신랑 양쪽에 줄지어 선 기둥으로 나뉜 바깥쪽 공간을 말합니다. 신랑과 평행을 이루되 폭은 좁아 신랑을 보조하는 공간이라고 할 수 있지요. 초기 교회 당시에는 측랑을 남자와 여자를 구분해 앉게 하는 용도로 이용하였고, 어떤 경우에는 세례를 받은 사람은 신랑에서 미사를 드리고 그렇지 못한 사람은 측랑에서 미사에 참여하도록 하는 용도로 이용하였다고 합니다.

측랑과는 다른 개념으로, 익랑翼廊/transept도 있습니다. 신랑 양쪽으로, 혹은 양쪽 측랑 밖으로 돌출되는 공간을 만들어 소성당(경당) 등을 설치하는 경우가 있는데, 그 부분을 새의 날개에 빗대어 익랑이라고 하는 것입니다. 신랑을 등뼈에 비유한다면, 익랑은 양팔에 비유할 수 있을 것 같습니다.

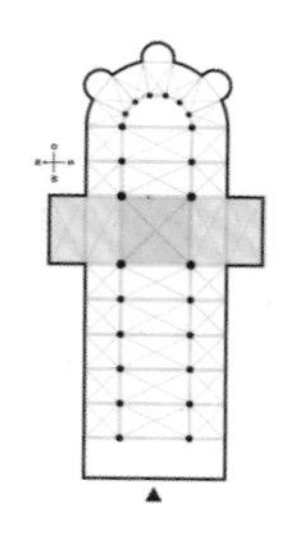

익랑과 교차랑 위치

익랑과 익랑 사이, 즉 익랑과 신랑이 교차하는 지점의 공간을 교차랑交叉廊/crossing이라고 합니다. 동방 정교회의 성당에서는 교차랑 위에 돔 지붕이 위치하는 경우가 많고, 성 베드로 대성당은 교차랑에 교황의 제대(베르니니의 발다키노)를 설치했습니다. 이처럼 성당 건축에서 교차랑은 구조상 중심에 해당한다고 할 수 있습니다.

익랑을 설치한 건물은 평면도상으로 라틴 십자가(가로보다 세로가 긴 형태의 십자가)처럼 보입니다. 시에나의 산 도메니코 성당의 경우, 측랑은 없지만 신랑 양쪽으로 익랑을 설치한 것을 건물 외부에서도 확인할 수 있습니다.[1]

시에나 산 도메니코 성당(외부에서 보이는 익랑)

규모가 작아도 측랑을 갖춘 성당이 있는가 하면, 규모가 크지만 신랑만 있는 성당도 있습니다. 친퀘테레 베르나차 마을에 있는 성당은 아담하지만 측랑으로 볼 수 있는 공간이 있고[2], 모스크바의 노보데비치 수도원 안에 있는 성모 승천 성당은 규모가 크지만 신랑만 있어 대조적이었습니다.[3]

규모가 작지만 측랑을 갖춘 친퀘테레 베르나차 마을의 산타 마르게리타 성당

성당에 따라서는 측랑 쪽 벽을 따라 제단을 설치하기도 합니다. 토리노 대성당을 예로 들어 설명하자면 신랑 좌우로 육중한 기둥들이 늘어서서 측랑과의 공간을 구분하고, 양쪽의 측랑 벽에는 여러 개의 제단들이 들어서 있습니다.[4]

규모가 크지만 신랑만 있는 노보데비치 수도원 안의 성모 승천 성당

신랑 양 옆으로 늘어선 기둥 너머에 있는 측랑과 측랑 벽에 설치된 제단들(토리노 대성당)

중앙 제단과 애프스

ALTAR, APSE

베로나 대성당의 중앙 제단과 애프스

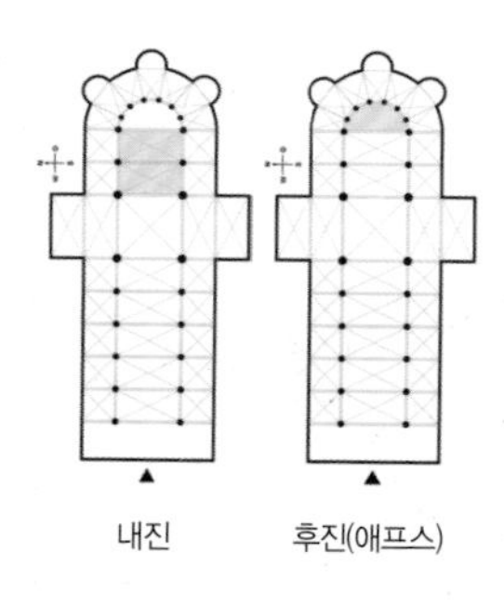

신랑을 따라 앞으로 쭉 걸어가면 성당 건축 용어로 '내진內陣/choir'이라고 하는 공간이 나옵니다. 이곳에는 사제가 미사를 집전하는 제대祭臺/altar가 설치되어 있지요. 그 뒤쪽의 '후진後陣', 혹은 '애프스apse'라고 하는 반원형 공간에는 그 성당의 정체성을 드러내는 제단 장식이 있습니다. 동방 정교회 성당의 지성소에 해당하는 이곳은 그리스도교 초기에 로마의 바실리카 건물(법정이나 공회당)을 성당으로 용도 변경해 사용하던 흔적으로 보입니다.['성당 건축 양식' 중 '바실리카 양식' 편(16쪽) 참조]

내진과 후진(애프스)은 성당 안에서 성스러운 공간, 즉 '성소聖所/sanctuary'

로 성직자나 수도사들만이 이용하는 공간이므로, 여행자는 함부로 접근하지 않도록 주의해야 합니다. 신랑이 성당의 등뼈에 해당한다면 내진과 후진은 머리에 비유할 수 있는 곳으로, 성당에서 제일 중요한 곳이라고 할 수 있지요.

내진 뒤쪽으로 주보랑周步廊/ambulatory과 제실祭室/chapel이 설치된 경우가 있는데, 대개 고딕 양식의 성당에서 볼 수 있습니다.

주보랑이란, 거꾸로 된 U자 모양의 복도로 그곳에 여러 개의 작은 제실(소성당)을 설치하는 경우가 있었습니다. 그리스도교 초기에 순교자들의 유물을 보관하던 성물실에서 비롯된 공간이 소성당으로 발전한 것으로 보이지만, 주보랑은 모든 성당에서 볼 수 있는 시설은 아닙니다.

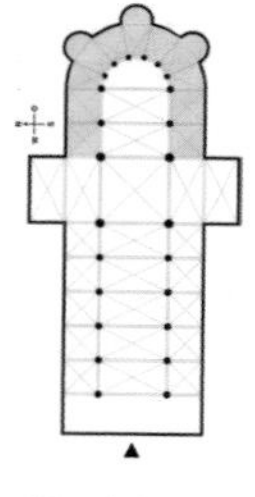
주보랑과 제실

내진에 성가대석이 배치되는 경우가 있는데, 성가대석이란 말 그대로 미사 때 성가를 부르는 합창단이 앉는 자리를 가리킵니다. 미사에서 성가대의 역할은 중요하지요. 빈 소년 합창단이나 바르셀로나 몬세라트 수도원 성가대 같은 경우는 성가대원들의 실력이 뛰어나 세계적인 명성을 얻은 경우입니다. 역사가 오래된 큰 성당의 경우, 성가대석을 특별히 공들여 장식하기도 하였으므로 눈여겨볼 필요가 있습니다.

정교한 장식이 돋보이는 톨레도 대성당의 성가대석

만약 성당에서 단 한 군데밖에 볼 수 없다면, (극히 예외적인 경우를 제외한다면) 당연히 중앙 제단과 그 주변을 봐야 할 겁니다. 그런데 일부 여행자들은 시간이 부족하다는 이유로, 혹은 입장료가 아깝다는 이유로 성당 외관만 훑어보고 가는 경우가 있습니다. 가이드를 따라다니는 단체 여행은 어쩔 수 없겠지만, 그렇지 않다면 성당 안에 들어가서 중앙 제단 주변을 꼼꼼히 살펴보라고 권하고 싶습니다. 입장료가 아무리 비싸기로서니 여행에 들인 전체 비용에 비하면 적은 금액 아니겠습니까. 입장료 아끼느라고 제대로 못 보고 오는 것이 실제로는 여행비를 낭비하는 겁니다.

중앙 제단 장식을 보면 그 성당이 무엇을 가장 중요하게 여기는지, 혹은 무엇에 봉헌되었는지를 알 수 있습니다. 그리스도교 성인의 이름을 딴 성당이라면 해당 성인과 관련된 내용이 있을 테고, 그리스도교의 중요한 개념(예컨대 성 십자가라든가, 성 삼위일체라든가 하는)에서 이름을 딴 성당이라

만토바 성 안드레아 성당
(사도 안드레아의 순교 장면이 애프스 천장에 그려짐)

면 그 개념이 중앙 제단에 반드시 표현되어 있을 것입니다. 그렇지 않다면 가톨릭에서 가장 중요한 인물이라고 할 수 있는 예수나 성모 마리아의 일생과 관련된 내용이 있을 가능성이 높습니다. 하여간 그 성당에서 가장 중요하게 여기는 것이 중앙 제단에 모셔져 있다고 보면 대개 맞을 겁니다.

앞에서 성당의 첫인상을 좌우하는 파사드의 장식에 많은 공을 들인다는 이야기를 했는데, 파사드보다 더 중요한 곳이 중앙 제단 주변입니다. 파사드가 성당의 얼굴이라면, 중앙 제단은 영혼이거든요. 아무리 얼굴이 중요하기로, 영혼보다 더할까요.

유럽의 성당들을 보면, 가톨릭교도들이 중앙 제단 장식에 얼마나 심혈을 기울였는지를 알 수 있습니다. 성당, 그중에서도 특히 중앙 제단에 신이 머문다고 생각한 그들이 그곳을 화려하고 사치스럽게 장식하는 것으로 자신들의 신앙심을 증명하려 한 것 같습니다.

그런데 과연 그것이 신이 원한 바일까요. 알 수 없는 일입니다.

두브로브니크 성 블라시오 성당
(두브로브니크의 수호성인인 성 블라시오의 조각상이 중앙 제단에 모셔짐)

빈 슈테판 대성당
(성 슈테판의 순교 장면이 중앙 제단의 제단화로 그려짐)

그라나다 고뇌의 성모 마리아 성당
(그라나다의 수호성인인 고뇌의 성모 마리아가 중앙 제단에 모셔짐)

바르샤바 성모 방문 기념 성당
(마리아와 엘리사벳이 만나는 장면이 중앙 제단에 그려짐)

두브로브니크 성모 승천 대성당
(성모 마리아의 승천 장면이 중앙 제단의
제단화로 그려짐)

동방 정교회의 성화벽

어느 성당이든, 중앙 제단이 설치된 쪽(대개 동쪽)이 중심입니다. 그런데 필자가 본 동방 정교회 성당들은 중앙 제단이 설치된 부분을 성화벽iconostasis으로 가려놓았습니다. 성화벽이란, 성화icon가 가득 그려진 벽 모양의 시설이라는 의미입니다. 성화벽은 성장聖障, 혹은 성화 병풍이라는 용어를 쓰기도 합니다. [동방 교회와 서방 교회의 분리와 차이에 대해서는 '그리스도교의 주요 사건' 중 '교회의 대분열' 편(410쪽) 참조]

상트페테르부르크 그리스도 부활 성당의 성화벽

탈린 알렉산드르 넵스키 성당의 성화벽

빌뉴스 러시아 정교회 성당의 성화벽

예외적으로 모스크바의 구세주 그리스도 성당은 지성소와 성소 사이에 성화벽 대신 닫집을 설치하여 특이하게 보였습니다. 다만 닫집에 그려진 성화들은 일반적인 성화벽에 등장하는 것과 표현 양식은 다소 다르지만, 내용은 비슷했습니다.

성화벽을 대신하는 닫집이 설치된 구세주 그리스도 성당

동방 정교회 측에서는 중앙 제단이 설치된 공간을 지성소至聖所, most holy place라고 하고, 지성소 밖, 그러니까 일반 신자들이 예배를 드릴 수 있는 성당 내부 공간은 성소聖所라고 합니다. 그러니까 지성소와 성소 사이에 성화벽이 설치되어 있는 것입니다.

지성소란 본디 성전의 가장 안쪽에 있는 곳으로 대제사장만이 들어갈 수 있는 방을 일컬었습니다. 성서 속에서는 지성소를 하느님이 거처하는 곳으로 인식하고 있으며, 옛 이스라엘 사람들은 그곳에 십계명을 담은 상자인 '언약의 궤言約櫃, Ark of the Covenant'가 놓여 있다고 믿었습니다.

지성소와 성소는 휘장으로 구분되었는데, 이는 지극히 신성한 장소인 지성소를 보호하여 아무나 드나들지 못하도록 하려는 의도에서였을 것입니다. 동방 정교회의 성당에서 볼 수 있는 성화벽은 성서에 나오는 휘장의 전통을 따른 것으로 보입니다. 그런데 십자가에서 예수가 죽을 때 이 휘장이 찢어졌다고 합니다. 이것을 '예수의 죽음으로 인류의 죄가 씻어졌으므로 일반 신자들도 지성소에 들어갈 수 있다.'고 해석하는 사람들이 나오게 되었습니다. 가톨릭과 개신교, 영국 성공회의 경우는 사제가 예배를 집전하는 제대와 내진 부분이 노출되어 있습니다. 이는 예수의 죽음으로 지성소가 일반 신자에게도 개방되었다고 보는 의식을 반영한 것으로 보입니다.

필자가 본 것만을 가지고 말하자면 성화벽이 가장 호화스러운 곳은 상트페테르부르크의 성 이삭 성당이었고, 가장 조촐한 곳은 아테네의 성 사도 교회(고대 아고라에 위치)였습니다. 둘을 나란히 놓고 비교하면 그 차이가 분명하지만, 그래도 지성소와 성소를 벽을 세워 구분하는 전통은 같다는 점을 알 수 있습니다.

러시아 정교회 성당인 상트페테르부르크의 성 이삭 성당

그리스 정교회 성당인 아테네 성 사도 교회

그리고 한 가지 설명을 덧붙이자면, 필자가 본 러시아 정교회 성당의 지성소로 통하는 문은 굉장히 공들여 만들었다는 것을 알 수 있었습니다. 문에는 공통적으로 대천사 가브리엘이 성모 마리아에게 수태고지 하는 장면이 표현되었으며, 4대 복음서 저자들이 있었습니다.

모스크바 성모 승천 성당

모스크바 성 바실리 성당

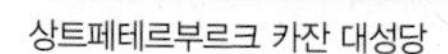

상트페테르부르크 카잔 대성당

상트페테르부르크 그리스도 부활 성당

지극히 소중한 것을 보호하는 시설

발다키노와 캐노피

BALDACCHINO, CANOPY

미사를 집전하는 제대와 지하에 있는 성 베드로의 무덤을 보호하는 역할을 하는 성 베드로 대성당의 발다키노

사극을 보다 보면 황제나 왕이 실외 행사에 참여할 때는 임시 천막을 쳐서 바람과 햇빛을 막고, 행차를 할 때는 일산日傘(햇빛을 가리는 커다란 양산)으로 햇빛을 가리는 걸 볼 수 있습니다. 어느 경우든 고귀한 신분을 지닌 사람을 보호하기 위한 노력의 일환이지요.

성당에서도 같은 목적의 시설을 볼 수 있습니다. 바로 발다키노와 캐노피가 그것입니다. 둘 다 한자로는 '천개天蓋'라고 하는데, 하늘을 가리는 시설이라는 뜻이지요. 중앙 제단이나 그 주변에서 주로 볼 수 있는 발다키노와 캐노피는 성당이 지극히 중요하게 여기는 것(대개는 성상聖像)을 보호하기 위한 시설이라고 보면 됩니다.

무엇을 보호하는가 하는 건 성당마다 다르지만, 십자가, 십자가에 매달린 예수[1], 성모자상, 성합聖盒(성체를 담은 집 모양의 그릇) 등을 보호하는 경우가 대부분입니다. 건물 외부의 조각에 캐노피를 함께 새긴 것[2] 또한 성상을 보호하려는 뜻으로 볼 수 있습니다.

형태를 기준으로 굳이 둘을 구분하자면, 발다키노는 네 개의 기둥(혹은 기둥의 숫자가 더 많은 경우도 있음)을 세운 뒤 윗부분에 덮개를 씌운 집 모양의 시설이고, 캐노피는 차양이나 양산 같이 생긴 시설을 말합니다.

발다키노는 '발다코Baldacco'에서 온 말입니다. 유럽에서는 바그다드(현재의 이라크 수도)를 발다코라고 했는데, 그곳에서 수입한 비단으로 최고 권력자나 고위 성직자를 위한 자리를 장식하던 데서 발다키노라는 말이 나온 것이지요. 고귀한 신분을 지닌 사람을 위해 가장 훌륭한 자리를 만들던 전통이 그리스도교로 유입되어, 신성한 종교 상징물을 보호하는 시설로 활용된 것입니다.

사그라다 파밀리아의 캐노피(십자가에 매달린 예수를 보호)

세비야 대성당 외벽의 캐노피(성상을 보호)

발다키노

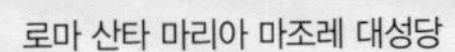
로마 산타 마리아 마조레 대성당

로마 성 밖의 성 바울 대성당

로마 산타 마리아 인 아라코엘리 성당

캐노피

베르가모 대성당

시에나 대성당

그라나다 대성당

확성기가 없던 시절의 고육지책

설교단

PULPIT

바르샤바 성 안나 성당의 설교단

유럽-특히 가톨릭 전통이 강한 남부 유럽 쪽-을 여행하다 보면 어느 도시에서든 웅장하고 화려한 성당을 볼 수 있습니다. 대개 그런 성당들은 안으로 들어가 보면, 수백 명에서 수천 명을 수용할 수 있을 정도로 내부 공간이 널찍하지요.

확성기 시설이 발달한 요즘 세상에야 공간이 아무리 넓어도 문제가 되지 않지만, 그렇지 못했던 중세~근세 시대에는 사제의 설교를 성당 구석구석까지 전달하는 데 어려움이 컸을 것입니다. 사제의 설교는 중앙 제대(성당의 가장 앞부분)에서 이루어지는 게 일반적인데, 아무리 목청이 좋은 사람이라 해도 육성으로 맨 뒤의 사람에게까지 들리도록 하는 건 힘들었겠지요.

에두아르도 달보노, 〈교회 내부〉

그래서 성당 안에 설치한 것이 설교단입니다. 신자들을 내려다볼 수 있는 위치에 설치해 목소리가 멀리까지 전달될 수 있도록 한 시설로, 규모가 큰 성당에는 대부분 있다고 보면 됩니다. 설교단에서 설교하는 모습을 그린 그림[1·2]을 보면 설교단이 어떻게 이용되었는지 짐작할 수 있습니다.

설교단은 대개 중앙 제단에서 신자석 쪽으로 내어 설치하며, 기둥에 붙여 설치하는 경우가 가장 흔합니다. 내부에 기둥이 없는 작은 성당의 경우는 성당 내벽에 설치하기도 하지요.

설교단에 많은 정성을 기울여 독립된 구조로 설치하기도 하는데, 이 경우에는 설교단 자체가 예술 작품으로 대접을 받을 정도로 규모도 크고 아름답습니다.

아돌프 멘첼, 〈인스부르크 성당 설교단에서의 설교〉

이렇게 설교단의 형태는 성당마다 제각각이니 유럽의 성당 투어 시 각 성당의 독특하고 아름다운 설교단을 감상하는 재미도 있을 겁니다. 다양한 형태 외에도 설교단 외벽에 빼어난 솜씨로 조각을 한 작품들도 많으니 조금 더 꼼꼼하게 감상하기를 권합니다.

설교단에 새겨진 조각 중에는 『신약성서』의 4대 복음서 저자[3]와 서방 교회의 4대 교부[4] 모습이 자주 보이고, 더러는 성서 속 이야기[5]가 세밀하게 조각된 경우도 있어 대충 보고 지나치기엔 아깝습니다.

그런가 하면 설교단의 양식은 성당 건물의 건축 양식이나 내부 인테리어를 반영하였기에 설교단마다 독특한 형태를 보여줍니다. 고딕 양식의 빈 슈테판 대성당과 바로크 양식의 프라하 성 이그나시오 성당의 설교단을 비교해 보면 그 차이가 확연히 드러납니다.

블레드 성 마르틴 교구 성당

빈 보티프 성당

피렌체 산타 크로체 성당

기둥에 설치한 경우

자그레브 대성당

빈 미카엘 성당

내벽에 설치한 경우

두브로브니크 성 프란체스코 성당

피란 성 조지 성당

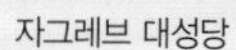

독립적으로 설치한 경우

빈 보티프 성당

시에나 대성당

피사 대성당

피사 대성당 세례당

설교단의 양식 비교

빈 슈테판 대성당(고딕 양식)

프라하 성 이그나시오 성당(바로크 양식)

예수가 죽음을 향해 간 길

십자가의 길

WAY OF THE CROSS

슬로베니아 블레드섬의 성모 승천 성당 벽에 설치된 '십자가의 길'

대부분의 가톨릭 성당에는 '십자가의 길Way(Stations) of the Cross, Via Crucis, Via Dolorosa'이라고 하는 열네 군데의 기도처가 있습니다. 예수가 빌라도의 법정에서 십자가형을 선고받은 뒤 십자가에서 사망하여 무덤에 안치될 때까지의 과정을 '예수의 수난 과정Passion of the Christ'이라고 하는데, 수난 과정 중의 주요 사건 열네 가지를 묵상하면서 기도할 수 있도록 표시해 놓은 것이 '십자가의 길'입니다. 가톨릭 신자들은 예수가 수난 과정에서 겪은 고통을 마음으로 함께 겪으며 기도를 올리지요.

'십자가의 길'은 성당 안에 설치하는 것이 일반적이지만, 반드시 그렇지는 않습니다. 건물 외벽에 설치한 경우도 있고, 혹은 건물 밖 독립된 공간에 설치한 경우도 있습니다.

성당 안에 설치할 때는 대개 벽[1]이나 기둥[2]에 14가지 장면을 그림이나 조각으로 표현해 독립된 액자에 넣어 걸어놓습니다. 그러나 필자가 슬로베니아 블레드 마을의 성당[3]에서 본 '십자가의 길'은 제단 뒤 벽에 벽화처럼 그려져 있었습니다. 그리고 크로아티아의 자다르 대성당[4]과 톨레도의 산 후안 데 로스 레이예스 수도원[5]은 기둥에 숫자로만 표시해 놓아 특이하게 보였지요.

그리고 성모 발현지라고 알려져 그리스도교 신자들이 특별하게 여기는 보스니아-헤르체고비나의 메주고리예에는 땀 흘리는 청동 예수상이 있는데, 그 주변에 '십자가의 길'을 일반적인 경우보다 큰 규모로 설치해 놓았습니다.[6] 아마도 순례자들이 많이 오기 때문에 혼잡을 피하기 위해 그런 것으로 보였습니다.

그러면 '십자가의 길' 열네 군데 기도처는 어떤 의미를 갖는 것일까요. 다음과 같은 내용을 알고 그림과 비교하면서 보면 이해가 쉬울 겁니다. 성당마다 표현 양식이 제각각인 것이 재미있습니다.

코토르 가톨릭 성당

빌뉴스 돔 성당

블레드 성 마르틴 교구 성당

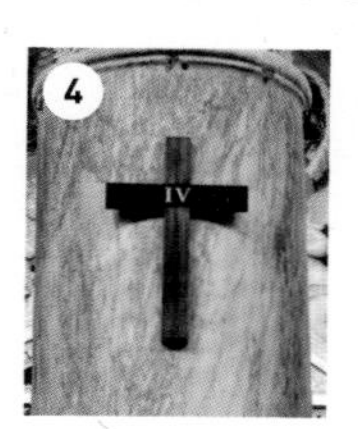

자다르 대성당

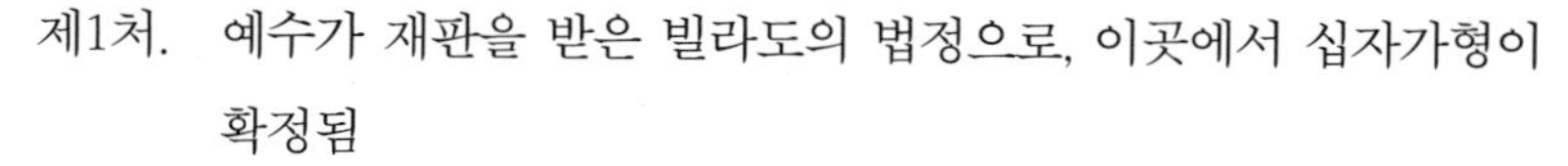

제1처. 예수가 재판을 받은 빌라도의 법정으로, 이곳에서 십자가형이 확정됨

제2처. 로마 병사들이 예수에게 가시관을 씌우고 자주색 옷을 입힌 다음 "유대의 왕이 여기 있다."며 조롱하고 십자가를 메게 함

제3처. 예수가 십자가를 지고 가다 힘에 부쳐 처음 쓰러짐

제4처. 골고다 언덕으로 향하던 예수가 슬퍼하는 어머니 마리아를 만남

제5처. 구레네 사람 시몬이 쓰러진 예수를 대신해 십자가를 짐

제6처. 베로니카가 수건으로 예수의 피와 땀을 닦아줌

제7처. 기력이 다한 예수가 두 번째 넘어짐

제8처. 슬퍼하는 예루살렘 여인들을 보면서 "예루살렘의 딸들아, 나를 위하여 울지 말고 너희 자녀를 위하여 울라."고 위로함

제9처. 예수가 세 번째 넘어짐

제10처. 십자가형이 집행되기 전에 로마 병사들이 예수의 옷을 벗김

제11처. 예수에게 십자가형을 집행함

톨레도 산 후안 데 로스 레이예스 수도원

메주고리예의 '십자가의 길'

제12처. 예수가 십자가 위에서 사망함

제13처. 제자들이 예수의 시신을 십자가에서 내림

제14처. 아리마테아의 요셉이 자신을 위해 만들어놓은 무덤에 예수를 장사 지냄

제1처.
로마 성 아그네스 인 아고네 성당

제2처.
빌뉴스 성 베드로와 바울 성당

제3처.
친퀘테레 베르나차 마을의
산타 마르게리타 성당

제4처.
메주고리예 성당

제5처.
만토바 성 프란체스코 성당

제6처.
블레드섬의 성모 승천 성당

제7처.
만토바 대성당

제8처.
바티칸시국 성 베드로 대성당

제9처.
트렌티노 산 나자로 성당

제10처.
그라나다 고뇌의 성모 마리아 성당

제11처.
류블랴나 성 프란체스코 성당

제12처.
친퀘테레 마나롤라 마을의 산 로렌초 성당

제13처.
파도바 대성당

제14처.
로마 성 코스마와 다미아노 교회

재미로 풀어보는 QUIZ

십자가의 길 맞혀보기

'십자가의 길'의 내용은 공통적이지만 표현 양식은 성당마다 제각각 다르다는 걸 앞에서 알아봤습니다. 아래의 그림들은 우리나라 여행자들이 많이 찾는 크로아티아의 두브로브니크에 있는 성모 승천 대성당(두브로브니크 대성당)에 있는 '십자가의 길'입니다. 그림체가 독특하기에 소개합니다. '십자가의 길' 중 어떤 장면을 표현한 것인지 한번 맞혀보세요. 일부러 순서는 뒤섞어 놓았답니다.

정답 | 제4처, 제5처, 제10처, 제8처, 제11처, 제6처

성당 안으로 쏟아지는 신의 은총

스테인드글라스와 장미창

STAINED GLASS, ROSE WINDOW

파리 노트르담 대성당의 스테인드글라스와 장미창

대부분의 가톨릭 성당은 외부 및 내부 장식이 굉장히 웅장하면서 화려합니다. 건물 자체가 성서의 역할을 하도록 그림과 조각으로 꾸미는 전통 때문이기도 하고, 신의 영광을 드러내기 위해 최대한 아름답고 호화스럽게 꾸미기 때문이기도 합니다.

유리창을 하나 내더라도 단순히 빛을 들이는 기능에 그치지 않고, 거기에 성서의 내용을 섬세하면서도 아름답게 담는 것이 성당의 스테인드글라스입니다. 특히 그리스도교가 세상을 지배한 중세 시대에 지어진 성당들은 더욱 그러하지요. 그러나 근대 이후에 세워진 성당의 스테인드글라스는 성서의 내용과 무관한 경우도 있습니다.

스테인드글라스에 담고자 한 내용이 무엇이든 간에, 색유리를 통해 들어오는 오묘하고 아름다운 빛은 사람들에게 신비로운 느낌을 주었을 것입니다. 어쩌면 하늘로부터 내려오는 신의 은총으로 받아들여졌을지도 모르겠습니다.

창문을 장식한 스테인드글라스와 함께 살펴볼 것이 바로 장미창薔薇窓입니다. 장미창이란, 꽃잎형의 격자tracery에 색유리를 끼워 장식하도록 만든 둥근 창으로 고딕 양식 성당에서 자주 발견됩니다. 본디 장미창의 아름다움은 내부의 스테인드글라스를 통해 확인할 수 있지만, 외부에서 보아도 아름다운 사례들도 있지요.

그런데 화려하고 아름다운 꽃이 비단 장미만이 아닌데, 굳이 장미꽃에 비유한 데에는 무슨 이유가 있지 않을까요? 그것은 아마도 가톨릭에서 장미꽃이 성모 마리아를 상징하고, 지혜를 상징하기 때문일 것입니다. 가톨릭에서는 성모 마리아에게 바치는 기도를 할 때 사용하는 묵주를 로사리오rosario라고 하는데, 이는 '로사리움(성모님께 영적인 장미꽃다발을 바친다는 뜻)'에서 유래된 말로 장미꽃이 곧 성모 마리아를 상징하는 셈이지요.

이러한 장식 창은 예수를 태양으로 여기는 로마네스크 양식 성당의 둥근 창이 발달한 것으로 고딕 양식에서 특히 많이 쓰였습니다. 장미창은 교회 정면의 가장 큰 창을 화려하게 장식하는 경우가 대부분이었지요. 장미창은 교회 장식에서 중요한 요소였습니다.

스테인드글라스

쾰른 대성당(성서의 내용을 충실하게 표현함)

빈 보티프 성당(당시 사람들의 일상생활을 표현함)

바르셀로나 사그라다 파밀리아(구체적 내용 없이 색채의 조화를 아름답게 표현함)

피렌체 산타 마리아 노벨라 성당의 색 유리를 통해 들어오는 빛

코르도바 메스키타 카테드랄의 색 유리를 통해 들어오는 빛

장미창

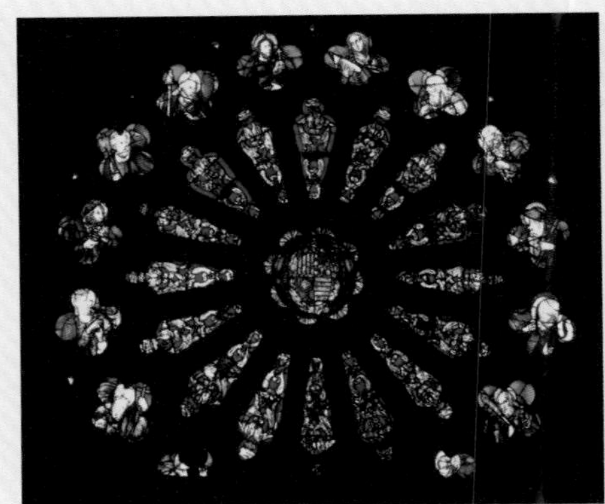

톨레도 대성당의 내부에서 본 장미창

피렌체 산타 마리아 델 피오레 대성당의 외부에서 본 장미창

11

성당과 수도원 안팎에 묘가 많은 까닭

무덤과 지하 묘지

GRAVE, CRYPT

토리노 신자들의 도움이신 마리아 성당 지하 묘지

죽음과 관련된 시설을 꺼림칙하게 생각하는 우리나라 사람들이 유럽 성당을 둘러볼 때 좀 이상하게 여기는 것이 있습니다. 성당이나 수도원 안팎에 관이나 묘비, 무덤 등이 많다는 점입니다. 어떤 경우는 성당이나 수도원이 예배의 공간이라기보다는 공동묘지로서의 역할이 더 중요하지 않았나 싶기도 합니다.

상트페테르부르크의 페트로파블롭스크 성당은 러시아 제국 황실의 공동묘지이고[1], 피렌체의 산타 크로체 성당도 바닥과 벽면에 묘비가 가득합니다.[2] 그라나다 왕실 예배당도 가톨릭 국왕 부부(카스티야-레온 왕국의 이사벨 1세와 아라곤 왕국의 페르난도 2세 부부)와 그들의 딸 내외의 영묘가 가장 중

상트페테르부르크의 페트로파블롭스크 성당

피렌체 산타 크로체 성당

그라나다 왕실 예배당의 영묘

상트페테르부르크 알렉산드르 넵스키 수도원 묘지

모스크바 노보데비치 수도원 묘지

인스부르크 성당 안뜰의 무덤들

모스타르 성당 근처의 공동묘지

요한 시설이지요.[3] 그리고 수도원 안뜰에 많은 무덤이 들어서 있는 경우도 있고, 수도원 옆에 대규모의 공동묘지가 따로 있기도 합니다.[4~7]

설령 묘지나 영묘로서의 역할이 특별히 강조된 성당이 아니라 하더라도, 성당 안에 관이나 무덤, 묘비가 들어선 것은 어느 성당이나 거의 예외가 없다는 것을 여행하다 보면 쉽게 알 수 있습니다.

그러면 왜 성당과 수도원이 죽은 사람들을 위한 공간이 된 것일까요.

대부분 그리스도교 신자인 유럽 사람들이 성당 안이나 성당 안뜰, 혹은 성당 주변에 죽은 이를 매장하거나 그곳에 묻히기를 원한 까닭은, 최후의 심판이 있을 때 '신의 집'이라고 여긴 성당 근처에 있으면 구원받을 가능성이 더 크다고 생각한 까닭이라고 합니다.

그런가 하면 그리스도교의 성인이 묻힌 곳에 성당을 세우는 일도 많았지요. 대표적인 예가 사도 베드로의 무덤 위에 세운 성 베드로 대성당입니다. 우리는 성당이나 수도원을 살아 있는 사람들이 신에게 예배드리는 공간으로 생각하지만, 어쩌면 그곳은 죽은 사람들이 부활을 꿈꾸며 안식을 취할 수 있는 곳으로서의 기능이 더 중요했는지도 모릅니다.

사정이 그렇다 보니 아무나 성당 안에 묻힐 수는 없었습니다. 그리스도교에서 중요하게 여기는 사람이나 당대의 최고 권력자, 아니면 사람들로부터 특별히 사랑받을 만한 공적이 있는 사람들만이 성당 안에 안치되는 영광을 안을 수 있었지요. 그렇지 못한 일반인이라고 하더라도 성당이나 수도원 근처에 묻혀 최후의 심판의 날에 구원받을 확률이 높아지기를 바라는 마음이 간절하였으므로, 성당 안뜰이나 근처에 공동묘지가 들어섰던 것입니다.

죽음을 친숙하고 예사롭게 여기기는 어려울 겁니다. 그러니 무덤, 묘비, 묘지에 애정을 갖고 찾아다니는 사람은 드물 테지요.

그러나 유럽의 성당에서는 싫어도 석관이니 영묘니 묘비니 하는 것들을 자주 마주하게 됩니다. 어떤 경우엔 유리관에 담긴 미라나 유골을 보게 되기도 하지요. 어쩐지 섬뜩한 느낌이 들어 외면하고 싶어지는 것이 보통 사람의 심정일 겁니다.

그럼에도 불구하고 성당의 지하 묘지crypt는 따로 볼 필요가 있습니다.

성 베드로 대성당의 지하 묘지에는 베드로를 비롯한 역대 교황들이 잠들어 있어 역사의 현장이 따로 없고,[8] 빈 슈테판 대성당의 지하 묘지에는 수많은 이의 유골이 무신경하게 방치되어 있어 성당 안에 안치된 권세가들의 죽음과 대조해보는 씁쓸한 경험을 하게 합니다.[9]

지하 묘지 중에는 관들만 잔뜩 들어차 있어 공동묘지의 분위기가 물씬한 곳이 있는가 하면, 내부 장식에 신경을 많이 써서 죽음의 음울한 느낌을 덜어낸 곳도 있습니다. 빈 슈테판 대성당처럼 입장료를 내고 가이드의 안내를 받아야만 볼 수 있는 곳은 꼭 보라고 권하기 어렵지만, 대부분 성당의 지하 묘지는 출입이 자유로우니 잠깐이라도 시간을 내어 둘러보라고 권하고 싶습니다. 그리스도교인들의 죽음에 대한 인식을 엿볼 수 있는 곳이기 때문입니다.

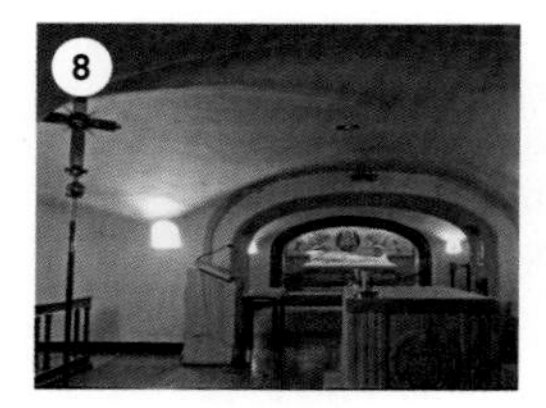

성 베드로 대성당 지하 묘지

빈 슈테판 대성당 지하 묘지

유럽의 성당에서 만날 수 있는 무덤과 지하 묘지

세비야 대성당의 콜럼버스 영묘

모나코 대성당의 그레이스 켈리 묘비

바르샤바 성 십자가 성당의 쇼팽 묘비

피렌체 산타 크로체 성당의 미켈란젤로 영묘

빈 카푸치너 성당 지하 묘지

베르가모 대성당 지하 묘지 입구

베르가모 대성당 지하 묘지

파르마 대성당 지하 묘지 입구

파르마 대성당 지하 묘지

Part 2.

성화와 성상의 소재가 되는 주요 인물들의 생애

1
예수의 일생

그리스도교라는 종교는 신자들이 하느님의 아들이라고 믿는 예수가 이 땅에 와서 활동한 일들에 그 바탕을 둡니다. 그의 탄생과 성장 과정, 공생애 기간(공적인 활동을 한 기간)의 활동, 죽음에 이르는 수난 과정, 그가 죽은 이후에 일어난 일들이 그리스도교의 핵심인 것입니다.
그러므로 그리스도교의 성전인 성당에는 예수의 일생과 관련된 내용이 집중적으로 표현되어 있습니다. 성당을 살펴본다는 말은 결국 예수의 일생에 관한 미술 작품을 살펴본다는 말과 같은 의미인 것입니다.
하느님의 집이라고 여긴 성당을 경건하게 꾸미기 위한 노력이자, 신자들에게 그리스도교의 알파이자 오메가인 예수에 대해 설명하기 위한 노력이었을 성당의 장식을 알아보려고 합니다.

모든 것은 그의 탄생으로부터 비롯되었다

예수의 탄생

THE NATIVITY

산드로 보티첼리, 〈신비한 탄생〉, 1500년경, 런던 내셔널 갤러리

그리스도교 신자가 아니라 해도, 예수의 탄생에 관한 이야기는 어느 정도 알고 있을 것입니다.

'예수의 탄생'은 그리스도교의 시발점이 되는 중요한 사건이지요. 『신약성서』에 따르면 동정녀인 마리아가 성령으로 잉태한 뒤, 베들레헴이라는 작은 마을의 마구간에서 예수를 낳았다고 합니다. 그녀가 하필 한겨울에 남의 집 마구간에서 출산할 수밖에 없었던 까닭은, 유대 백성들은 고향으로 돌아가 호적을 정비하라는 명령이 로마 제국으로부터 내려왔기 때문이라고 하지요.

당시 마리아는 만삭의 몸이었지만 로마 제국의 식민지 백성이었기 때문에 명을 거스를 수 없었습니다. 할 수 없이 요셉은 만삭의 마리아와 함께 고향인 베들레헴으로 가게 되었습니다.

고향에 닿기도 전에 마리아가 해산하게 되었는데, 많은 사람들이 동시에 이동하는 상황이라 빈방을 구할 수 없어 부득이 마구간에서 예수를 낳았다고 알려져 있습니다. 그러나 그 당시의 일은 역사적으로 명확하게 기록되어 있지 않아 여러 가지 주장이 엇갈립니다.

흔히 예수를 '나사렛 예수Jesus of Nazareth'라고 하는데, 이 말은 예수의 가족이 나사렛 지방(갈릴리 지역의 작은 마을)에서 살았기 때문에 그렇게 부르는 것입니다.

예수의 탄생을 주제로 한 작품은 어느 성당에서든 찾아볼 수 있으며, 마구간에서 태어난 아기 예수 주변으로 마리아와 요셉, 천사로부터 메시아의 탄생 소식을 전해 듣고 경배드리러 온 목동들, 예물을 가지고 찾아와서 경배드리는 동방박사 세 사람, 천사들, 마구간임을 알려 주는 가축 등이 보입니다.

파도바 스크로베니 예배당
(예수의 탄생)

피렌체 산 조반니 세례당

상트페테르부르크 그리스도 부활 성당

바르셀로나 사그라다 파밀리아

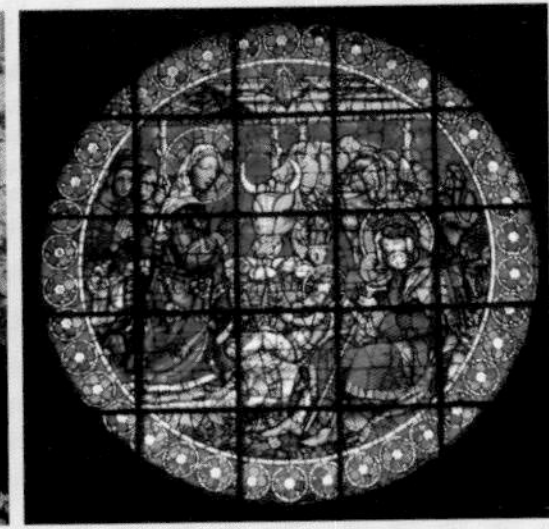
피렌체 산타 마리아 델 피오레 대성당

시에나 대성당

피렌체 산 조반니 세례당

세비야 대성당

톨레도 대성당

코모 대성당

파르마 대성당 세례당

상트페테르부르크 성 이삭 성당

토리노 대성당

시에나 대성당

아기 예수에 대한 첫 경배

목동들의 경배

ADORATION OF THE SHEPHERDS

헤라드 반 혼토르스트, 〈목동들의 경배〉, 1622년, 발라프-리하르츠 박물관

아기 예수가 태어났을 때 찾아와 경배를 드린 사람들의 이야기는 널리 알려져 있습니다. 대부분 동방에서 온 세 명의 박사 이야기를 먼저 떠올릴 텐데, 그보다 먼저 찾아와 경배를 드린 사람들이 있습니다. 바로 베들레헴의 목동들입니다.

그라나다 산 헤로니모 수도원
(목동들의 경배)

베들레헴의 마구간에서 예수가 태어났을 때, 천사들이 근처에 있던 목동들에게 나타나 구세주가 태어났다는 소식을 전했다고 하지요. 목동들은 그 이야기를 듣자마자 예수가 태어난 곳으로 달려가 요셉과 마리아에게 천사들로부터 들은 이야기를 전하고 아기 예수에게 경배드렸다고 합니다.

목동들의 경배를 표현한 성화나 성상은 그들이 목동임을 알려주기 위해 소나 양 등의 가축이 함께 표현되며, 목동의 지팡이도 자주 보입니다.

상트페테르부르크 그리스도 부활 성당

피사 대성당

세비야 대성당

세비야 대성당

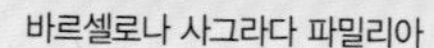
바르셀로나 사그라다 파밀리아

모스크바 구세주 그리스도 성당

파르마 대성당

로마 산 조반니 인 라테라노 대성당

베를린 대성당

장차 유대의 왕이 될 아기에 대한 경배

동방박사의 경배

ADORATION OF THE MAGI

한스 물체어, 〈동방박사의 경배〉, 1437년, 제멜데 갤러리

예수가 태어나기 훨씬 전에, 동방에 살고 있던 세 명의 박사는 세상을 구할 이가 태어날 때는 반드시 신비로운 일이 생길 거라고 믿고, 그런 일을

발견하면 반드시 함께 그를 찾아가 경배를 드리자고 약속했다고 합니다.

예수가 태어나던 순간에 동방의 세 박사는 하늘에서 밝게 빛나는 신비로운 큰 별을 발견합니다. 그들은 그 별이 훗날 유대의 왕이 될 아이가 태어났다는 증표로 알고, 세 가지 보물(황금, 유향, 몰약)을 가지고 찾아가기로 합니다.

그들은 먼저 예루살렘에 있는 헤롯왕(헤롯 1세Herod I)을 찾아가 그 아이가 어디 있느냐고 묻습니다. 장차 유대의 왕이 될 아기는 당연히 현재 유대의 왕인 헤롯에게서 태어났을 거라고 생각했기 때문이었지요.

헤롯왕은 동방박사들의 말을 듣고 당황합니다. 그리하여 율법학자들을 불러서 유대의 왕이 될 아기가 어디에서 태어났을지를 묻는데, 학자들은 아마도 베들레헴에서 태어났을 거라고 대답합니다. 헤롯왕은 다시 동방박사들을 불러 그들이 신비한 별을 본 시기가 언제인지를 물어본 다음, "베들레헴에 가서 그 아이를 찾거든 나에게 알려 달라. 나도 찾아가서 그에게 경배드리겠다."라고 말합니다.

피렌체 산 조반니 세례당의 천장화

큰 별의 안내를 받고 아기 예수에게 경배하는 동방박사들

동방박사들의 꿈에 나타나 헤롯왕에게 가지 말라고 알려주는 천사

예루살렘을 피해 고국으로 돌아가는 동방박사들

헤롯왕을 만나고 나온 동방박사들은 베들레헴으로 가는데, 처음에 보았던 큰 별이 길을 안내해 무사히 아기 예수가 있는 곳을 찾아갔다고 합니다. 동방박사들은 갓 태어난 아기 예수에게 황금과 유향과 몰약을 바치며 경배를 드렸다는 것이 성서의 기록입니다.

동방박사들이 예수에게 경배드린 후, 헤롯왕의 부탁을 들어주기 위해 예루살렘으로 가려 하자 꿈에 천사가 나타나 그들을 만류했고, 동방박사들은 천사가 알려준 다른 길로 고향으로 돌아갔다고 하는데, 피렌체 산 조반니 세례당의 천장화에 그 내용이 구체적으로 표현되어 있습니다.

아기 예수에게 경배드리는 동방박사들의 모습은 성당에서 흔하게 찾아볼 수 있습니다. 그리스도교란 종교는 예수의 탄생으로부터 출발하기 때문일 것입니다.

상트페테르부르크 성 이삭 성당

코모 대성당

파도바 스크로베니 예배당

로마 산타 마리아 마조레 대성당

피렌체 산 조반니 세례당

상트페테르부르크 카잔 대성당

바르셀로나 사그라다 파밀리아

세비야 대성당

코르도바 메스키타 카테드랄

톨레도 대성당

그라나다 산 헤로니모 수도원

톨레도 대성당

피사 대성당

베를린 대성당

쾰른 대성당

모세의 율법에 따라 아기 예수를 성전에 봉헌함

아기 예수의 성전 봉헌

PRESENTATION OF JESUS IN THE TEMPLE

프라 바르톨로메오, 〈아기 예수의 성전 봉헌〉, 1516년, 빈 미술사 박물관

유대인들은 모세의 율법에 따라 사내아이를 낳으면 40일째 되는 날에 성전에 봉헌하는 관습이 있었습니다.

요셉과 마리아도 그들의 첫아들인 예수를 40일째 되는 날 예루살렘의 성전으로 데리고 갑니다. 그것을 '아기 예수의 성전 봉헌'이라고 하며, 이날을 '주의 봉헌 축일'이라고 합니다. 또한 성촉절聖燭節/Candlemas이라고도 부르는데, 예수가 생애 처음으로 성전에 입성한 것을 기념하기 위해 촛불을 켜 들고 행진하는 풍습이 있었기 때문입니다.

아기 예수의 성전 봉헌을 중요하게 여기기 때문에, 그 장면을 표현한 성화나 성상을 성당에서 많이 볼 수 있습니다.

파도바 스크로베니 예배당
(아기 예수의 성전 봉헌)

아기 예수의 성전 봉헌과 관련하여 주목할 만한 인물이 있습니다. 바로 시메온Simeon이라는 제사장입니다. 아기 예수의 성전 봉헌 장면에 항상 등장하는 인물이지요.

시메온은 하느님으로부터 죽기 전에 메시아를 만나게 되리라는 약속을 받은 사람이었습니다. 그는 아기 예수를 본 순간 그 약속이 지켜진 것을 깨닫고 신의 뜻을 찬양했다고 하지요. 그리스도교에서는 제사장 시메온이 아기 예수를 메시아로 인식한 사건을 중요하게 여겨 그날을 성전 봉헌 축일로 기리는 것입니다.

그리고 시메온 옆에 여인이 함께 표현되는 경우도 있는데, 그녀는 예언자 한나입니다. 그녀 역시 아기 예수가 메시아임을 단번에 알아보았으며, 시메온이 아기 예수에 대해 한 말을 성전 바깥에 있는 사람들에게 알리는 역할을 했다고 합니다.

시메온은 아기 예수를 데리고 온 마리아에게 이렇게 말했다고 하지요.

"보십시오. 이 아기는 이스라엘에서 많은 사람을 쓰러지게도 하고 일어나게도 하며, 또 반대를 받기도 할 것입니다."

이 말은 장차 예수가 이스라엘의 정신적인 왕으로서 사람들을 구원하게 되리라는 예언인 동시에 고난을 겪을 것이라는 예언이었지요.

아르트 데 헬데르, 〈시메온의 찬양의 노래〉
아기 예수를 보는 순간 메시아임을 알아본 시메온이 찬양의 노래를 부르고 있다.

아기 예수의 성전 봉헌보다 약간 일찍 이루어진 의식이 '아기 예수의 할례'입니다. 그와 관련된 표현을 드물기는 하지만 성당에서 찾아볼 수 있습니다. 유대인들은 아들이 태어나면 8일째 되는 날 할례를 받도록 하는 관습이 있었으므로, 예수도 그러했을 것으로 봅니다. 그리스도교에서는 예수의 탄생을 12월 25일로 보아 1월 1일을 '그리스도 할례 축일'로 기립니다.

세고비아 대성당(아기 예수의 할례)

파르마 대성당 세례당

피렌체 산 조반니 세례당

산토리니 메트로폴리탄 성당

상트페테르부르크 그리스도 부활 성당

코르도바 메스키타 카테드랄

세비야 대성당

톨레도 대성당

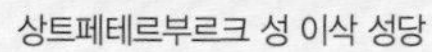
상트페테르부르크 성 이삭 성당

바르셀로나 사그라다 파밀리아

로마 산 조반니 인 라테라노 대성당

피렌체 산타 마리아 델 피오레 대성당

프라하 성 비투스 대성당

피렌체 산타 마리아 노벨라 성당

산토리니 가톨릭 성당

로마 산타 마리아 마조레 대성당

코모 대성당

파르마 대성당 세례당

피사 대성당

그라나다 카르투하 수도원

예수의 할례

빈 슈테판 대성당

파르마 대성당

유대의 왕이 될 아기를 죽이기 위한 헤롯왕의 잔인한 명령

영아 살해

MASSACRE OF THE INNOCENTS

바르셀로나 사그라다 파밀리아.
<로마 병사에 의한 유아 살해>

바르셀로나에 있는 사그라다 파밀리아의 '탄생의 파사드'에는 예수 탄생과 관련된 조각상들이 가득 설치되어 있습니다.

성스럽고 기쁜 내용이 충만한 그곳에 딱 한 군데 잔인한 장면이 나오는데, 로마 병사들이 갓 태어난 아기들을 무자비하게 살해하는 장면이 바로 그것입니다. 아기를 살려달라고 애원하는 부모와 냉혈한처럼 단호한 로마 병사, 그리고 아무런 저항도 하지 못하고 힘없이 죽어간 불쌍한 아기들의 모습을 보면, 마치 우리가 그 잔인한 상황을 목격하는 것처럼 전율하게 됩니다.

그러면 로마 병사들은 무슨 까닭으로 죄 없는 아기들을 이렇게 무참히 살해하는 것일까요?

베들레헴의 마구간에서 예수가 태어났을 때, 동방으로부터 온 세 명의 박사는 헤롯왕을 찾아가 "유대인의 왕으로 오신 분이 어디에 계십니까? 우리가 동방에서 그의 별을 보고 경배드리러 왔습니다."라고 말했다고 전해집니다. 아마도 그들은 장차 유대인의 왕이 될 아기는 당연히 현재의 유대 왕인 헤롯에게서 태어났을 거라고 짐작했던 것 같습니다. 그러나 당시 헤롯은 자식을 낳지 않은 상태였으므로, 동방박사의 말을 듣고 불안감을 느꼈겠지요. 장차 자신의(혹은 자기 자식의) 왕위를 빼앗을 아기가 태어났다는 말로 들렸을 테니까요.

그래서 헤롯왕은 동방박사들에게 그 아기가 어디서 태어났는지를 알게 되면 자신에게도 알려달라고 부탁합니다. 자신도 그 아기에게 경배를 드리겠다면서요. 실제로는 그 아기를 찾아내어 화근을 없애려 한 것이지만요.

동방박사 세 사람은 아기 예수에게 경배를 마친 뒤 헤롯왕의 당부를 기억하고 예루살렘으로 가려 합니다. 하지만 천사가 나타나 헤롯왕에게 가서는 안 된다고 일러줘 다른 길을 이용해 자신들의 고향으로 돌아갔고, 기다리던 동방박사들이 돌아오지 않자 헤롯왕은 화가 나 동방박사들이 말한 무렵에 태어난 아기들을 모조리 죽이라는 명령을 내렸다고 합니다. 그것이 헤롯왕에 의한 영아 살해에 관한 전승입니다. 예수와 비슷한 시기에 태어났다는 죄 아닌 죄로 인해 수많은 아기가 죽어간 것입니다.

이 이야기에 대해 반론을 제기하는 사람들도 많습니다. 즉, 헤롯왕의 명령에 의해 영아 살해가 자행되었다는 역사적 기록이 없는 것으로 보아 신

파도바 스크로베니 예배당
(영아 살해)

빙성이 떨어진다는 주장이 그것입니다. 혹은 헤롯왕이 예수 탄생 전에 죽었다는 주장도 있고, 헤롯왕이 로마 황제의 허락 없이 많은 아기들을 죽이라는 명령을 내릴 수 있을 만큼 강력한 권력을 쥐지 못했다는 주장도 있습니다.

워낙 오래전의 일이기 때문에 현대인들로서는 그 사건의 진위를 명확하게 판단할 수 없지만, 헤롯왕의 명령에 의한 영아 살해 장면은 유럽의 성당에서 종종 볼 수 있습니다.

톨레도 대성당

시에나 스칼라 성당

피렌체 산 조반니 세례당

상트페테르부르크 성 이삭 성당

헤롯왕의 박해를 피해 이집트로 떠나는 성 가족

이집트로의 도피

FLIGHT INTO EGYPT

외젠 지라르데, 〈이집트로의 도피〉, 제작 연도 미상, 소더비 경매 출품

그리스도교 성화 중에 '이집트로 급히 떠남Flight into Egypt', 혹은 '이집트로 가는 도중의 휴식Rest on the Flight into Egypt'이라는 제목이 붙은 그림들이 많습니다. 성 가족이 헤롯왕의 박해를 피해 이집트로 도피했다는 성서 속 내용과 관련되는 그림들입니다.

먼저, 성 가족이 이집트로 급히 떠나야만 했던 사정을 알아봅시다.

피렌체 산 조반니 세례당의 천장화

요셉의 꿈에 천사가 나타남

천사의 안내를 받으며 당나귀를 타고 이집트로 떠나는 성 가족

동방으로부터 온 박사들로부터 장차 유대의 왕이 될 아기가 태어났다는 이야기를 들은 헤롯왕은 화근을 없애기 위해 그 아기를 죽이려 하지만, 그 아기가 누구인지를 알 수 없자 그 무렵에 태어난 아기들을 모두 죽이라고 명령했다 합니다. 그것이 '헤롯왕의 명령에 의한 영아 살해'이지요.

그렇다면 예수는 어떻게 죽음을 피할 수 있었을까요?

동방박사들이 경배를 마치고 돌아간 뒤 요셉의 꿈에 천사가 나타나 "헤롯왕이 아기를 죽이려 하니 빨리 이집트로 피하라."고 알려주었다고 합니다. 그래서 요셉은 마리아와 아기 예수를 데리고 이집트로 피신한 다음, 헤롯왕이 죽을 때까지 이집트에서 살았다는 게 성서의 내용입니다. 천사가 요셉의 꿈에 나타나 빨리 도피하라고 알려주는 내용도 유럽의 성당에서 종종 볼 수 있습니다.

천사의 귀띔을 들은 요셉은 서둘러 이집트로 떠나게 되는데, '이집트로의 도피'라는 주제로 그린 그림을 보면 아기 예수를 안은 마리아는 당나귀에 타고 있고, 요셉이 당나귀를 끌고 가는 내용이 많습니다. 성 가족 세 사람만 등장하는 경우도 있지만, 천사가 길을 안내하는 그림이 더 많은 편이지요.

요셉의 꿈에 천사가 나타나 도피할 것을 알려줌

상트페테르부르크 그리스도 부활 성당

로마 산타 마리아 마조레 대성당

코르도바 메스키타 카테드랄

이집트로의 도피

파도바 스크로베니 예배당

상트페테르부르크 그리스도 부활 성당

로마 산타 마리아 마조레 대성당

바르셀로나 사그라다 파밀리아

상트페테르부르크 성 이삭 성당

빈 슈테판 대성당

코르도바 메스키타 카테드랄

그라나다 카르투하 수도원

코모 대성당

로마 산타 마리아 마조레 대성당

율법학자들과 맞장 토론하는 소년 예수

율법학자들과 함께 있는 예수

JESUS AMONG THE DOCTORS

파올로 베로네세, 〈성전에서 율법학자들과 함께 있는 예수〉, 1558년, 프라도 미술관

코르도바 메스키타 카테드랄 (요셉과 마리아와 함께 예루살렘을 방문하는 소년 예수)

예수의 일생에 관해서는 탄생 전후와 공생애 기간에 있었던 일은 비교적 소상하게 알려져 있고, 로마 병사들에게 체포된 후 십자가에서 죽을 때까지의 일, 죽은 뒤 부활하여 승천했다는 이야기도 널리 알려진 편입니다.

그에 비하면 어린 시절이나 청년 시절의 이야기는 상대적으로 알려진 게 적은데, 그가 열두 살 때 예루살렘의 성전에서 율법학자들과 토론한 이야기가 성서에 기록되어 있어 소년 예수의 모습을 짐작할 수 있게 합니다.

유대인들은 유월절을 가장 중요한 명절로 여겨 그때가 되면 예루살렘을 방문하는 전통이 있었습니다. 예수가 열두 살 되던 해 유월절에도 요셉과 마리아는 해마다 그랬던 것처럼 예수를 데리고 예루살렘을 방문합니다. [유월절에 대해서는 '예루살렘 입성' 편(103쪽) 참조]

며칠 동안 예루살렘에 머물며 축제에 참여한 다음, 그들은 고향으로 돌아가기로 하지요. 그런데 한참 가다 보니 예수가 안 보이는 겁니다. 아들을 잃어버린 줄 알고 놀란 요셉과 마리아가 다시 예루살렘으로 돌아가 찾고 보니, 예수는 성전 안에서 율법학자들과 토론을 하고 있었다고 합니다. 어찌나 논리정연하게 자신의 주장을 펴는지 율법학자들이 다 감탄했다는 이야기가 〈누가복음〉에 기록되어 있습니다.

코르도바 메스키타 카테드랄
(율법학자들과 토론하는 예수)

아들을 찾은 요셉이 "어찌하여 네가 여기에 있느냐?"고 묻자 예수는 "제가 제 아버지의 집에 있어야 함을 어찌 모르셨습니까?"라고 대답했다고 합니다.

성전에서 율법학자들과 토론하는 소년 예수의 모습을 성당에서 종종 찾아볼 수 있답니다.

유럽의 성당에서 만날 수 있는 '율법학자들과 함께 있는 예수'

파도바 스크로베니 예배당

피렌체 산 조반니 세례당

빈 슈테판 대성당

상트페테르부르크 성 이삭 성당

파르마 대성당

바르셀로나 사그라다 파밀리아

공생애 기간 중의 가장 핵심적인 활동

산상 설교

SERMON ON THE MOUNT

칼 블로흐, 〈산 위에서 설교함〉, 1877년, 덴마크 국립 역사 박물관

예수는 33세 되던 해에 십자가형을 선고받고 세상을 떠난 것으로 알려졌습니다. 그리 길지 않은 생애였지요.

그중에서의 마지막 3년을 공생애公生涯 기간이라고 합니다. 공식적인 활동을 한 기간이라는 뜻인데, 여기서 말하는 공식적인 활동은 그가 세상에 온 이유, 즉 하느님의 복음을 널리 전하기 위한 활동을 말합니다. 세례자 요한으로부터 세례를 받은 시점부터 로마 병사들에게 체포되기 전까지가 공생애 기간에 해당하며, 그 기간의 활동 중 가장 중요한 것은 여러 가지 기적을 일으킨 일과 열두 명의 사도들과 함께 사람들에게 복음을 전파한 것이지요.

유럽의 성당에서 볼 수 있는 예수의 산상 설교山上說敎(예수가 제자들과 함께 산 위에서 사람들에게 한 설교) 장면을 소개합니다. 대부분의 장면 속에서 사람들이 진지한 태도로 듣는 모습이 인상적입니다.

코모 대성당(산상 설교)

메주고리예

바티칸시국 시스티나 예배당

상트페테르부르크 그리스도 부활 성당

세비야 대성당

상트페테르부르크 성 이삭 성당

공생애 기간에 예수가 행한 기적들

예수의 기적

MIRACLE OF CHRIST

지오반니 란프란코, 〈오병이어의 기적〉, 1620년~1623년, 아일랜드 내셔널 갤러리

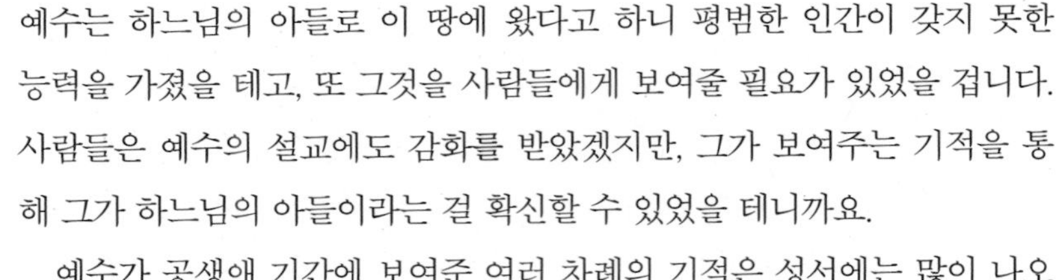

예수는 하느님의 아들로 이 땅에 왔다고 하니 평범한 인간이 갖지 못한 능력을 가졌을 테고, 또 그것을 사람들에게 보여줄 필요가 있었을 겁니다. 사람들은 예수의 설교에도 감화를 받았겠지만, 그가 보여주는 기적을 통해 그가 하느님의 아들이라는 걸 확신할 수 있었을 테니까요.

예수가 공생애 기간에 보여준 여러 차례의 기적은 성서에는 많이 나오지만, 의외로 성당에서는 쉽게 찾아볼 수 없었습니다. 예수가 행한 기적의 중요성을 고려할 때, 다소 의아할 정도였습니다.

파도바 스크로베니 예배당
(카나에서의 결혼식)

예수가 보여준 첫 번째 기적은 카나 마을의 결혼식에서 물을 포도주로 바꾼 것[1]입니다.

카나 마을의 결혼식에서 포도주가 떨어져 사람들이 당황해하자, 예수가 물을 포도주로 바꾸는 기적을 행했다는 이야기입니다. 이것은 예수가 행한 첫 번째 기적으로 알려져 있으므로 그리스도교에서는 중요한 일화로 여깁니다.

'오병이어伍餠二魚 기적'[2]도 예수가 행한 기적으로 널리 알려져 있습니다.

예수가 갈릴리호 주변에서 설교할 때 사람들이 구름떼처럼 몰려들었는데, 먹을 것이 없어 고민했다고 합니다. 그때 한 아이가 보리떡 다섯 개와 물고기 두 마리를 내놓았는데, 예수가 축성을 한 후 나누어주자 5,000명이 먹고도 남았다는 내용입니다.

중풍 환자를 고친 일화[3]도 있습니다.

예수가 가버나움에 머물 때, 오랫동안 중풍을 앓아 거동하지 못하는 환자가 치료를 받기 위해 찾아왔습니다.

그러나 소문을 듣고 구름처럼 몰려든 사람들이 이미 집 안팎을 에워싸고 있었으므로 중풍 환자는 예수가 있는 집 안으로 들어갈 수조차 없었습니다. 할 수 없이 가족들이 지붕을 뚫고 환자를 예수에게 내려보냈다고 하지요. 예수가 그의 믿음을 보고 "네가 죄 사함을 받았으니 일어나 집으로 가라." 하자 실제로 멀쩡하게 걸어서 집으로 돌아갔다는 이야기가 〈마태복음〉에 실려 있습니다.

상트페테르부르크 그리스도 부활 성당
(오병이어의 기적. 무릎 꿇은 사람의 손에 물고기가 보인다.)

모스크바 성모 승천 성당
(중풍 환자를 고침. 왼쪽에 누워 있던 사람이 오른쪽에서 서서 나가는 장면을 확인할 수 있다.)

모스크바 성모 승천 성당
(마귀 들린 사람을 치료함)

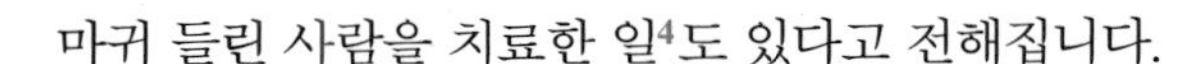

마귀 들린 사람을 치료한 일[4]도 있다고 전해집니다.

예수가 제자들과 더불어 갈릴리 호수 건너편에 있는 가다라 지방(혹은 거라사인의 땅)에 갔을 때의 일입니다. 갑자기 마귀 들린 사람 두 명(혹은 한 명)이 무덤 밖으로 나와 예수 일행을 가로막았습니다. 그들은 매우 난폭한 존재로 사람들에게 해코지를 했으므로 모두 두려워하고 피하는 지경이었습니다.

그런데 그들 속에 들어있던 마귀들이 예수를 보자 도리어 두려워하며 "하느님의 아들이여, 우리가 당신과 무슨 상관이 있습니까? 정한 때가 되기도 전에 우리를 괴롭히려고 오셨습니까?" 하고 외쳤다고 합니다.

예수는 마귀들에게 사람의 몸에서 나와 근처에 있는 돼지 떼에게 가라고 명했는데, 돼지 떼가 갑자기 벼랑 끝으로 내달리더니 호수에 빠져 죽었다고 합니다. 마귀들도 돼지 떼와 운명을 같이 했지요.

토리노 신자들의 도움이신 마리아 성당
(고질병 환자를 치료함)

그 밖에도 오랜 고질병 환자들을 치료한 일들[5]이 많았다고 합니다. 그런 내용의 그림을 성당에서 찾아볼 수 있습니다.

그러나 뭐니 뭐니해도 예수가 세상에 보여준 기적 중에서 가장 놀라운 일은 죽은 이를 살린 것[6]일 겁니다. 나자로는 예수가 살려낸 대표적인 인물이지요.

베다니 사람인 나자로는 예수와 잘 아는 사이였는데, 어느 날 예수는 나자로가 죽었다는 연락을 받게 됩니다. 나자로의 집으로 찾아간 예수를 가족들이 그의 무덤으로 인도했습니다. 이때 무덤을 향하여 예수가 "나자로야, 나오너라." 하니, 무덤 속에서 부활한 나자로가 걸어 나왔다는 이야기입니다. 이때는 나자로가 죽은 지 나흘이 지난 후였습니다.

이 사건은 사람들에게 예수의 신비스러운 능력을 보여주는 계기가 되었지만, 제사장들이 예수를 죽이겠다고 결심하는 계기가 되기도 합니다. 기적을 행한 예수를 사람들이 신앙의 대상으로 삼는 데 경계심을 느꼈기 때문입니다.

상트페테르부르크 그리스도 부활 성당
(죽은 이를 살림)

물을 포도주로 바꿈

상트페테르부르크 그리스도 부활 성당

로마 산타 마리아 마조레 대성당

메주고리예

중풍 환자를 고침

파르마 대성당

고질병 환자를 치료함

상트페테르부르크 그리스도 부활 성당

상트페테르부르크 성 이삭 성당

이스탄불 카리예 뮤지엄(코라 성당)

죽은 이를 살림

파도바 스크로베니 예배당

피렌체 산 조반니 세례당

세비야 대성당

예수의 신성이 발현된 계기

예수의 변용

THE TRANSFIGURATION

라파엘로 산치오, 〈예수의 변용〉, 1516년~1520년, 바티칸 박물관 피나코테카관
성 베드로 대성당의 '변용의 제단'에 같은 그림이 있다.

'예수의 변용變容'은 『신약성서』의 〈마태복음〉에 나오는 예수의 행적으로, 그리스도교 미술에서 하나의 독립된 주제로 다뤄질 정도로 유명하고 중요한 일화입니다.

예수가 로마 병사들에게 체포된 후 빌라도의 법정에서 재판을 받고 십자가형을 당하는 일련의 과정을 '예수의 수난'이라고 합니다. 그런데 수난을 당하기 전의 어느 날 예수는 베드로와 세베대의 아들 야고보, 그리고 야고보의 동생인 요한만을 데리고 높은 산(혹은 거룩한 산)에 오른 일이 있습니다. 그 산의 이름은 명확하지 않은데, 예수의 모습이 변화한 산이라고 하여 '변화산'이라고도 합니다.

그때 예수의 모습이 변하는 것을 함께 갔던 세 명의 제자가 목격했다는 일화가 바로 '예수의 변용', 혹은 '그리스도의 변용'입니다. 변용이 일어날 당시 예수의 얼굴이 태양처럼 빛나고, 옷은 눈처럼 흰색으로 변했다고 합니다.

제자들이 놀라서 바라보니 『구약성서』 속의 선지자인 모세와 엘리야가 예수의 양옆에 서서 이야기를 나누고 있더라는 것입니다. 그래서 예수의 변용을 그린 그림에는 항상 예수, 엘리야, 모세, 베드로, 세베대의 아들 야고보, 요한이 등장합니다.

그러다가 구름이 몰려와 사도들을 감싸고 그 속에서 하느님의 음성이 들리므로 세 명의 제자는 너무 놀라서 땅에 엎드렸다고 합니다.

예수의 몸이 눈부시게 빛나는 모습으로 변한 이 사건은 예수가 하느님의 아들로서 사람들에게 명확하게 인식되는 계기가 되었으므로 그리스도교에서는 중요하게 생각합니다. 동방 정교회에서도 중요하게 받아들였으므로 이콘화에서 자주 찾아볼 수 있습니다.

예수의 변용을 다룬 그림이나 부조 속에서 중앙에 서 있는 이가 예수이고, 양쪽에 서 있는 이들은 모세와 엘리야이며, 아래쪽에 엎드린 이들이 세 명의 제자입니다. 때때로 다른 내용이 예수의 변용 사건과 함께 그려지는 경우도 있습니다.

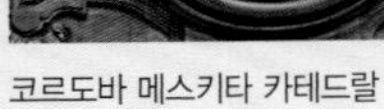
코르도바 메스키타 카테드랄

시에나 대성당

베로나 대성당

빈 카를 뤼거 기념 교회

두브로브니크 성 프란체스코 성당

파르마 대성당

피렌체 산 조반니 세례당

메주고리예

상트페테르부르크 그리스도 부활 성당

말라가 대성당

상트페테르부르크 카잔 대성당

11

어린 나귀를 타고 예루살렘에 입성한 예수

예루살렘 입성

TRIUMPHAL ENTRY INTO JERUSALEM

니콜라이 코셸레프, 〈예수의 예루살렘 입성〉, 1890년~1918년, 개인 소장

유월절을 보내기 위해 예수가 제자들과 함께 예루살렘으로 들어간 이야기를 하기 전에, 먼저 '유월절'이라는 유대인의 축일에 대해 알아보도록 하겠습니다.

유월절이란 유대인들이 노예 상태로 살던 이집트에서 해방된 사건과 관련된 명절입니다. 이는 모세와 연관이 있는 이야기인데, 간추려 설명하자면 다음과 같습니다.

이집트에서 가혹한 대접을 받으며 살던 유대인들을 구해 가나안 땅으로 돌아가라는 하느님의 명을 받은 모세는 파라오를 찾아가 신의 뜻을 전합니다. 물론 파라오가 그 말을 순순히 들을 까닭이 없었지요. 그 많은 노예가 한꺼번에 떠나면 이집트는 생산 활동이 크게 위축될 테니까요.

파라오가 말을 듣지 않자 신은 이집트 땅에 차근차근 재앙을 내립니다. 나일강물이 피로 변하는 재앙을 시작으로 우박과 불덩이가 하늘에서 쏟아지고, 메뚜기 떼가 나타나 곡식을 모조리 먹어 치우는 등, 아홉 가지 재앙이 차례차례 일어나지만 파라오는 유대인들을 풀어줄 생각을 안 했습니다.

그러자 신은 마지막으로 결정적인 재앙을 내립니다. 즉 이집트 땅에서 태어난 생명 중 첫째의 목숨을 거두어가는 것이었지요. 이때 파라오의 장남도 목숨을 잃는데, 그제야 파라오는 문제의 심각성을 알고 유대인들을 풀어주기로 합니다.

그때 유대인 가정의 장남들은 목숨을 구할 수 있었는데, 하느님이 미리 모세를 통해 재앙을 피할 방법을 알려주었기 때문이었습니다. 즉, 문설주에 어린 양의 피를 발라놓으면 죽음의 사자가 그 집에는 들어가지 않으리라고 약속한 것이지요.

유월절逾越節/Passover, 혹은 과월절過越節은 이 일에서 비롯된 유대인의 명절입니다. '유逾', '월越', '과過'는 모두 '지나가다', '넘어가다'라는 의미를 갖는 글자입니다. 죽음의 사자가 유대인의 집에는 들어가지 않고 그냥 지나갔다는 뜻을 담고 있지요.

유대인들로서는 그 사건이 자신들에 대한 하느님의 각별한 사랑을 의미하는 것으로 여겨져 축제로 기념했는데, 그것은 예수 당시에도 마찬가지였습니다. 유월절이 되면 예루살렘에 모여 하느님에게 감사하는 풍습이 있었는데, 예수도 그 축제에 참여하기 위해 제자들과 함께 유월절을 맞아 예루살렘에 왔던 것입니다.

그때 예수에 관한 소문을 들은 군중들이 종려나무 가지를 흔들며 "다윗의 자손께 호산나!"라고 외쳤다고 합니다. 열렬히 환영한다는 의미입니다. '호산나hosanna'란 말은 '구원하소서'라는 뜻의 히브리어이고, 예수를 일컬어 '다윗의 자손'이라고 한 것은 예수의 아버지(성령으로 잉태된 예수의 생부는 아니지만)인 요셉이 다윗의 후손이었기 때문에 그렇게 부른 것입니다.

열렬히 환영하며 예수를 맞이했던 군중들은 예수가 자신들의 바람대로 급진적 변혁을 이룰 기미를 보이지 않자 실망한 나머지 빌라도의 법정으로 몰려가 "예수를 십자가형에 처하라."라고 요구합니다. 예수의 예루살렘 입성(일요일)과 십자가에서의 죽음(금요일)이 유월절 안에 이루어졌으니, 불과 며칠 만에 군중들이 돌변한 셈입니다.

예수의 예루살렘 입성을 주제로 한 성화나 성상에서는 예수가 어린 나귀를 타고 가는 것에 주목할 필요가 있습니다. 나귀는 자신이 『구약성서』에 기록된 메시아임을 세상에 밝히기 위해 예수가 의도적으로 선택한 것이었습니다. 『구약성서』의 〈스가랴서〉에 이런 기록이 있기 때문입니다.

'딸 시온아, 한껏 기뻐하여라. 딸 예루살렘아, 환성을 올려라. 보라, 너의 임금님이 너에게 오신다. 그 분은 의로우시며 승리하시는 분이시다. 그분은 겸손하시어 나귀를, 어린 나귀를 타고 오신다.'

파도바 스크로베니 예배당
(어린 나귀를 타고 예루살렘에 입성하는 예수)

어린 나귀를 타고 예루살렘으로 들어서는 예수를 보며 군중들은 『구약성서』 속의 예언을 떠올렸을 것입니다. 그를 보며 크게 기대했던 것만큼 실망도 컸을 테고, 실망이 큰 만큼 잔혹해졌을 것으로 짐작됩니다.

피렌체 산 조반니 세례당

모스크바 대천사 성당

벨파스트 성 조지 성당

피사 대성당

세비야 대성당

세비야 대성당

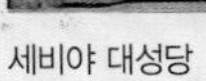

코르도바 메스키타 카테드랄

모스크바 성 바실리 성당

모스크바 수태고지 성당

모스크바 성 바실리 성당

상트페테르부르크 그리스도 부활 성당

상트페테르부르크 성 이삭 성당

파르마 대성당

예수의 수난이 시작되기 전 마지막 활동

최후의 만찬

LAST SUPPER

제이콥 조던스, 〈최후의 만찬〉, 1654년~1655년, 앤트워프 왕립 미술관

그리스도교에서 예수의 탄생이나 십자가에서의 죽음만큼이나 널리 알려진 주제가 바로 최후의 만찬입니다. 최후의 만찬이란 예수가 제자들과 더불어 마지막으로 먹은 저녁 식사를 말합니다. 이때는 예수가 공생애를 시작한 지 삼 년째 되는 해였지요.

이날 식사 때 예수는 제자들에게 빵 조각을 떼어 주며 "이는 너희들을 위한 내 몸이다."라고 말하고, 포도주를 권하며 "이 잔은 내 피로 맺는 계약이니, 너희들은 이 잔을 들 때마다 나를 기억하라."고 했다 합니다. 자신의 죽음을 예감한 예수로서는 제자들에게 남기는 마지막 유언이었지만, 제자들로서는 이해하기 어려운 말이었을 겁니다.

그런 다음 예수는 제자들을 향해 뜻밖의 이야기를 합니다.

"너희들 중에서 한 명이 나를 배신할 것이다."

제자들은 다투어 자신은 절대로 스승을 배신하지 않겠노라고 다짐했지만, 이튿날 새벽 유다가 이끌고 온 로마 병사들에게 예수가 체포될 때에는 모두 두려움에 사로잡힌 나머지 예수 곁을 떠났다고 합니다. 특히 수제자였던 베드로는 예수와 한 패거리가 아니냐고 묻는 사람들의 질문에 세 번씩이나 "나는 저 사람을 모른다."고 대답했다고 하지요. 최후의 만찬 당시 예수가 그를 향해 "너는 내일 새벽닭이 울기 전에 세 번 나를 모른다고 부인하리라."라고 말한 대로 이루어진 것이지요.

최후의 만찬은 예수의 수난(로마 병사들에게 체포된 뒤 십자가에서 사망할 때까지의 일련의 과정)이 시작되기 전 마지막 활동이었습니다.

레오나르도 다빈치, 〈최후의 만찬〉

최후의 만찬을 주제로 한 그림은 매우 많습니다. 그중에서 레오나르도 다빈치의 작품이 가장 유명하지요.

밀라노의 산타 마리아 델라 그라치에 수도원 식당 벽에 그려진 이 유명한 그림은, 예수가 제자들에게 "너희들 중에서 한 사람이 나를 배신할 것이다."라고 말하고 난 직후 제자들의 반응에 주목한 내용입니다. 제자들은 스승의 말에 깜짝 놀라 술렁거립니다. '대체 누가 스승을 배신한다는 거지?', '설마 나를 두고 하는 말은 아니겠지?' 하는 생각을 하며 당황해하는 제자들의 모습이 흥미롭습니다. 이 그림 속에서 가리옷 유다는 예수의 오른쪽에 앉아 있는데, 손에 돈주머니를 움켜쥐고 있고 얼굴이 검은 사람이 그입니다. 그의 손에 들린 돈주머니는 그가 스승을 배신하기로 하고 받은 은화 30냥이 들어 있는 주머니입니다.

그럼, 최후의 만찬은 언제 베풀어진 걸까요? 성서에 따르면 예수는 유월절 첫날(혹은 전날) 저녁에 제자들과 함께 식사를 하였고, 다음 날 새벽에 겟세마네 동산에서 기도를 하다가 닭이 울기 전에 배신자 유다가 끌고 온 로마군에게 체포되어 끌려간 것으로 되어 있습니다.

파도바 스크로베니 예배당

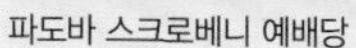

시에나 대성당

피렌체 산 조반니 세례당

피렌체 산 조반니 세례당

로마 성 아그네제 인 아고네 성당

모스크바 성모 승천 성당

시에나 스칼라 성당

톨레도 대성당

메주고리예

바르셀로나 사그라다 파밀리아

블레드 성 마르틴 교구 성당

코르도바 메스키타 카테드랄

프랑크푸르트 대성당

두브로브니크 세르비아 정교회 성당

재미로 풀어보는 QUIZ

'최후의 만찬'에서 유다 찾기

최후의 만찬에서, 예수는 제자들 중 한 명이 자신을 배신할 거라고 말합니다. 가리옷 유다가 배신하리라는 걸 알고 있었던 것입니다. 다른 제자들은 몰라도 유다 자신은 이미 스승을 배신하기로 하고 돈까지 받은 상황이었으니 떳떳하지 못한 심정에 스승으로부터 그런 말까지 들었으니 뭔가 행동이 부자연스러웠을 겁니다.

최후의 만찬을 그린 화가들은 그 점에 착안하여, 열두 명의 제자 중 누가 유다인지를 슬쩍 알려주는 경우가 있습니다. 다음의 그림들은 누가 유다인지를 비교적 알아보기 쉽게 표현해 놓았으니 한번 찾아보세요. 힌트는 '혼자만 동떨어진 자리에 앉아 있거나 대화에 집중하지 못하고 다른 방향을 바라보는 사람, 혹은 손에 돈주머니를 들고 있는 사람'이랍니다.

① 바티칸시국 시스티나 예배당

② 세비야 대성당

③ 코르도바 메스키타 카테드랄

④ 코모 대성당

❶ 혼자 테이블 동떨어진 자리에 앉아 있으며 등 뒤에 악마가 붙어 있음

❷ 돈주머니를 들고 있음

❸ 혼자 동떨어진 자리에 있으며 돈주머니를 들고 있음

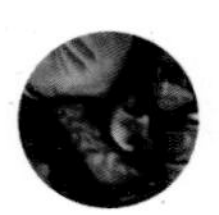
❹ 돈주머니를 들고 있음

하느님에게 드리는 마지막 간절한 기도

겟세마네 동산에서의 기도

AGONY IN THE GARDEN

피테르 쿠케 반 앨스트, 〈겟세마네 동산에서의 기도〉, 1527년~1530년, 에르미타주 미술관

예수가 겟세마네 동산에서 하느님에게 간절한 마음으로 기도를 올릴 무렵의 일을 대강 정리해 보면 다음과 같습니다.

예수는 유월절을 보내기 위해 예루살렘으로 입성한 뒤, 성전으로 가서 장사치들을 쫓아냅니다. 이 일은 일부 유대인들과 제사장들에게 불쾌감과 거부감을 주었지요.

그런 다음 우리가 '최후의 만찬'이라고 부르는 마지막 저녁 식사를 제자들과 함께 합니다.

모스크바 성모 승천 성당

저녁 식사를 마친 후, 예수는 베드로, 세베대의 아들 야고보, 요한만을 데리고 겟세마네 동산으로 올라갑니다. 제자들을 다 데리고 갔다는 설도 있지만, 대부분의 미술 작품에는 세 명의 제자만이 나타납니다.(모스크바 성모 승천 성당의 북쪽 벽에 그려진 그림에는 열한 명의 제자가 보입니다. 배신자인 유다를 제외한 모든 제자들을 데리고 겟세마네 동산에 올랐다는 주장을 따른 것인데, 이런 구성은 드문 편입니다.)

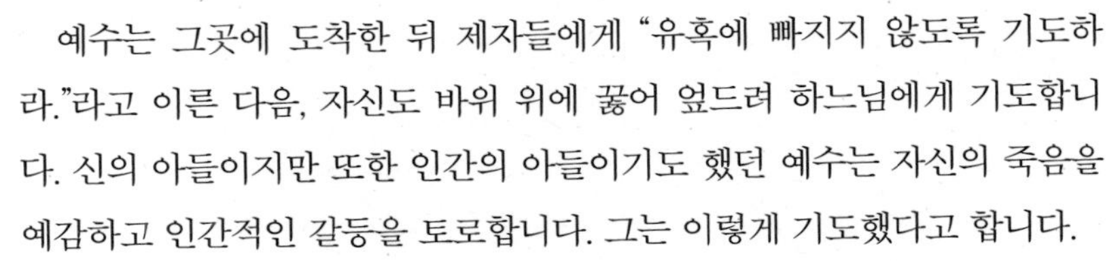

예수는 그곳에 도착한 뒤 제자들에게 "유혹에 빠지지 않도록 기도하라."라고 이른 다음, 자신도 바위 위에 꿇어 엎드려 하느님에게 기도합니다. 신의 아들이지만 또한 인간의 아들이기도 했던 예수는 자신의 죽음을 예감하고 인간적인 갈등을 토로합니다. 그는 이렇게 기도했다고 합니다.

"아버지여, 만일 아버지의 뜻이거든 이 잔(세상의 죄를 짊어지는 고난을 의미함)을 내게서 옮기소서."

그 역시 죽음이 두려웠던 것입니다. 그러나 곧 의연함을 되찾고, "그러나 내 원대로 마옵시고, 아버지의 원대로 하옵소서." 하여 신의 뜻에 복종하겠다는 태도를 보입니다.

예수가 그렇게 애끓는 기도를 드리고 있을 때 제자들은 잠들어 있었고, 오로지 천사들만이 예수의 곁을 지켰다고 합니다. 예수가 가는 길의 의미를 제자들조차도 제대로 모르고 있는 것입니다. 겟세마네 동산에서의 기도를 다룬 그림을 보면 대부분 그런 내용입니다.

겟세마네 동산은 예루살렘 동쪽의 올리브산에 있는 언덕을 이야기합니다. 유다가 데리고 온 로마 병사들에게 예수가 체포된 장소이기도 합니다. 그리스도교에서 중요하게 여기는 장소이므로 그곳에는 현재 여러 종파에서 세운 교회가 있지요.

오르비에토 대성당

시에나 대성당 세례당

상트페테르부르크 그리스도 부활 성당

피렌체 산 조반니 세례당

피렌체 산타 마리아 델 피오레 대성당

빈 슈테판 대성당

세비야 대성당

상트페테르부르크 성 이삭 성당

하느님의 아들이 보여준 놀라운 기적

예수의 부활

RESURRECTION OF CHRIST

제라드 세거스, 〈예수의 부활〉, 1620년경, 루브르 박물관

십자가 위에서 사망한 예수는 아리마테아의 요셉이라는 사람이 장례를 주관하여 바위 무덤에 안장되었다고 합니다. 그런데 사흘 만에 부활하여 무덤 밖으로 나왔다고 하지요.

이것은 그리스도교에서 가장 극적으로 받아들이는 사건이며, 그리스도교란 종교의 핵심이 되는 사건입니다. 그래서 예수의 부활 장면은 성당 장식뿐만 아니라, 미술 작품에도 단골로 등장합니다.

예수의 죽음이 인류의 죄를 대신 짊어지기 위한 그의 희생을 상징한다면, 부활은 그가 하느님의 아들로서 인간에게 영원한 삶의 유형을 보여주는 것이라고 할 수 있습니다.

예수의 부활은 처음에는 제자들조차 믿지 못하지만, 부활하였음을 확인한 뒤로는 신앙심이 더욱 깊어지지요. 죽었다가 다시 살아났다는 것은 그가 하느님의 아들이라는 명백한 증거로 받아들여졌기 때문입니다. 20세기 이전까지는 성탄절보다 부활절이 더 중요한 그리스도교의 명절이었을 정도로 예수의 부활은 중요하고도 핵심적인 주제입니다.

빈 슈테판 대성당
(저승에 속한 존재가 놀라며 바라보고 있지만, 이것은 결국 예수가 단독으로 표현된 것이나 다름없다)

예수의 부활을 주제로 한 작품들은 몇 가지 유형으로 나눠볼 수 있습니다.

먼저, 부활한 예수를 단독으로 표현한 유형[1]이 있습니다. 예수는 커다란 천을 옷 대신 몸에 두른 상태로, 손에는 십자가 문양이 새겨진 깃발이 매달린 십자가를 들고 있는 경우가 대부분입니다.

세비야 대성당

두 번째 유형은 무덤을 지키는 사람들이 잠에 빠져 있거나 부활한 예수를 천사들이 바라보는 것입니다.[2] 예수가 부활한 순간을 목격한 사람이 없다는 이야기이지요.

세 번째 유형은, 부활한 예수를 보며 사람들이 깜짝 놀라는 모습을 표현한 것입니다.[3] 그러나 부활한 예수를 맨 처음 만난 마리아 막달레나조차 그가 예수인지를 처음에는 못 알아봤다는 것을 고려하면 사실과 다르다고 할 수 있습니다. 예수의 부활이라는 지극히 중요하고도 놀라운 기적을 보다 드라마틱하게 표현하려고 그렇게 묘사한 것이 아닐까 합니다.

빈 슈테판 대성당

마지막으로 볼 수 있는 유형은, 사람들이 예수의 부활을 확인하는 상황을 표현한 것입니다. 예수의 무덤(혹은 석관)이 텅 빈 것을 확인한다든지,[4] 아니면 부활한 예수를 향해 경배하는 유형[5]이지요.

피렌체 산 조반니 세례당

모스크바 구세주 그리스도 성당

예수만 단독으로 표현된 유형

상트페테르부르크 성 이삭 성당

상트페테르부르크 그리스도 부활 성당

두브로브니크 성 프란체스코 성당

무덤을 지키는 사람들이 잠에 빠져 있거나 천사만이 부활한 예수를 바라보는 유형

상트페테르부르크 그리스도 부활 성당

피렌체 산타 마리아 델 피오레 대성당

피렌체 산 조반니 세례당

부활한 예수를 보며 사람들이 깜짝 놀라는 모습을 표현한 유형

로마 산 조반니 인 라테라노 대성당

로마 산 조반니 인 라테라노 대성당

톨레도 대성당

베를린 대성당

로마 산타 마리아 마조레 대성당

코르도바 메스키타 카테드랄

토리노 대성당

피사 대성당

베네치아 산 마르코 대성당

파르마 대성당

상트페테르부르크 카잔 대성당

상트페테르부르크 성 이삭 성당

나를 붙잡지 말라

놀리 메 탄게레

NOLI ME TANGERE

알렉산더 안드레예비치 이바노프, 〈부활 후 막달라 마리아에게 나타나신 그리스도〉, 1835년, 국립 러시아 박물관

예수는 십자가 위에서 사망했고, 바위 무덤에 안장된 지 사흘 만에 부활했다고 합니다. 그러면 부활한 예수를 가장 먼저 만난 사람은 누구일까요?

성서에 의하면, 부활한 예수를 맨 처음 발견한 것은 예수의 정신적 제자로 여겨지는 마리아 막달레나란 여인이었습니다. 그녀는 예수가 십자가에서 죽을 때 끝까지 자리를 지켰으며, 장례를 지낼 때도 함께 했다고 하지요.

그녀는 예수의 무덤을 찾아갔다가 무덤이 빈 것을 보고 예수의 제자인 베드로와 요한에게 알립니다. 그리고는 예수의 시신을 잃어버렸다고 생각하여 슬퍼하고 있는데, 그녀 앞에 예수가 나타납니다. 자신 앞에 서 있는 이가 설마 예수일 거라고는 상상도 못 하고 "이 무덤 속의 시신이 어디로 갔는지 아느냐?"고 물었다고 합니다. 그녀가 예수를 정원사로 착각했다 하여, 그 상황을 표현한 작품 중에는 예수를 정원사의 모습으로 묘사한 경우도 있습니다. 산타 마리아 노벨라 성당의 부조가 그런 예입니다.

피렌체 산타 마리아 노벨라 성당
(예수를 정원사의 모습으로 묘사함)

뒤늦게 자신 앞에 서 있는 이가 예수인 것을 알아차린 마리아 막달레나가 반가운 마음에 옷을 붙잡으려 하자 예수는 "내가 아직 내 아버지에게 가지 못했으니 나를 붙잡지 말라." 하며 뿌리쳤다고 합니다. 이를 그리스도교 미술에서는 '놀리 메 탄게레Noli Me Tangere(나를 붙잡지 말라)'라고 하여 하나의 유형으로 분류합니다. 그리고 성당에서도 종종 볼 수 있지요.

유럽의 성당에서 만날 수 있는 '놀리 메 탄게레'

세비야 대성당

산마리노 대성당

파도바 스크로베니 예배당

코르도바 메스키타 카테드랄

로마 산타 마리아 인 아라코엘리 성당

하느님의 아들 예수, 아버지 곁으로 가다

예수의 승천
ASCENSION OF JESUS

피에트로 페루지노, 〈그리스도의 승천〉, 1495년~1498년, 리옹 미술관

예수는 애초에 하느님의 아들이자 성령으로 잉태되어 태어났기 때문에 유한한 생명을 가진 인간들처럼 죽음으로 삶을 마감하지는 않습니다. 십자가형에 처해져 사망한 후 사흘 만에 부활하여 제자들을 만났으며 곧 승천했다고 전해집니다.

모스크바 성모 승천 성당
(성모 마리아와 제자들이 지켜보는 가운데 승천하는 예수)

예수의 승천을 표현한 미술 작품을 보면 대개 예수는 어머니 마리아와 제자들이 지켜보는 가운데 천사들을 거느리고 승천합니다. 삼위일체설에 따르면 예수는 신의 아들이자 그 자신이 신이었으므로 스스로 승천할 수 있었습니다.

세비야 대성당

파도바 스크로베니 예배당

피렌체 산타 마리아 델 피오레 대성당

베네치아 산 마르코 대성당

피렌체 산타 마리아 노벨라 성당

로마 산타 마리아 인 아라코엘리 성당

피렌체 산타 마리아 델 피오레 대성당

불쌍한 영혼들을 구하기 위해 림보로 내려간 예수

림보로 간 예수

DESCENT INTO LIMBO

히에로니무스 보스, 〈림보로 내려가심〉, 1530년~1540년, 아일랜드 국립 미술관

예수가 림보로 내려갔다거나, 혹은 지옥에 내려갔다는 주장이 있습니다. 여기서 말하는 '림보limbo'란, 지옥과 천국 사이에 있는 내세의 공간으로 그리스도교를 믿을 기회를 얻지 못했던 착한 사람, 또는 세례를 받지 못한 채 죽은 어린이의 영혼이 머무는 곳이라고 합니다. 예수가 그곳으로 간 까닭은, 천국에 가지 못하고 그곳에 머무는 선한 영혼들을 구원하고자 함이었다는 것이지요.

혹은 림보가 아니라 지옥hell으로 내려갔다는 주장도 있습니다. 예수가 굳이 지옥에 간 까닭은 죄를 많이 지어 지옥에 떨어진 악한 영혼을 구원하기 위해서였다는 뜻이니, 죄인까지도 버리지 않는 구원자로서의 예수의 역할을 강조하는 이야기라고 할 수 있습니다.

림보나 지옥에 간 예수를 표현한 것을 성당에서 자주 볼 수는 없었지만, 몇 군데에서 본 것을 소개합니다. 그림만으로는 예수가 간 곳이 림보인지 지옥인지 구별하기가 어려웠습니다.

상트페테르부르크 그리스도 부활 성당

피렌체 산타 마리아 노벨라 성당

세비야 대성당

로마 산 조반니 인 라테라노 대성당

상트페테르부르크 그리스도 부활 성당

이스탄불 카리예 뮤지엄(코라 성당)

시에나 대성당 지하 묘지

베네치아 산 마르코 대성당

모스크바 성모 승천 성당

상트페테르부르크 그리스도 부활 성당

시에나 대성당 세례당

Part 2.

성화와 성상의 소재가 되는 주요 인물들의 생애

2
예수의 수난

예수가 로마 병사들에게 체포되어 빌라도의 법정으로 끌려가고, 거기서 십자가형을 선고받은 뒤 골고다 언덕에서 사망하여 장사지내기까지의 일련의 과정을 '예수의 수난'이라고 합니다. 수난 과정은 예수의 일생 중에 일어난 일이므로 '예수의 일생' 편에서 다룰 수도 있었지만, 따로 이야기하고자 합니다. 예수의 삶과 죽음을 통틀어 가장 중요한 대목이기도 하고, 또 단계별로 자세히 알아볼 필요도 있기 때문입니다. 앞서 '십자가의 길'을 설명할 때 개략적으로 다루기는 했지만, 여기서 조금 더 자세히 알아보도록 하겠습니다.

고통스러운 수난 과정의 첫 번째 사건

예수의 체포
ARREST OF CHRIST

카라바조, 〈예수의 체포〉, 1602년 , 아일랜드 국립 미술관

최후의 만찬 이후 예수가 제자들과 함께 겟세마네 동산으로 올라가 하느님에게 간절한 기도를 드리고 있을 때['겟세마네 동산에서의 기도' 편 (111쪽)참조], 가리옷 유다는 로마 병사들을 이끌고 올라옵니다.

유다는 미리 약속한 대로 예수의 뺨에 입을 맞춤으로써 누가 예수인지를 로마 병사들에게 알려주었고(아직 해가 뜨기 전의 새벽녘으로 주변이 어둑하여 누가 누구인지를 구별할 수 없었으므로) 예수는 그 자리에서 체포되어 끌려갔는데, 이것이 수난 과정의 첫 번째 사건인 '예수의 체포'입니다.

예수의 체포를 주제로 한 작품마다 예수와 입맞춤하는 사람이 보이는데, 그가 바로 배신자 유다입니다. 그의 입맞춤은 비열한 배신의 상징인 것입니다.

또한 예수의 체포 장면을 표현한 작품에는 대부분 작은 칼로 다른 사람의 귀를 자르거나 칼을 휘두르는 모습의 한 사람이 보이는데, 이 사람은 베드로입니다. 베드로는 예수를 체포하기 위해 로마 병사들이 다가오자 대제사장 가야바의 시종 말고Malchus의 귀를 칼로 베면서 저항했다고 합니다. 그러나 예수가 베드로에게 "네 칼을 칼집에 넣어라. 아버지께서 내게 주신 잔을 내가 마셔야 하지 않겠느냐?"라고 말해 저항을 포기했고, 예수는 그대로 끌려갔다고 합니다.

베드로를 비롯한 제자들이 달아난 것은 그 뒤의 일로 보입니다.

파도바 스크로베니 예배당
(작은 칼을 들고 있는 베드로와 예수에게 키스하는 유다가 표현된 '예수의 체포' 장면)

로마 산 조반니 인 라테라노 대성당

피렌체 산 조반니 세례당

모데나 대성당

시에나 스칼라 성당

그라나다 산 헤로니모 수도원

세비야 대성당

예수에게 십자가형을 선고한 빌라도의 법정

빌라도 앞에 선 예수

CHRIST BEFORE PILATE

틴토레토, 〈빌라도 앞에 선 예수〉, 1566년~1567년, 베네치아 산 로코 대신도 회당

〈사도신경〉에는 예수가 '성령으로 잉태되어 동정녀 마리아에게서 태어났고, 본디오 빌라도에게 고난을 받아 십자가에 못 박혀 죽으셨다.'라는 구절이 나옵니다. 그리스도교인들이 신앙을 고백하며 외우는 이 기도문에 이름이 들어감으로써, 빌라도는 사람들의 입에 가장 많이 오르내리는 로마인이 되었습니다. 주로 예수를 죽인 악인의 이미지로 말입니다.

본디오 빌라도(로마식으로는 폰티우스 필라투스), 그는 누구일까요? 그는 왜 그런 결정을 내려야만 했을까요.

그는 로마 제국의 식민지이던 당시 유대 땅을 다스린 총독이었습니다. 그에게는 죄인에 대한 처벌을 결정할 권한이 있었지요.

빌라도는 비록 예수에게 십자가형을 선고한 인물로 기록되어 버렸지만, 당시의 기록을 보면 그런 결정이 빌라도의 뜻이 아니었음을 알 수 있습니다.

바르셀로나 사그라다 파밀리아

예수를 끌고 와 십자가형(당시의 형법으로 볼 때 가장 무거운 벌로 흉악범에게 내리는 형벌)에 처하라고 떠들어대는 사람들을 향해 빌라도는 "대체 이 사람이 무슨 잘못을 하였느냐?"고 물었습니다. 십자가형에 처할 만큼 심각한 잘못을 하지 않았다고 보아 석방하려 한 것이지요.

마침 유월절에는 죄수 한 명을 석방하는 관례가 있었기에 빌라도는 예수를 석방하려고 했지만, 성난 군중들은 차라리 흉악범인 바라바를 놓아주라고 요구하며 폭동을 일으킬 기세로 떠들었습니다. 빌라도는 할 수 없이 군중이 요구하는 대로 예수에게 십자가형을 내립니다.

비록 그는 예수의 죽음을 바라지 않았지만, 예수에게 십자가형을 선고한 사실에는 변함이 없습니다. 오히려 그의 아내인 클라우디아가 사람을 보내어 "당신은 그 무죄한 사람의 일에 관여하지 마십시오. 간밤에 저는 그 사람의 일로 꿈자리가 몹시 사나웠습니다."라고 당부했다는 기록이 있어, 그의 아내는 그리스도교의 성녀로 추앙받았지요.

빌라도는 훗날 사마리아인들의 학살 사건 때문에 로마로 소환된 뒤 자살한 것으로 전해집니다. 스위스의 루체른에는 필라투스 산이 있는데, 빌라도를 묻은 곳으로 그의 악령이 깃들어 있어 악마의 산으로 여긴다는 말이 있을 정도로 그는 저주받은 이름의 대명사였습니다.

빌라도는 예수의 행적에서 십자가형에 처할 만큼의 중대한 범죄 행위

메주고리예 성당 '십자가의 길 제1처'

를 찾지 못했지만 군중들의 압력에 굴복해 어쩔 수 없이 십자가형을 선고한 다음, "나는 이 사람이 흘릴 피에 대해서는 책임이 없다."며 물을 가져오라고 하여 손을 씻었다고 합니다. 그래서 '십자가의 길 제1처' 장면이나 빌라도의 법정을 다룬 미술 작품에서 빌라도가 손을 씻는 모습을 종종 볼 수 있습니다.

그러나 그리스도교 신자들의 신앙고백 기도문에 '예수가 본디오 빌라도에게 고난을 받아 십자가에 못 박혀 죽었다.'고 명확하게 기록됨으로써 그는 예수를 십자가형에 처한 사람으로 영원히 남게 되었습니다. 예수를 죽게 한 그의 책임은 물로 손을 씻는 정도로는 지울 수 없는 것이었습니다.

'빌라도 앞에 선 예수'보다는 덜 유명한 주제이지만, '가야바 앞에 선 예수'라는 그림도 있습니다. 성서에는 가야바Kaiaphas라는 인물이 나오는데, 가리옷 유다와 더불어 예수를 죽음에 이르게 한 인물로 꼽힙니다.

가야바는 유대교의 대제사장이었는데, 예수를 극히 미워했다고 합니다. 최종적으로 예수에게 십자가형을 선고한 것은 총독이었던 빌라도이지만, 가야바는 빌라도에게 극형을 권유함으로써 예수를 죽음에 이르게 한 장본인인 것입니다.

파도바 스크로베니 예배당
(가야바 앞에 선 예수)

그림 속에서 빌라도와 가야바를 구별하는 것이 쉬운 일은 아니지만, 빌라도는 로마 제국이 파견한 총독이었고 가야바는 유대인 대제사장이었기 때문에 꼼꼼하게 살펴보면 외모와 복장에서 구별이 됩니다.

앞에서 예수가 체포될 때 베드로가 말고란 이의 귀를 베었다고 했는데, 말고는 가야바의 시종이었습니다. 가야바의 계략에 의해 예수가 체포된다고 생각했기에 베드로는 가야바의 시종에게 적대적인 행동을 한 것이지요.

가야바로부터 모욕을 당한 뒤, 예수는 당시의 유대 총독이었던 빌라도 앞으로 끌려갑니다. 예수의 수난은 그렇게 시작된 것입니다.

두브로브니크 성 프란체스코 성당

시에나 대성당 세례당

모데나 대성당

상트페테르부르크 그리스도 부활 성당

톨레도 대성당

시에나 스칼라 성당

세비야 대성당

손을 씻는 빌라도

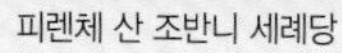
피렌체 산 조반니 세례당

상트페테르부르크 성 이삭 성당

그라나다 사그라리오 성당 '십자가의 길 제1처'

바르셀로나
사그라다 파밀리아

기둥에 묶인 채 가혹한 채찍질과 갖은 모욕을 당하다

예수의 책형

FLAGELLATION OF CHRIST

카라바조, 〈예수의 책형〉, 1606년, 루앙 보자르 미술관

빌라도의 법정에서 십자가형을 선고받은 뒤에 예수가 당한 수난에 대해서는 비교적 자세하게 알려져 있습니다. 졸지에 흉악범이 되어버린 예수는 로마 병사들과 군중들에게 온갖 모욕과 가혹한 채찍질을 당하지요.

로마의 형법상 십자가형은 식민지 백성 중에서도 반역자나 노예 등의 하층민에게 선고하는 가장 잔인한 처형 방법이었습니다. 목을 베는 참형斬刑이 사형수의 고통을 줄여주는 데 비해, 십자가형은 숨이 끊어질 때까지

고통을 당해야 했기 때문입니다.

비록 빌라도가 예수에게서 사형에 처할 만큼 심각한 범죄 행위를 찾아내지는 못했지만, 군중의 요구에 따라 십자가형을 선고한 이상 예수는 흉악범에 준해 처리될 수밖에 없었습니다.

흉악범이 되어 버린 예수는 관례에 따라 옷이 벗겨진 채 광장의 기둥에 묶여[1] 로마 병사들이 휘두르는 채찍질[2]을 당해야 했습니다. 유대인들은 아무리 흉악범이라 해도 서른아홉 대 이상은 때리지 않았는데, 로마 병사들은 그런 기준도 없이 무자비하게 때렸기 때문에 예수는 이때 이미 탈진한 상태가 되었지요.

〈누가복음〉에 따르면, 대제사장 가야바의 집 앞에서 포박된 예수를 감시하던 병사들이 예수의 눈을 가리고 때린 뒤 "네가 진정한 선지자라면 우리들 중에서 누가 때렸는지를 맞혀보아라." 하며 희롱[3]했다고 합니다. 예수가 눈이 가려진 채 조롱당하는 장면을 묘사한 그림을 드물지만 볼 수 있습니다.

로마 병사들은 매질하는 것으로 그치지 않고, 예수를 모욕하기 위해 갖은 방법을 다 동원합니다. 고귀한 신분의 권력자가 입는 자주색 옷을 입히고, 머리에 가시로 만든 관을 씌운 다음[4] "유대인의 왕, 만세!"라고 외치며 조롱한 것입니다. 그런 다음 십자가를 메게 하고 처형장으로 끌고 갔으니, 예수는 십자가에서 죽기 전에 이때 이미 인격적으로 죽은 것이나 다를 바 없는 상태였습니다.

예수를 둘러싸고 온갖 조롱과 모욕을 퍼부은 사람들[5] 중에는 예수가 예루살렘에 입성할 때 열렬히 환영한 사람이 있었는가 하면, 예수에게 큰 기대를 걸었다가 실망한 사람도 있었고, 예수 때문에 자신들의 영향력이 줄어들까 봐 두려워한 사람도 있었습니다. 실질적인 유대의 지배자였던 로마 제국의 입장에서도 민중의 지지를 받는 예수는 위험스러운 인물이었겠지요.

결국, 예수의 운명은 그의 지지자가 아니라 그를 미워하고 경계하는 세력의 손에 달려 있었던 것입니다.

바르셀로나 사그라다 파밀리아
(기둥에 묶인 예수)

상트페테르부르크 성 이삭 성당
(채찍질 당하는 예수)

파르마 대성당 세례당
(눈을 가린 예수)

비첸차 산타 코로나 교회
(예수에게 가시관을 씌움)

상트페테르부르크 성 이삭 성당
(조롱과 모욕을 퍼부음)

기둥에 묶인 예수

톨레도 대성당

시에나 대성당 세례당

코르도바 메스키타 카테드랄

톨레도 대성당

채찍질 당하는 예수

상트페테르부르크 성 이삭 성당

피렌체 산 조반니 세례당

파르마 대성당

시에나 스칼라 성당

세비야 대성당

톨레도 대성당

피사 대성당

빈 슈테판 대성당

눈이 가려진 채 조롱당하는 예수

시에나 스칼라 성당

예수에게 가시관을 씌움

빈 슈테판 대성당

세비야 대성당

조롱당하는 예수

빈 슈테판 대성당

가시관을 쓰고 고통스러워하는 이 사람을 보라

에케 호모

ECCE HOMO

바르톨로메 에스테반 무리요, 〈에케 호모〉, 1670년경, 개인 소장

빌라도의 법정에서 십자가형을 선고받은 예수에게 로마 병사들이 온갖 모욕을 가하고 채찍질을 했다는 이야기를 앞에서 했습니다. 그때 로마 병사들은 예수에게 가시관을 씌우고 "유대의 왕이 여기 있다."며 조롱했다고 하지요.

가시관을 쓴 예수의 머리에서 피가 흘러내리니 얼마나 참혹했을까요. 그 모습을 본 빌라도가 군중을 향해 "Ecce Homo(에케 호모)"라고 외쳤다고 합니다. 이 말은 라틴어로 '이 사람을 보라.'라는 뜻으로, 가시관을 쓰고 고통스러워하는 예수를 보며 사람들이 연민을 느끼길 바라며 한 말이라고 전해집니다. 그런 까닭에 '에케 호모'는 가시관을 쓰고 고통스러워하는 예수를 표현한 미술 작품을 의미합니다.

톨레도 산 후안 데 로스 레이예스 수도원

오르비에토 대성당

세비야 대성당

코르도바 메스키타 카테드랄

코르도바 메스키타 카테드랄

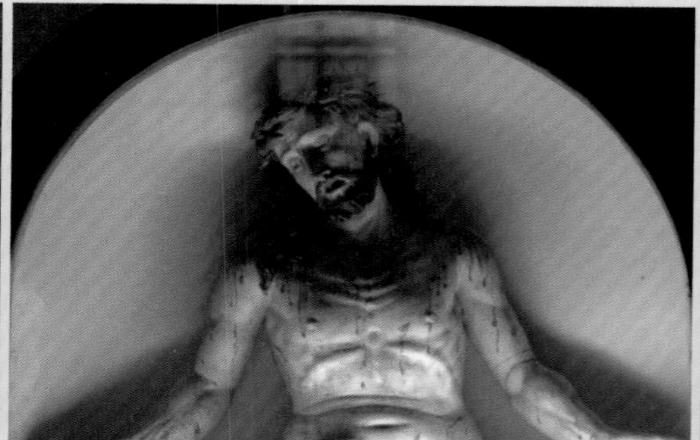
두브로브니크 성 프란체스코 수도원

코르도바 성 프란체스코 성당

골고다 언덕을 향해 가는 고통스러운 발걸음

십자가를 지고 가는 예수

CHRIST CARRYING THE CROSS

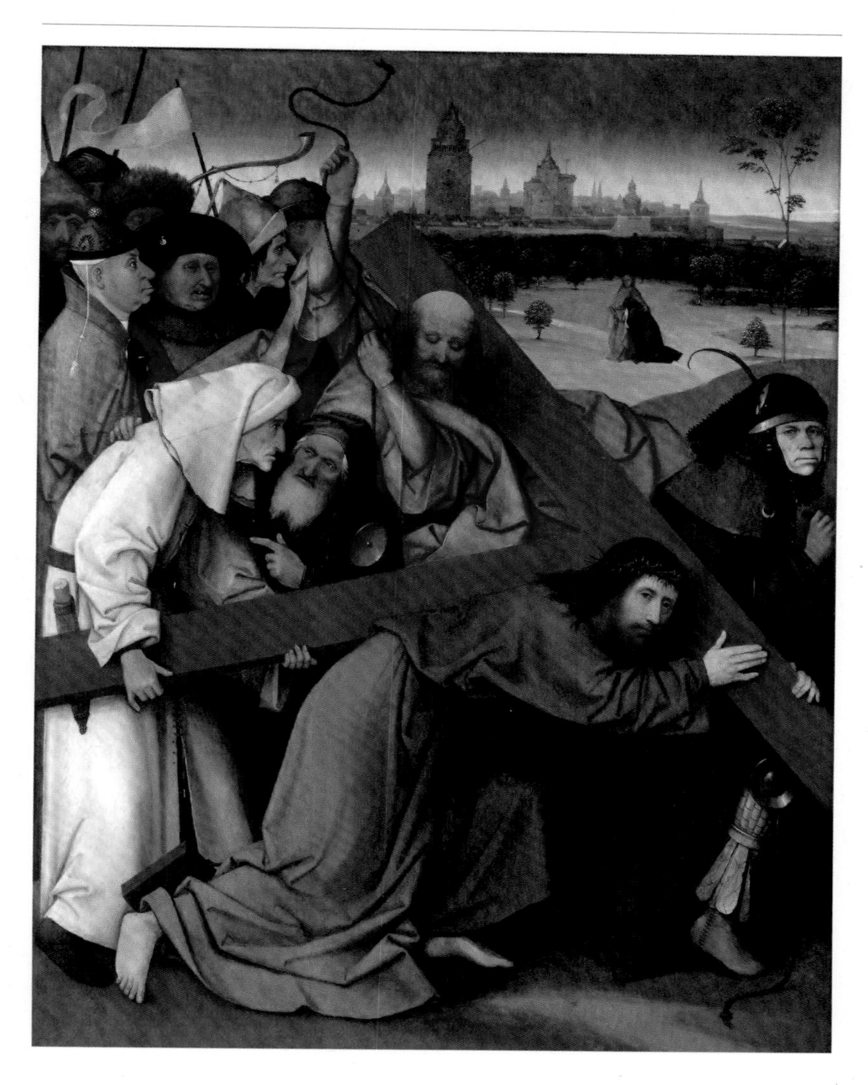

히에로니무스 보스, 〈십자가를 지고 가는 예수〉, 1498년~1507년경, 마드리드 왕궁

예수의 수난 과정에서 중요한 사건이 일어나는 열네 군데의 장소를 '십자가의 길'이라고 하는데, 첫 번째 장소는 앞에서 알아보았듯이 빌라도의 법정입니다. 그곳에서 십자가형이 선고되었으니까요.

십자가형을 선고받은 예수는 십자가를 메고 형이 집행될 장소인 골고다 언덕으로 향하는데, 그 출발지를 두 번째 장소로 봅니다. 골고다 언덕은 다른 말로 갈보리Calvary 언덕이라고도 하며, 해골을 의미하는 라틴어 '칼바리스calvaris'에서 비롯된 말이라고 합니다. 십자가형을 받은 죄수들의 형이 집행되는 곳으로, 죄수들의 시신을 수습하지 않아 해골이 굴러다녀서 '해골산'이라고 불렸다고 하지요.

빌라도의 법정을 출발한 뒤 골고다 언덕에 도착하기 전까지 예수는 세 차례에 걸쳐 쓰러집니다. 십자가형을 선고받은 죄인은 자신의 처형 도구를 직접 메고 가도록 되어 있었는데, 그게 여간 무거운 게 아니었으니까요.

하여간 그 과정에서 예수는 어머니인 마리아를 만나고, 구레네 사람 시몬이 쓰러진 예수를 대신해 십자가를 대신 지게 되며, 베로니카란 여인이 예수의 얼굴에 흐르는 피땀을 닦아줍니다. 예수를 보고 슬퍼하는 예루살렘의 부인들에게 자녀들을 잘 돌보도록 당부를 하기도 하지요. '십자가의 길' 아홉 번째 장소까지가 예수가 십자가를 메고 가는 과정에 있는 것입니다.

십자가를 메고 죽음을 향해 걸어가는 예수의 고통스러운 모습을 성당에서 자주 볼 수 있습니다. 십자가를 메고 가는 예수를 표현한 성화나 성상을 보면서, 십자가의 길 제2처~제9처 중 어느 장면에 해당하는지까지 따져볼 수 있으면 좋을 것입니다.

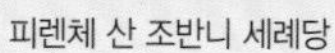
피렌체 산 조반니 세례당

파도바 스크로베니 예배당

로마 산 조반니 인 라테라노 대성당

빈 슈테판 대성당

세비야 대성당

마드리드 대성당

로마 산타 마리아 마조레 대성당

코르도바 메스키타 카테드랄

시에나 스칼라 성당

파르마 대성당 세례당

시에나 대성당 세례당

피사 대성당

쓰러진 예수를 대신하여 십자가를 메다

구레네 사람 시몬

SIMON OF CYRENE

라파엘로 산치오, 〈갈보리로 가는 길에 쓰러진 예수〉, 1516년경, 프라도 미술관
구레네의 시몬이 쓰러져 있는 예수를 도와 십자가를 받쳐주고 있는 것으로 묘사되었다.

빌라도의 법정을 출발하여 골고다 언덕으로 가는 도중에 예수가 세 차례에 걸쳐 쓰러졌다는 이야기를 앞에서 했습니다.

예수가 두 번째로 쓰러졌을 때 예수의 십자가를 대신 메 준 사람의 이름이 '시몬'이며, 구레네 사람이라고 성서에 기록되어 있습니다.

시몬이 예수의 십자가를 대신 진 것은 선행심 때문이 아니었습니다. 전혀 그럴 의사가 없었는데, 하필 지친 예수가 시몬 앞에서 쓰러졌고, 예수를 끌고 가던 로마 병사가 건장한 시몬을 지목하여 십자가를 지라고 명령했기 때문이었다고 합니다. 시몬은 그게 불만이었지만, 감히 로마 병사에게 대들 엄두가 나지 않아 울며 겨자 먹기로 무거운 십자가를 메고 골고다 언덕까지 가게 된 것이지요.

비록 내키지 않는 선행을 베푼 셈이었지만, 이 일은 시몬과 그의 가족에게 중요한 변화의 계기가 되었습니다. 훗날 사도 바울이 시몬의 아내를 일컬어 "내 어머니 같은 분"이라고 했다는 기록으로 미루어볼 때, 그의 가족은 그리스도교인들에게 존경을 받았음을 알 수 있습니다. 시몬 또한 초기 그리스도교의 발전에 일정한 역할을 한 것으로 보입니다.

예수의 십자가를 대신 메는 구레네 사람 시몬의 모습은 '십자가의 길' 제5처에서 볼 수 있으니, 어느 성당에서나 확인할 수 있습니다. 그 밖에 구레네 사람 시몬의 모습을 볼 수 있는 성화와 성상을 소개하니, 작품 속의 누가 시몬인지 한번 찾아보세요.

바르셀로나 사그라다 파밀리아

유럽의 성당에서 만날 수 있는 '구레네 사람 시몬'

상트페테르부르크 성 이삭 성당

쾰른 대성당

프랑크푸르트 대성당

상트페테르부르크 그리스도 부활 성당

예수의 얼굴이 새겨진 수건을 갖게 된 베로니카

베로니카의 수건

VEIL OF VERONICA

엘 그레코, 〈베로니카〉, 1580년, 산타 크루즈 박물관

베로니카는 십자가를 메고 골고다 언덕으로 올라가느라 피땀으로 얼룩진 예수의 얼굴을 수건으로 닦아 주었다는 여인입니다.

베로니카란 이름을 '베라 이콘vera icon'이라는 라틴어에서 비롯된 것으로 보는 견해가 있는데, 이 단어는 '성스러운 모습'이란 뜻입니다. 그녀의 이름을 두고 이런 주장이 나오게 된 것은, 그녀가 체험한 기적 때문입니다.

베로니카에 관한 이야기 중에서 가장 유명한 것은, 그녀가 예수의 얼굴이 새겨진 천을 얻게 되는 기적에 관한 것입니다. 예수가 십자가를 지고 골고다 언덕으로 올라갈 때, 뭇사람들은 그를 비난하거나 조롱하였지요. 그러나 선한 심성을 지녔던 베로니카는 피와 땀으로 범벅이 된 채 죽음을 향해 가는 예수를 가엽게 여기고, 자신의 손수건으로 얼굴을 닦아주었다고 합니다. 그러자 놀랍게도 거기에 예수의 얼굴, 즉 vera icon이 새겨졌다는 것입니다.

빌뉴스 성 베드로와 바울 성당
(십자가의 길 제6처)

이와는 약간 다른 이야기도 전하는데, 예수의 초상화를 갖고 싶어 하는 여인이 있다는 말을 들은 예수가, 그녀의 절실한 소망을 이루어주기 위해 자신의 모습이 새겨진 천을 주었다는 것입니다. 그러나 이 이야기에는 신비함이나 경건함이 부족하다 보니 솔깃해지질 않습니다.

로마 성 아그네제 인 아고네 성당
(십자가의 길 제6처)

어쨌거나 베로니카는 대부분의 성당에서 볼 수 있다고 봐야 합니다. 왜냐하면 '십자가의 길' 중 여섯 번째 장소가 바로 베로니카가 예수의 얼굴에 흐른 피땀을 닦아준 곳이기 때문입니다.

그러나 '십자가의 길'과 무관하게 베로니카가 보이기도 합니다. 베로니카는 예수의 마지막 순간에 그가 세상에 보여준 기적(수건에 얼굴이 고스란히 찍히는)을 오롯이 체험한 사람이므로, 그리스도교에서는 중요한 성인으로 여기거든요.

유럽의 성당에서 만날 수 있는 '베로니카의 수건'

바티칸시국
성 베드로 대성당

빈 보티프 성당

바르셀로나 사그라다 파밀리아

빈 카를 뤼거 기념 교회

십자가 위에서 사망한 예수

십자가 처형

THE CRUCIFIXION

디에고 벨라스케스, 〈십자가에서의 죽음〉, 1632년경, 프라도 미술관

동방 교회와 서방 교회를 망라하여 그리스도교 미술에서 '십자가에서의 예수의 죽음'만큼이나 중요하고 비장한 주제는 없을 것입니다. 예수의 탄생도 물론 중요하지만, 예수의 죽음과 부활은 그리스도교 신앙의 근간을 이루기 때문입니다.

로마 제국의 형법에 의하면, 흉악한 범죄를 저지른 자가 로마 시민권자인 경우에는 참수형에 처하고, 식민지 백성인 경우에는 십자가형에 처하도록 했습니다. 목을 베는 참수형이 끔찍하다고 하지만, 오히려 그것은 죽는 순간의 고통이 짧다는 점에서 덜 잔인한 방법이었습니다. 십자가형은 살아있는 상태에서 손발에 못질하여 매달아 놓기 때문에 숨이 끊어질 때까지 고통을 겪어야 했습니다. 죽기까지 며칠씩 걸렸다고 하니 얼마나 끔찍한 처형 방법인지를 알 수 있습니다. 예수의 가르침을 전하던 베드로와 바울은 같은 죄목으로 비슷한 시기에 처형되었는데, 로마 시민권자였던 바울은 참수형을 당하고 식민지 유대의 백성이었던 베드로는 십자가형을 당했습니다. 그것이 로마의 형법이었던 것입니다.

그렇다면 어떤 죄를 지은 죄수에게 십자가형을 내렸을까요. 아무리 식민지 백성이라고 해도 아무 죄나 다 십자가형으로 다스리지는 않았을 것입니다. 가장 극악한 죄를 지은 자, 아니면 국가의 기반을 흔드는 반역에 해당하는 죄를 지은 자에게 내리는 처형법이 십자가형이라고 보는 것이 옳을 겁니다.

그러면 예수는 그중 어디에 해당되기에 십자가형에 처해졌을까요. 아마도 모반죄나 반역죄에 해당했을 것입니다. 당시 사람들이 예수를 일컬어 '유대의 왕'이라고 했다는데, 예수의 입장에서는 하느님의 뜻에 따라 인류를 구원하러 왔으니 유대의 왕이라 불리는 것이 당연했는지 모르지만, 로마 제국이나 유대 총독의 입장에서는 몹시 불쾌했을 것입니다. 그가 유대의 왕이라면 유대 총독은 허수아비가 되는 것이며, 유대를 식민지로 삼은 로마 제국 또한 불법 지배를 하는 것이 되니까요.

당시의 총독이었던 빌라도는 예수에게서 실정법에 저촉되는 죄목을 찾지 못해 석방하려 했다지만, 어쨌든 그로서는 불쾌하고 불편한 일이었을 것입니다. 그런 터에 군중들이 십자가형에 처하라고 막무가내로 요구하자 슬그머니 응한 것이 아닐까 합니다.

로마 산타 마리아 인 아라코엘리 성당
(십자가 위 INRI 표시)

십자가에서 죽은 예수를 표현한 성화나 성상을 보면, 대부분 십자가 위에 'INRI'라고 적혀 있습니다. 이 말은 'Iesus Nazarenus, Rex Iudaeorum(나사렛 예수, 유대인의 왕)'이란 뜻으로 조롱의 의미를 담고 있습니다. 빌라도의 법정에서 나온 예수에게 로마 병사들이 가시관을 씌우며 "유대의 왕이니 관을 써야 하지 않느냐?"고 했던 것과 같은 맥락인 것입니다.

예수가 태어났을 때 동방박사들이 찾아와 "유대의 왕으로 오신 이에게 경배드린다."고 했으며, 사람들도 한때는 그를 '유대의 왕'이라고 불렀으니 그 표현이 꼭 조롱의 의미는 아닐 수 있지만, 십자가에 그 글자를 새긴 사람들은 조롱하는 마음이었을 거라는 뜻입니다.

빈 아우구스티너 교회

친퀘테레 마나롤라 마을의 산 로렌초 성당

코토르 성 트리푼 성당

토리노 대성당

모나코 대성당

예수를 창으로 찌르고도 그리스도교의 성인이 된 롱기누스

롱기누스Longinus는 예수가 십자가에 못 박혔을 때, 죽었는지를 확인하기 위해 창으로 예수의 옆구리를 찌른 로마군의 백부장百夫長(로마의 군대 체계에서 100명의 군인을 지휘할 수 있는 계급)입니다. 예수의 죽음을 주제로 한 성화나 성상에서 긴 창을 들고 있는 이가 있다면, 롱기누스라고 봐도 무방할 것입니다.
그런데 이상한 것은, 그런 그를 그리스도교의 성인으로 여긴다는 것입니다.
바티칸시국의 성 베드로 대성당 교황의 제대 주변에는 그리스도교의 성인 네 명의 조각상이 설치되어 있습니다. 예수의 제자였던 안드레아, 예수의 얼굴이 새겨진 천을 들고 있는 베로니카, 콘스탄티누스 1세의 어머니로 그리스도교 공인에 영향을 미쳤을 것으로 여겨지며 예수가 못 박혔던 참 십자가True Cross를 찾았다고 알려진 헬레나는 충분히 이해가 됩니다. 하지만 나머지 한 사람, 즉 예수의 옆구리를 창으로 찔렀다는 롱기누스가 성인의 반열에 올라 버젓이 한 자리를 차지하고 있는 것은 이해하기 어려운 일입니다.

성 베드로 대성당의 롱기누스 조각상

그가 성인의 반열에 오르게 된 까닭은 예수의 죽음 이후 깊이 참회하고 그리스도교로 개종했기 때문이라고 합니다. 예수가 절명하기 직전에 세상이 어두워지고 땅이 흔들리는 현상을 보고 그가 하느님의 아들임을 믿었다는 설도 있고, 예수를 창으로 찔렀을 때 흘러나온 피가 그의 눈에 묻었을 때 갑자기 앞이 환해지는 기적을 경험한 뒤 회개하고 예수의 권능을 믿었다는 설도 있습니다. 어쨌거나 그는 예수가 죽은 뒤 그리스도교 신자가 되었고, 카파도키아 지역으로 가서 살다가 순교했다고 합니다.
그리스도교의 성인 반열에 올랐기 때문에, 성당에서 종종 그의 모습을 볼 수 있습니다. 로마 병사 복장에 창을 들고 있거나, 십자가에 매달린 예수의 옆구리를 창으로 찌르는 로마 병사는 롱기누스입니다.

시에나 대성당

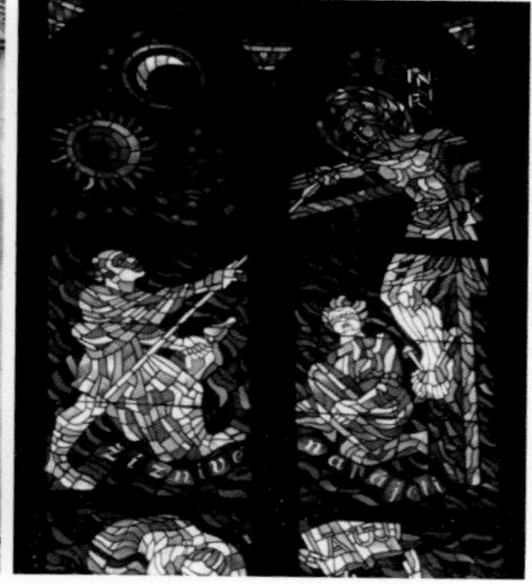
프라하 성 비투스 대성당

십자가형에 처해진 이후의 예수를 표현한 예술 작품을 보면 대부분 오른쪽 갈비뼈 부분에 상처가 나 있는데, 이것은 롱기누스가 찌른 창 자국입니다. 도마가 예수의 상처를 확인한 후에 비로소 그의 부활을 믿었다는, 바로 그 상처이지요.

오르비에토 대성당

토리노 콘솔라타 성당

참고로, 예수의 옆구리를 창으로 찌른 롱기누스는 술잔에 그 피를 받았는데, 그 잔을 '성배'라고 합니다. 성배는 언젠가부터 행방을 알 수 없는 된 물건인데, 그렇다 보니 사람들의 상상력을 자극하여 많은 이야기가 생산되었습니다. 그 가운데 『아서 왕 이야기』가 가장 대표적인 문학 작품입니다. 성배에 질병을 치유하는 신비한 힘이 있다는 말을 믿은 기사들이 그것을 찾으려 노력하는 이야기가 그 작품에 나오는 것입니다.
성배에 대한 낭만적인 상상력은 현대에까지 이어져 영화 〈인디아나 존스-최후의 성전〉도 성배 전설을 모티브로 제작되었습니다. 그 영화 속의 성배 역시 우리가 상상할 수 없는 신비한 힘을 가진 물건으로서 특히 질병 치유에 탁월한 효력이 있는 것으로 나옵니다.

예수의 피를 담았던 성배의 행방은 찾을 수 없게 되었지만, 예수의 피를 자신들이 보관하고 있다고 주장하는 성당들이 있습니다. 만토바의 성 안드레아 성당은 예수의 피를 보관하기 위해 중앙 제단 앞에다 시설을 만들고 특별히 관리하고 있으며, 시에나의 스칼라 성당에는 예수의 피를 담은 것이라고 하는 유리병이 보관되어 있습니다.

만토바 성 안드레아 성당(예수의 피를 보관하는 곳)

시에나 스칼라 성당(예수의 피를 담은 유리병)

사실, 롱기누스에 관해 사람들이 호기심을 갖는 것은 그가 어떻게 성인의 반열에 올랐는지가 아니라 그의 창에 얽힌 후일담입니다. 롱기누스의 창은 예수의 피가 묻었다는 이유로 신성하게 여겨졌고, 그것을 손에 넣는 자는 세상을 얻는다는 전설이 따라붙게 되었는데, 실제로 그 창을 소유했었다고 믿어지는 사람들의 이름이 떠돌아다닙니다. 롱기누스의 창을 맨 처음 얻는 이는 콘스탄티누스 1세로, 그는 롱기누스의 후손으로부터 창을 얻었다고 하는군요.

콘스탄티누스 1세 다음으로 롱기누스의 창을 가졌다고 믿어지는 사람은 카를 마르텔입니다. 프랑크 왕국의 실질적 지배자로서 서유럽을 넘보는 이슬람 세력을 격퇴하여 그리스도교 세계를 수호했다 하여 추앙받는 사람이지요.

카를 마르텔로부터 롱기누스의 창을 물려받은 사람은 그의 손자인 샤를마뉴라고 합니다. 서로마 제국 멸망 후 가장 넓은 영토와 가장 막강한 권력을 가졌던 사람으로, 독일, 프랑스, 이탈리아에서 모두 위대한 왕으로 인정하는 인물입니다. 재미있는 것은, 샤를마뉴는 롱기누스의 창을 가지고 있는 동안에는 전쟁마다 승리를 거뒀는데, 실수로 창을 떨어뜨리고는 그만 전사했다고 합니다. 빈 호프부르크 제국보물실 11번 방에는 '롱기누스의 창'이라고 알려진 유물이 소장되어 있는데, 샤를마뉴가 그것을 소유했었다고 주장하고 싶어서인지 샤를마뉴의 유물이 소장된 방에 전시되어 있습니다.

빈 호프부르크 제국보물실 11번 방(샤를마뉴의 방)

'롱기누스의 창'이라고 여겨지는 유물

그다음은 하인리히 1세로, 동방으로부터 침입하는 이민족을 격퇴하여 왕국을 안정시켰다는 평가를 받는 인물입니다.

오토 1세 역시 롱기누스의 창을 가졌었다고 하는데, 그는 하인리히 1세의 아들로 신성로마제국을 건설하여 '오토 대제'란 이름을 얻었지요.

롱기누스의 창에 관한 이야기를 들은 나폴레옹 1세는 그것을 손에 넣기 위해 노력했지만 실패했다고 합니다. 그래서인지 나폴레옹은 결국 역사의 패배자가 되어 세인트헬레나섬으로 유배를 가 쓸쓸한 죽음을 맞게 되었다는 거지요. 반면 히틀러는 오스트리아를 점령하면서 합스부르크 황실의 박물관에 소장되어 있던 롱기누스의 창을 빼앗았고, 그 이후로 욱일승천의 기세로 유럽 대부분 지역을 장악합니다. 그러다 연합군에게 창을 빼앗긴 후 자살했다고 합니다.

이런 이야기들이 근거가 명확한 역사적 사실은 아닙니다. 설령 롱기누스란 이름의 로마 병사가 창으로 예수의 옆구리를 찔렀고, 그 창이 후대에 전해졌다고 해도, 그것을 가진 자가 세계를 지배하게 된다는 것은 개연성이 부족한 이야기입니다. 또한 역사에 뚜렷한 발자취를 남긴 위인들마다 그 창을 소유했고, 위대했지만 결과적으로 실패한 영웅들은 롱기누스의 창을 갖지 못했기 때문이라는 해석도 억지스럽습니다.

그러나 빈 호프부르크의 제국보물실에 소장된 롱기누스의 창이 과학적 방법으로 제작 연대를 측정해본 결과 7세기경에 만들어져 예수 사망 당시의 진품이 아니라는 판명이 났어도, "히틀러가 자살하기 전 진품을 연합군 측에 넘겨주지 않으려고 모조품을 만들었으며, 진품은 아무도 찾을 수 없는 곳에다 숨겨 놓았다."는 소문이 그럴싸하게 퍼지는 것은, 신비로운 이야기를 찾는 인간들의 속성이 만든 현상일 것입니다.

예수의 시신을 십자가에서 내리다

십자가에서 내림
DESCENT FROM THE CROSS

페테르 파울 루벤스, 〈십자가에서 내림〉, 1612년~1614년, 앤트워프 성모 대성당

'플랜더스의 개'라는 동화에는 주인공 네로가 안트베르펜 성당에 걸린 그림 하나를 몹시 보고 싶어 하는 장면이 나옵니다. 그러나 그 그림을 보기 위해서는 돈을 내야 하는데, 가난한 네로는 돈이 없어 볼 수가 없지요. 결국 네로는 죽으면서 마지막으로 그 그림을 볼 수 있었고, 행복해하면서 죽어갑니다.

그 작품 속에서 네로가 그토록 보고 싶어 한 그림이 바로 페테르 파울 루벤스의 〈십자가에서 내림〉으로, 그림의 주제는 십자가에서 죽은 예수의 시신을 내리는 장면입니다.

예수가 십자가에서 절명한 뒤, 그의 시신을 십자가에서 내리는 일에서부터 장례의 절차가 시작됩니다. 당시의 관례에 따르면 십자가형을 받은 죄인의 장례는 금지되었는데, 아리마테아의 요셉Joseph of Arimathea이라는 사람이 빌라도를 찾아가 요청한 끝에 예수의 장례를 치를 수 있었다고 합니다.

십자가에서 예수의 시신을 내리는 장면은 성화의 중요한 주제로, 많은 작품이 남아 있습니다.

십자가에서 내려진 예수를 표현한 작품과 연관되는 주제가 죽은 예수의 시신을 안고 슬퍼하는 마리아의 모습을 표현한 '피에타'입니다. '피에타'는 '그리스도교 관련 개념과 용어' 중 '피에타' 편(384쪽)에서 따로 설명할 예정입니다.

베르가모 대성당

시에나 대성당 지하 묘지

로마 산 조반니 인 라테라노 대성당

베네치아 산 마르코 대성당

상트페테르부르크 그리스도 부활 성당

톨레도 산 후안 데 로스 레이예스 수도원

세고비아 대성당

파르마 대성당

코르도바 메스키타 카테드랄

피렌체 산 조반니 세례당

시에나 대성당 지하 묘지

바르셀로나 사그라다 파밀리아

10

예수의 죽음을 애통해하는 사람들

예수의 장례
ENTOMBMENT OF CHRIST

카라바조, 〈그리스도의 장례〉, 1602년 ~1603년, 바티칸 박물관

십자가에서 사망한 예수의 시신은 장례를 치르기 위해 내려집니다. 그 상황을 표현한 미술 작품을 보면, 예수의 죽음을 애통해하는 여러 사람이 보입니다. 그러면 예수가 사망했을 당시 그 자리에 있었던 사람들은 누구일까요.

정확한 것은 아니지만, 예수의 어머니인 성모 마리아, 마리아 막달레나, 사도 요한, 아리마테아의 요셉, 알페오의 아들 야고보의 어머니인 마리아, 세베대의 아들 야고보의 어머니인 살로메, 니고데모 등의 이름이 거론됩니다. 그들 7명이 등장하는 프랑크푸르트 대성당의 성상[1]과 산타 마리아 델 피오레 대성당의 스테인드글라스[2]가 기록에 가장 가까운 것으로 보입니다.

프랑크푸르트 대성당

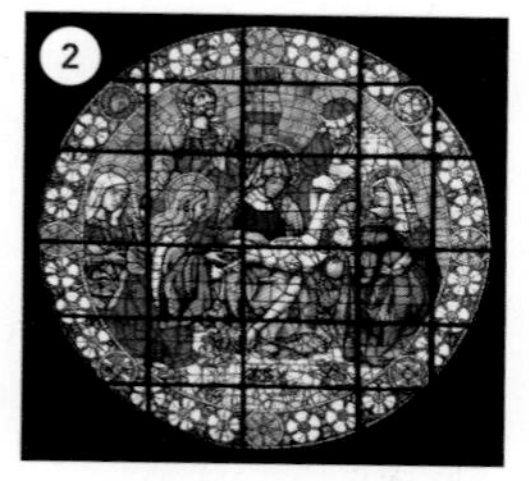

피렌체 산타 마리아 델 피오레 대성당

그러나 미술 작품에 따라 등장하는 인물의 숫자는 다 다릅니다. 성모 마리아와 마리아 막달레나만 등장하는 경우도 있고, 거기에 사도 요한이 포함되는 경우도 있으며, 어떤 경우는 그보다 훨씬 많은 인원이 등장하기도 합니다.

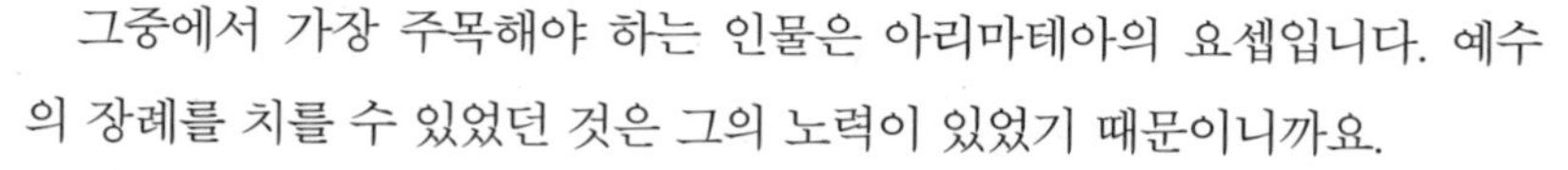

그중에서 가장 주목해야 하는 인물은 아리마테아의 요셉입니다. 예수의 장례를 치를 수 있었던 것은 그의 노력이 있었기 때문이니까요.

로마의 형법에 따르면, 십자가형을 받은 죄수는 정식으로 장례를 치르는 것이 금지되었습니다. 심지어 땅에 묻을 수조차 없었다고 합니다. 십자가형이 집행되던 골고다 언덕이 '해골산'이라고 불린 까닭은, 시신을 수습하지 못한 죄수들의 해골이 굴러다녔기 때문이라고 하지요.

그런데 아리마테아 지역의 부자이며 명망 있는 인사였던 요셉은 평소 예수에게 우호적이었던 것으로 보입니다. 드러나지 않았을 뿐, 실제로는 예수의 제자였다는 설도 있습니다. 그는 빌라도를 찾아가 예수의 시신을 내어줄 것을 요청했고, 빌라도로서는 지역 유지인 그의 말을 무시하기 어려웠던 것 같습니다. 빌라도가 장례를 허락하자 아리마테아의 요셉은 시신을 수습한 다음 깨끗하고 고운 베로 싸서 바위 무덤에 안장했다고 합니다.

아리마테아의 요셉의 주관으로 진행된 예수의 장례 장면을 표현한 미술 작품을 보면, 우리나라의 장례 방식과는 다르다는 것을 알 수 있습니다. 우리는 시신을 관에 넣어 땅에 매장하는 방식인 데 반해, 예수의 장례

헬싱키 대성당
(예수의 시신을 천으로 감싼 모습)

는 아리마테아의 요셉이 자신이 죽은 뒤 사용할 목적으로 만들어둔 바위 무덤에 시신을 안치하는 방식으로 진행된 것입니다. 그래서 예수의 시신을 천으로 감싼 뒤 들고 가는 모습[3]으로 장례 과정이 나타납니다. 간혹 석관에 시신을 안치하는 모습으로 표현되기도 하는데, 그것이 매장을 의미하는 것 같지는 않습니다. 바위 무덤을 그렇게 표현한 게 아닌가 여겨집니다.

장례 절차가 끝남으로써 예수의 수난이 마무리됩니다. 죽은 지 사흘 만에 부활하여 바위 무덤 밖으로 나온 뒤의 이야기는 '예수의 일생' 편에서 하였습니다.

모나코 대성당

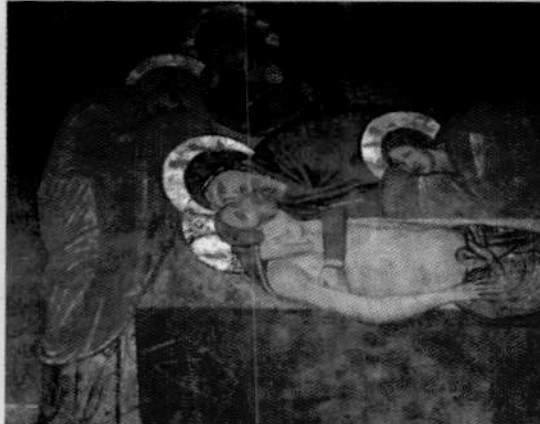
시에나 대성당 지하 묘지

시에나 대성당 세례당

파도바 스크로베니 예배당

쾰른 대성당

프라하 성 비투스 대성당

볼로냐 산타 마리아 델라 비타 성당

상트페테르부르크 성 이삭 성당

톨레도 대성당

예수를 죽음에 이르게 한 여러 가지 수난 도구들

수난 도구란 예수가 빌라도의 법정에서 십자가형을 선고받은 후 십자가 위에서 목숨을 잃을 때까지 그의 육신에 고통을 준 도구들을 말합니다.
예수가 못 박힌 십자가와 그때 사용된 망치와 못, 롱기누스가 예수의 옆구리를 찌른 창, 빌라도의 법정에서 병사들이 예수를 묶어놓고 매질할 때 쓰인 채찍과 기둥, 예수를 조롱하며 씌웠던 가시관 등이 모두 수난 도구에 해당합니다. 그중에서 가장 중요한 것은 물론 십자가이지요.

미켈란젤로가 시스티나 예배당의 벽에 그린 '최후의 심판'에 몇 가지 수난 도구가 보입니다. 벽화의 상단 왼쪽에는 십자가, 가시관이 보이고, 상단 오른쪽에는 책형 기둥(예수를 묶은 뒤 채찍질했던 기둥)과 채찍이 보입니다.

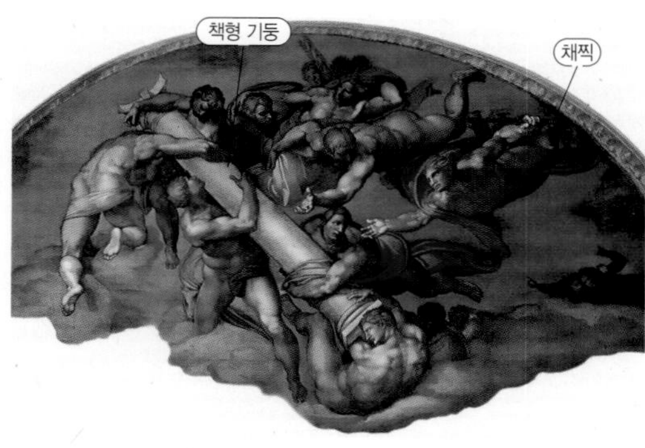

바티칸시국 시스티나 예배당 '최후의 심판'에 표현된 수난 도구

모든 종류의 수난 도구가 한자리에 표현된 경우는 드물고, 한두 가지씩 표현된 것은 성당에서 쉽게 볼 수 있습니다. 이를테면 예수가 매달린 십자가는 어느 성당에서나 볼 수 있는 수난 도구인 셈이지요

프라하 성 이그나시오 성당
(책형 기둥과 창)

프라하 성 이그나시오 성당(채찍)

오르비에토 대성당
(예수를 십자가에 매달 때 사용한 못과 망치를 든 아리마테아의 요셉)

바르샤바 성 요한 성당(가시관, 책형 기둥)

Part 2.

성화와 성상의 소재가 되는 주요 인물들의 생애

3
성모 마리아의 일생

가톨릭과 개신교는 같은 뿌리를 갖고 있으므로 기본적인 교리는 크게 차이 나지 않지만, 성모 마리아를 대하는 태도는 사뭇 달라 보입니다. 개신교는 예수의 어머니인 마리아를 성스러운 존재로 대접하되 큰 비중을 두지 않는 데 비해, 가톨릭은 개신교보다는 훨씬 중요한 인물로 대우하기 때문입니다. 그래서 개신교 교회에서는 성모 마리아에 대한 미술 작품을 많이 볼 수 없는데, 가톨릭 성당에서는 예수에 버금갈 정도로 흔하게 볼 수 있습니다.
유럽을 여행할 때는 가톨릭 성당을 주로 방문하기 마련이므로, 성모 마리아에 대해 구체적으로 알아볼 필요가 있습니다.

원죄에 물들지 않고 잉태된 인간

무염시태

IMMACULATE CONCEPTION

바르톨로메 에스테반 무리요, 〈무염시태〉, 1652년경, 세비야 벨라스 아르테스 미술관

가톨릭에서는 성모 마리아를 '원죄 없이 잉태되신 성모'라고 부릅니다. 혹은 무염시태無染始胎(죄에 물들지 않고 잉태됨)라는 표현을 쓰기도 하지요.

여기서 '원죄 없이 잉태되었다'는 말이 무슨 뜻일까요? 그것을 알기 위해서는 먼저 '원죄'라는 말을 알아야 합니다. 원죄原罪란, 아담과 이브가 하느님의 뜻을 어기고 선악을 구별하는 열매를 따 먹음으로써 지은 죄, 즉 인류사 최초의 죄를 말합니다. 따라서 아담과 이브의 자손인 우리는 태어나는 순간부터 그들이 지은 죄에 물들어 있다는 것이 그리스도교에서 말하는 원죄인 것입니다.

그런데 최초로 원죄에 물들지 않고 태어난 사람이 성모 마리아라는 주장이 바로 '원죄 없이 잉태되신 성모 마리아'입니다. 성모 마리아는 인류를 구원할 예수를 낳을 존재이기 때문에 하느님의 특별한 은총을 받아 원죄 없이 태어났다는 설명입니다. 하느님의 아들이자 원죄 없이 태어난 성모 마리아의 아들인 예수도 당연히 원죄에 물들지 않고 태어났다고 하지요.

1476년에 교황 식스투스 4세가 12월 8일을 '원죄 없이 잉태되신 복되신 동정 마리아 대축일'로 선포한 이후로 이러한 주장은 가톨릭 교리에서 중요하게 다루어지게 되었는데, 문제는 이러한 추상적 개념을 어떻게 구체적으로 형상화할 것인가 하는 점이었습니다.

이 문제에 대해 스페인의 화가였던 프란시스코 파체코는 이렇게 명쾌하게 정리했습니다.

"원죄 없이 잉태된 성모 마리아는 햇살이 가득한 천국에서 티끌 하나 없이 깨끗한 순백의 옷과 푸른 외투를 입고, 머리에는 12개의 별이 빛나는 후광과 왕관을 쓰고, 발밑에는 초승달을 딛고 서서 두 손은 가슴 위에 기도하듯이 모은 모습으로 표현되어야 한다."

그 이후로 원죄 없는 성모 마리아는 거의 정형화된 모습으로 표현되었는데, 유럽의 성당에서 찾아본 예를 여러 장의 사진으로 소개합니다. 필자의 경우는 특히 스페인에서 많이 볼 수 있었습니다.

그라나다 산타 아나 성당
(무염시태 성모 마리아상)

세비야 대성당

그라나다 사그라리오 성당

로마 산타 마리아 인 아라코엘리 성당

코르도바 메스키타 카테드랄

빈 보티프 성당

그라나다 카르투하 수도원

세비야 대성당

그라나다 대성당

그라나다 산 헤로니모 수도원

그라나다 산타 아나 성당

그라나다 카르투하 수도원

그라나다 고뇌의 성모 마리아 성당

그라나다 카르투하 수도원 근처

로마 산타 마리아 마조레 대성당

산마리노 성 프란체스코 성당

세비야 대성당

세비야 대성당

세비야 대성당

코르도바 메스키타 카테드랄

코르도바 메스키타 카테드랄

코르도바 메스키타 카테드랄

톨레도 대성당

톨레도 산 후안 데 로스 레이예스 수도원

피사 대성당

하느님의 약속으로 태어난 마리아

마리아의 탄생

BIRTH OF THE VIRGIN

도메니코 기를란다요, 〈마리아의 탄생〉, 1485년, 피렌체 산타 마리아 노벨라 성당 프레스코화
성 요아킴과 성녀 안나가 포옹만으로 마리아를 잉태하는 장면(계단 위)과 성녀 안나가 마리아를 출산하고 휴식을 취하는 장면(계단 아래)

예수의 어머니인 마리아는 요아킴과 안나의 외동딸로 태어났습니다.

다윗의 가문에서 태어난 요아킴Joachim은 부유하고 덕망 높은 사람이었으며, 베들레헴 출신으로 신앙심이 깊은 안나Anna와 금슬이 좋았습니다. 그러나 두 사람은 불행히도 늙도록 슬하에 혈육을 두지 못했습니다. 당시에는 자녀가 없다는 것이 큰 흠으로 여겨졌으므로 상심이 컸지만, 그래도 포기하지 않고 하느님에게 자녀를 달라고 간절히 기도했지요.

한번은 요아킴이 예루살렘의 성전에 제물을 바치려 하는데, 사제가 "당신은 자녀를 두지 못했으므로 제물을 바칠 자격이 없소."라고 거부하며 쫓아냈습니다.[1] 이에 크게 상심한 요아킴은 홀로 광야로 나가 40일간 단식

파도바 스크로베니 예배당의 프레스코화 (성모 마리아의 생애)

성전에서 쫓겨나는 요아킴

황야에서 단식기도를 하는 요아킴

요아킴에게의 수태고지

안나에게의 수태고지

황금문 앞에서 해후하는 요아킴과 안나

마리아의 탄생

기도하며 신에게 자신의 처지를 하소연했지요.[2] 안나 또한 자녀를 낳지 못한 일로 남편에게 심히 미안하여 근심에 빠져 있었습니다.

하느님은 믿음이 깊은 그들 부부가 자식 문제로 고통스러워하는 것을 보고는 안타깝게 여겨, 대천사 가브리엘을 보내 곧 아이를 가질 것이라는 사실을 알려주었습니다.[3·4]

천사로부터 기쁜 소식을 들은 요아킴은 서둘러 예루살렘으로 돌아갑니다. 안나 또한 천사가 전한 소식에 맘이 들떠 남편이 돌아오기를 고대하다가 성문(황금 문) 앞에서 해후하게 됩니다.[5]

그 뒤 하느님의 약속대로 딸을 낳았는데, 그 아기가 바로 예수의 어머니인 마리아입니다.[6] 그러니까 요아킴과 안나는 예수에게 외조부모가 되는 사람들인 것이지요.

안나는 마리아를 갖기 전에 하느님께 간절히 기도드리며 '하느님께서 자식을 주신다면 성전에 봉헌하겠다.'고 약속했다고 합니다. 원하던 딸을 얻은 요아킴과 안나는 약속대로 마리아를 성전에 봉헌하고, 또 성전에 재물을 바치며 하느님께 감사드렸다고 합니다. 물론 이때는 거부당하지 않습니다.

성전에서 쫓겨나는요아킴과 안나

모스크바 성모 승천 성당

집을 떠나는 요아킴

코르도바 메스키타 카테드랄

요아킴과 안나에게 수태고지 하는 대천사 가브리엘

모스크바 성모 승천 성당

코르도바 메스키타 카테드랄

모스크바 성모 승천 성당

황금문 앞에서 해후하는 요아킴과 안나

모스크바 성모 승천 성당

이스탄불 카리예 뮤지엄
(코라 성당)

톨레도 대성당

세비야 대성당

마리아의 탄생

세비야 대성당

코르도바 메스키타
카테드랄

로마 산타 마리아 마조레 대성당

피사 대성당

마리아를 성전에 봉헌함

세비야 대성당

모스크바 성모 승천 성당

성전 계단을 혼자 힘으로 올라간 세 살 마리아

마리아의 첫 성전 방문

PRESENTATION OF THE VIRGIN AT THE TEMPLE

티치아노, 〈마리아의 성전 입성〉, 1534년~1538년, 베네치아 아카데미아 미술관

앞에서 설명했듯이 예수의 어머니인 마리아는 요아킴과 안나가 늙도록 자식이 없어 쓸쓸하게 지내다가 얻은 귀한 외동딸입니다. 그러니 얼마나 애지중지하며 키웠겠습니까.

그렇게 금지옥엽으로 자란 마리아의 세 살 때 이야기가 전합니다. 요아킴과 안나가 마리아를 예루살렘의 성전으로 데려갔는데, 마리아가 열다섯 개의 성전 계단을 누구의 도움도 받지 않고 혼자서 올라갔다는 겁니다.

'마리아의 첫 성전 방문'이라는 주제의 성화를 보면, 대개 사제의 안내를 받으며 어린 마리아가 성전 계단을 올라가고, 안나와 요아킴이 그런 딸을 뿌듯한 표정으로 바라보는 모습으로 표현됩니다.

마리아는 그 후 성전에서 자랐다고 전해집니다.

파도바 스크로베니 예배당
〈마리아의 첫 성전 방문〉

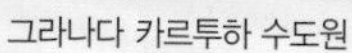
그라나다 카르투하 수도원

로마 산타 마리아 마조레 대성당

시에나 대성당

모스크바 노보데비치 수도원의
성모 승천 성당

파르마 대성당

밀라노 대성당

베네치아 산타 마리아 델라 살루테 성당

로마 산타 마리아 마조레 대성당

바티칸시국 성 베드로 대성당

코르도바 메스키타 카테드랄

메시아를 세상에 보내기 위한 하느님의 계획

성모 마리아의 결혼

MARRIAGE OF THE VIRGIN

라파엘로 산치오, 〈성모 마리아의 결혼〉, 1504년, 밀라노 브레라 미술관

마리아는 성인이 된 다음에 요셉과 정혼하게 됩니다. 마리아의 부모는 요아킴과 안나로, 그들이 늘그막에 얻은 귀한 딸이라는 사실을 앞에서 알아보았습니다. 그러면 요셉은 어떤 사람이었을까요.

요셉에 대하여 〈마태복음〉에는 다윗 왕의 28대손이며 야곱의 아들이라고 나오는데, 〈누가복음〉에는 다윗 왕의 42대손이며, 엘리의 아들이라고 나옵니다. 그 부친이 누구인지 모호하지만, 요셉이 다윗 왕의 후손이라는 점은 분명히 밝혀진 셈입니다.

그러면 마리아와 요셉은 어떻게 결혼하게 된 것일까요. 그에 관해서는 이런 이야기가 전합니다.

성전에서 생활하며 결혼 적령기에 이른 마리아는 결혼 상대자를 정하게 되었는데, 여러 명의 젊은이가 마리아의 배필이 되고자 나섰습니다. 이때 요셉은 자신의 나이가 너무 많다고 생각하여 뒤로 물러섰으나, 결국엔 그도 후보자에 들게 되었다고 합니다. 아마도 다윗의 후손인 요셉을 예수의 보호자로 점지하려 한 하느님의 뜻이 반영된 결과겠지요.

젊은이들은 나무 막대기를 나눠 가진 뒤 꽃이 피는 막대기의 주인이 마리아와 결혼하는 것으로 정했는데, 오로지 요셉의 막대기에서만 꽃이 피어난 것입니다. 왼쪽 그림에서 오른쪽에 보이는 청년들이 막대기를 들고 있는 것은 그런 까닭에서이며, 꽃이 피지 않은 자신의 막대기를 홧김에 부러뜨리는 청년의 모습을 보면 그의 실망감을 짐작할 수 있습니다.

결국 그렇게 하여 다윗의 후손인 요셉이 마리아의 정혼자로 정해진 것입니다.

하여튼 마리아와 요셉은 정혼을 하였는데, 나사렛에 살면서 목수 일을 하던 요셉은 정혼녀인 마리아가 누군가의 아이를 가졌다는 소문을 듣게 됩니다. 그는 성품이 온화하고 관대한 사람이었으므로 마리아를 이해하려고 했다 합니다. 사랑하는 남자가 따로 있어서 그의 아이를 임신한 것으로 생각한 나머지, 조용히 파혼하려고 했다는 것이지요. 아이의 아버지에게 마리아를 보내주는 것이 마리아와 아이를 위하는 길이며, 보호하는 길이라고 생각한 것으로 보입니다. 당시에는 간음한 여인은 돌팔매질을 당하는 것이 관례였으니까요.

파도바 스크로베니 예배당의 프레스코화

대제사장에게 젊은이들이 차례로 막대기를 건네줌(요셉은 맨 뒤에서 망설임)

막대기에서 꽃이 피기를 기도하는 구혼자들

요셉이 마리아의 정혼자가 됨(요셉이 들고 있는 막대기에 꽃이 피어 있음)

그러던 어느 날 요셉의 꿈에 천사가 나타나 "마리아는 하느님의 뜻으로 인류를 구원할 아기를 성령으로 잉태한 것이니 파혼하지 말라."고 일러주었고, 요셉은 마음을 돌려 마리아를 아내로 맞아들이기로 합니다.

코르도바 메스키타 카테드랄

코모 대성당

로마 산타 마리아 마조레 대성당

빈 슈테판 대성당

바르셀로나 사그라다 파밀리아

하느님의 아들을 잉태할 것임을 알려주다

수태고지

ANNUNCIATION

레오나르도 다빈치, 〈수태고지〉, 1472년경, 우피치 미술관

요셉과 정혼한 사이였던 처녀 마리아는 결혼을 앞둔 어느 날, 난데없는 천사의 방문을 받게 됩니다.

대천사 가브리엘이 그녀를 찾아와 "두려워하지 말라, 마리아여! 그대는 하느님의 은총으로 아기를 가져 아들을 낳을 터이니, 이름을 예수라 하여라. 그 아기는 위대한 분이 되어 지극히 높으신 하느님의 아들이라 불릴 것이다."라고 알려주는 것이었습니다.

처녀였던 마리아로서는 납득하기 어려운 말이었고, 또 두려운 말이기도 했습니다. 당시의 관습에 따르면, 처녀가 임신할 경우 행실이 나쁘다 하여 돌로 쳐 죽이게 되어 있었기 때문입니다. 그러나 신심이 깊었던 마리아는 "하느님께서 하시는 일이라면 순종하겠습니다."라고 말한 뒤 순순히 받아들였다고 합니다.

대천사 가브리엘이 마리아를 찾아와 "하느님의 은총으로 임신하게 될 것이다."라고 알리는 것을 '수태고지受胎告知'라고 합니다. '성모영보聖母領報'라고도 하지요. 수태고지는 예수의 탄생과 관련해 그리스도교에서 매우 중요하게 여기는 사건이므로, 성당마다 그와 관련된 성화나 성상이 한 점 이상은 있다고 해도 지나친 말이 아닙니다.

수태고지 하는 장면을 그린 그림을 보면, 삼위일체가 나타나는 경우와 그렇지 않은 경우로 나눌 수 있습니다. 가브리엘의 뒤(혹은 위)에 하느님(성부)과 비둘기(성령을 상징)가 보이고, 마리아의 몸으로 한 줄기 빛이 들어가도록 그린 작품[1]은 삼위일체가 표현된 것으로 봅니다. 왜냐하면, 성령이 빛의 형태로 마리아의 몸으로 들어가 성자 예수가 잉태되는 것을 의미하기 때문입니다.[삼위일체에 대해서는 '그리스도교 관련 개념과 용어' 중 '삼위일체' 편(366쪽) 참조]

때로는 하느님은 보이지 않고 비둘기만 보이는 경우[2]도 있고, 반대로 하느님은 보이는데 비둘기가 안 보이는 경우[3]도 있는데, 성부와 성자와 성령이 하나의 위격을 갖는다는 점을 고려한다면, 그런 경우도 화가가 삼위일체를 표현했다고 볼 수 있을 것입니다.

반면, 하느님이나 비둘기의 모습이 전혀 보이지 않는 작품은 순수하게 가브리엘이 마리아에게 수태고지만 하는 경우라고 봐야 하겠지요.[4]

그런데 문득 이런 궁금증이 생깁니다. 가브리엘과 마리아의 관계에서 누가 더 고귀한 신분일까요? 마리아를 단순히 인간으로만 본다면, 하느님

삼위일체가 나타나는 경우

그라나다 산 헤로니모 수도원

말라가 대성당

아레초 성 프란체스코 성당 바치 예배당

수태고지만 하는 경우

파도바 스크로베니 예배당

의 명을 받아 인간 세상으로 내려온 대천사 가브리엘이 더 고귀한 신분일 겁니다. 그렇지 않고 마리아를 하느님의 아들을 낳을 신분으로 본다면 하느님의 심부름꾼인 가브리엘보다 마리아가 신분상 더 고귀하다고 보아야 할 것입니다. 과연 어느 쪽이 맞을까요?

이 문제에 대해서는 명확한 답이 없는 것 같습니다. 수태고지를 다룬 그림들을 분류해 보면, 가브리엘이 높은 위치에서 말하고 마리아가 다소곳한 자세로 듣는 유형[5], 마리아 앞에서 가브리엘이 무릎을 꿇고 공손하게 말하고 있는 유형[6], 마리아와 가브리엘이 대등한 위치에서 대화를 나누는 유형[7]으로 나뉩니다.

첫 번째 유형은 대천사 가브리엘이 인간인 마리아보다 지위가 높다고 보는 것이고, 두 번째 유형은 하느님의 아들 예수의 어머니인 마리아가 가브리엘보다 더 고귀한 신분이라고 보는 것이며, 마지막 유형은 둘 사이의 지위고하를 따지는 것이 어렵다고 판단했거나 부질없다고 생각하여 그렇게 표현한 것이 아닐까 생각합니다.

그라나다 대성당
(대천사 가브리엘이 우위에 있는 유형)

로마 산타 마리아 마조레 대성당
(마리아가 우위에 있는 유형)

세비야 대성당
(가브리엘과 마리아가 대등한 유형)

수태고지 장면을 그린 그림에서 눈여겨볼 점이 한 가지 더 있습니다. 대부분 흰 백합꽃이 함께 그려진다는 점입니다. 대개 가브리엘이 들고 있는 형태[8]이지만, 꽃병에 꽂혀 있는 경우[9]도 있으니 그림을 볼 때 확인해 보면 좋을 것입니다. 백합은 마리아의 순결을 의미하며, 그녀가 동정녀로서 예수를 낳는다는 사실을 암시하는 장치입니다.

산 지미냐노 대성당
(가브리엘이 백합을 들고 있는 형태)

피사 대성당
(백합꽃이 꽃병에 꽂혀 있는 경우)

삼위일체가 나타나는 경우

성부와 성령이 보이는 경우

로마 성 이그나시오 성당

성령만 보이는 경우

빌뉴스 성 삼위일체 성당

성부만 보이는 경우

세비야 대성당

삼위일체가 나타나지 않고 수태고지만 하는 경우

대천사 가브리엘이 우위에 있는 경우

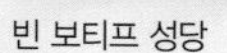

빈 보티프 성당

바르셀로나 사그라다 파밀리아

세비야 대성당

톨레도 대성당

이스탄불 카리예 뮤지엄(코라 성당)

상트페테르부르크 카잔 대성당

마리아가 우위에 있는 경우

피렌체 산타 크로체 성당

시에나 대성당

가브리엘과 마리아가 대등한 지위로 보이는 경우

파르마 대성당 세례당

피렌체 산 조반니 세례당

피렌체 산 조반니 세례당

체시스 세례자 요한 성당

바르셀로나 페드랄베스 수도원

가브리엘이 백합꽃을 들고 있는 경우

류블랴나 성 프란체스코 성당

시에나 스칼라 성당

토리노 대성당

블레드섬의 성모 승천 성당

백합꽃이 꽃병에 꽂혀 있는 경우

바티칸시국 성 베드로 대성당

피사 대성당

예수의 어머니와 세례자 요한의 어머니가 만나다

엘리사벳을 방문한 마리아

VISITATION

마리오토 알베르티넬리, 〈마리아와 엘리사벳의 만남〉, 1503년, 우피치 미술관

그리스도교 미술에서 나이 든 여인과 젊은 여인이 반갑게 만나는 장면을 표현한 경우, 대개 '방문visitation'이라는 제목이 붙어 있습니다. 마리아가 엘리사벳을 방문했다는 의미입니다.

엘리사벳은 세례자 요한의 어머니입니다. 그들은 사촌 간이었다고 하는데, 마리아가 사촌 언니인 엘리사벳을 만나러 간 것은 나이가 많은 엘리사벳이 임신했다는 소식을 들었고, 그 자신도 대천사 가브리엘을 통해 성령으로 잉태했다는 사실을 알았기 때문입니다.

파도바 스크로베니 예배당
(엘리사벳을 방문한 마리아)

엘리사벳이 낳을 아들 요한은 훗날 예수에게 세례를 주고, 세상 사람들에게 예수를 '세상의 죄를 대신 지고 가는 하느님의 어린 양'이라고 소개하는 역할을 하게 됩니다. 그것이 나이 많은 엘리사벳에게 아들을 점지한 하느님의 뜻이었으니까요.

마리아와 엘리사벳의 만남은 태중의 예수와 세례자 요한의 첫 만남이기도 한 것입니다.

유럽의 성당에서 만날 수 있는 '엘리사벳을 방문한 마리아'

상트페테르부르크 그리스도 부활 성당

시에나 대성당 지하 묘지

코모 대성당

톨레도 대성당

로마 산타 마리아 마조레 대성당

코르도바 메스키타 카테드랄

파르마 대성당 세례당

오르비에토 대성당

바르샤바 성모 방문 기념 성당

바르셀로나 사그라다 파밀리아

신의 어머니, 죽어서 하늘에 오르다

성모의 승천

ASSUMPTION OF THE VIRGIN

티치아노, 〈성모의 승천〉, 1516년~1518년, 베네치아 산타 마리아 글로리오사 데이 프라리 대성당의 제단화

하느님의 아들인 예수는 십자가에서 죽은 뒤 사흘 만에 부활하여 하늘로 올라갔다고 합니다. 그렇다면 예수의 어머니인 성모 마리아는 어떻게 살다가 죽었으며, 죽은 다음에는 어떻게 되었을까요.

마리아는 예수가 세상을 떠난 뒤로도 한동안 생존했습니다. 예수의 제자이자 〈요한복음〉의 저자인 요한이 마리아를 에페소스로 모시고 가서 봉양했다고 합니다. 그러나 그녀는 신이 아니었기 때문에 영생불사할 수는 없었습니다. 이승에서의 삶을 마치게 될 즈음에, 예수의 제자들이 그 사실을 알고 마리아의 집으로 모여 그녀의 곁을 지켰다고 전해집니다.

이윽고 마지막 순간이 되자 예수가 어머니의 육신과 영혼을 하늘나라로 올리기 위해 천사들을 대동하고 나타났다고 하지요. 먼저 영혼을 안아서 하늘로 올렸으며, 두 번째로 찾아왔을 때는 육신까지도 하늘나라로 데려갔다고 합니다. 이를 그리스도교에서는 '피승천被昇天', 혹은 '몽소승천蒙召昇天'이라고 합니다.

그런데 성모의 승천을 주제로 한 성화를 보면, 동방 교회 측과 서방 교회 측의 표현 방식이 다소 다릅니다. 물론 예외는 있겠습니다만, 마리아의 죽음과 승천을 나룬 동방 교회 쪽 그림[1]은, 숨을 거둔 성모 마리아를 사도(예수의 제자)들이 둘러서서 애도하는 가운데, 예수가 어머니 마리아의 영혼을 안고 있는 것으로 표현됩니다. 마리아의 영혼은 흰 천에 쌓인 아기처럼 표현되는데, 이는 마리아의 영혼이 고결하고 순수하다는 걸 의미합니다.

그에 비해 서방 교회의 성화[2]는 예수의 제자들이 지켜보는 가운데 성모 마리아가 천사들의 호위를 받으며 하늘로 올라가는 유형이 흔합니다.

성모의 죽음과 승천은 한 화면에 표현되는 예가 많지만, 죽음이 독립적으로 표현되는 경우도 있습니다.

빌뉴스 성 삼위일체 성당

빈 카를 성당

동방 교회에서 표현한 성모 승천

모스크바 성모 승천 성당

이스탄불 카리예 뮤지엄(코라 성당)

서방 교회에서 표현한 성모 승천

베네치아 산타 마리아 델라 살루테 성당

두브로브니크 성모 승천 대성당

시에나 스칼라 성당

세비야 대성당

로마 산타 마리아 마조레 대성당

세비야 대성당

로마 산타 마리아 마조레 대성당

베로나 대성당

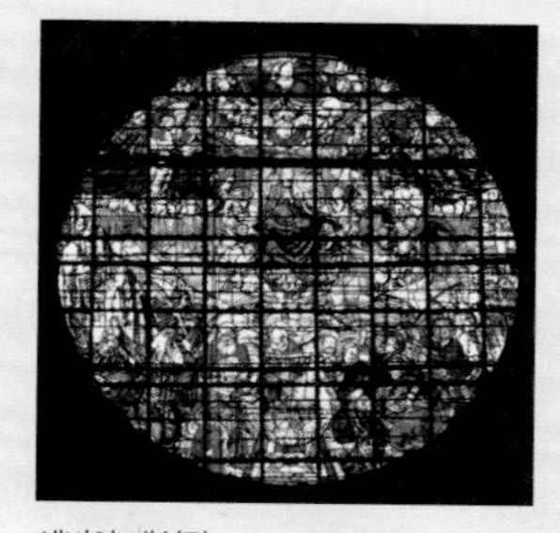

세비야 대성당

성모 마리아의 죽음이 독립적으로 표현된 예

로마 산타 마리아 마조레 대성당

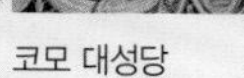

코모 대성당

코르도바 메스키타 카테드랄

상트페테르부르크 카잔 대성당

시에나 대성당

프랑크푸르트 대성당

마리아의 일생 중 가장 명예로운 일

성모의 대관식

CORONATION OF THE VIRGIN

디에고 벨라스케스, 〈성모 마리아의 대관식〉 1635년~1636년, 프라도 미술관

'성모 마리아의 대관戴冠'이란, 마리아가 죽어 하늘나라에 간 뒤 하느님으로부터 '하늘의 여왕(즉, 지극히 존귀한 존재)'으로 임명받으면서 왕관을 받는다는 뜻입니다. 이는 마리아의 일생에서 가장 최종적으로 일어나는 일이며, 가장 명예로운 일이지요. 가톨릭 성당에서 흔히 찾아볼 수 있는 주제이기도 하고요.

그러면 성모 마리아가 하늘나라에 올라간 다음 왕관을 받는다고 전제하고, 누구로부터 그것을 받는다고 생각하는 게 옳을까요?

성모 마리아의 대관을 주제로 한 성화를 보면, 크게 두 가지로 나누어 볼 수 있는데, 먼저 하느님과 예수가 함께 마리아에게 왕관을 씌워주고, 근처에 비둘기가 있는 유형[1]이 있습니다. 이것은 성부(하느님)와 성자(예수), 성령(비둘기가 성령을 상징함), 즉 삼위일체에 의해 마리아가 왕관을 받는다는 의미입니다.

파르마 대성당 세례당

그런가 하면, 하느님은 보이지 않고 예수가 마리아에게 관을 씌워 주는 경우[2]도 있습니다. 이때는 예수가 하느님의 명을 받아 대신 수행하는 것으로 보면 될 것 같습니다.

오르비에토 대성당

아들인 예수가 어머니인 마리아에게 관을 씌워주는 것이 어색하게 보일지도 모르겠습니다. 하지만, 마리아와 예수는 일반적인 모자母子 관계로 보기 어려운 점이 있습니다. 예수가 마리아의 아들로 태어난 것은 사실이지만, 그는 하느님의 뜻으로 이 땅에 온 하느님의 아들이며 마리아는 하느님의 뜻이 이루어질 수 있도록 협조한 것에 불과하기 때문입니다. 예수는 마리아에게 아들이면서, 한편으로는 믿음의 대상인 존귀한 존재였던 것입니다. 그러니 하늘나라에 올라간 다음에 하느님의 뜻을 대신하는 예수에게 관을 받는 것은 당연한 일이지요. 관을 씌워주는 예수는 당당한 자세인데 비해, 마리아는 다소곳한 태도인 경우가 많은 걸 보면 그들의 그런 관계가 짐작됩니다.

하느님과 예수가 함께 왕관을 씌워주는 경우

로텐부르크 성 야고보 성당

코르도바 메스키타 카테드랄

프랑크푸르트 대성당

바르샤바 성 십자가 성당

톨레도 대성당

노보데비치 수도원의 성모 승천 성당

시에나 스칼라 성당

피사 대성당

페라스트 암굴의 성모

피사 대성당

예수가 관을 씌워주는 경우

시에나 대성당

오르비에토 대성당

모데나 대성당

피렌체 산타 마리아 델 피오레 대성당

시에나 대성당 세례당

로마 산타 마리아 마조레 대성당

바르셀로나 사그라다 파밀리아

로마 성 밖의 성 바울 대성당

모데나 대성당

산 지미냐노 대성당

피렌체 산타 크로체 성당

Part 2.

성화와 성상의 소재가 되는 주요 인물들의 생애

4
세례자 요한의 일생

그리스도교에서는 세례를 중요하게 생각합니다. 세례는 회개의 표시이며, 자신의 죄를 씻고 새 삶을 찾는다는 의미로 받아들이기 때문입니다. 예수조차도 세례를 받은 이후부터 공생애가 시작된 것으로 볼 정도로, 그리스도교도들에게 세례의 의미는 중요한 것입니다.
세례와 관련해 가장 중요한 인물이 바로 세례자 요한입니다. 사람들에게 세례를 주면서 회개하라고 외치는 그의 이미지도 강렬하지만, 예수에게 세례를 준 이가 바로 그이기 때문입니다. 그래서 그리스도교에서 생각하는 그의 역할과 예수와의 관계에 대해 알아보기로 합니다.

세례자 요한의 탄생

사가랴에의 수태고지

ANNUNCIATION TO ZECHARIAH

조반니 디 파올로, 〈사가랴에게 수태고지함〉, 1455년경, 메트로폴리탄 미술관

예루살렘 성전의 제사장이었던 사가랴Zechariah는 부인 엘리사벳Elizabeth과 금슬이 좋았지만 늙도록 슬하에 자녀를 두지 못했습니다.

하느님에게 자식을 달라고 간절히 기도했지만 그의 기도는 별로 효과가 없는 듯했고, 나중에는 자식 얻기를 거의 포기하였지요. 그러던 어느 날, 제사 드릴 준비를 하고 있던 그에게 대천사 가브리엘이 찾아와 "하느님의 뜻으로 엘리사벳이 아들을 낳게 될 것이니, 이름을 요한이라고 하라."는 이야기를 전합니다.[1]

사가랴는 처음에 천사가 전해준 말을 믿지 않았습니다. 자신들이 자식을 낳기에는 너무 늙었다고 생각했기 때문입니다. 그러자 그는 갑자기 말을 할 수 없게 되었다고 합니다. 하느님의 뜻을 의심한 죄로 가벼운 벌을 받은 것입니다.

그러나 하느님의 약속은 유효해서 그들 사이에 늦둥이 아들이 태어났고[2], 그제야 사가랴는 천사의 말대로 아들의 이름을 '요한'이라고 지었습니다. 그가 바로 나중에 예수에게 세례를 주는 '세례자 요한'인 것입니다.

말을 못 하는 벌을 받고 있던 사가랴는 아들의 이름을 종이에 적어서 사람들에게 보여주었는데, 그 순간 말을 할 수 있게 되었다고 합니다.[3] 일의 자초지종을 알게 된 사람들은 하느님의 신묘한 능력을 알고 더욱 경외하는 마음을 가졌겠지요.

피렌체 산 조반니 세례당의 남쪽 문 부조

수태고지 받는 사가랴

세례자 요한의 탄생

'요한'이라는 이름을 적는 사가랴

유럽의 성당에서 만날 수 있는 '세례자 요한의 탄생'

사가랴에의 수태고지

피렌체 산 조반니 세례당

피렌체 산타 크로체 성당

세례자 요한의 탄생

피렌체 산타 크로체 성당

파도바 대성당 세례당

갓 태어난 아들의 이름을 종이에 적어 보여주는 사가랴

피렌체 산 조반니 세례당

피렌체 산타 크로체 성당

세례자 요한의 가장 중요한 임무

예수의 세례

BAPTISM OF CHRIST

안드레아 델 베로키오와 레오나르도 다빈치, 〈그리스도의 세례〉, 1470년~1475년, 우피치 미술관

예수의 어머니인 마리아와 세례자 요한의 어머니인 엘리사벳은 사촌 자매간이었으며, 각자 임신한 상태에서 만난 일이 있다는 이야기를 앞에서 했습니다.['성모 마리아의 일생' 중 '엘리사벳을 방문한 마리아' 편(174쪽) 참조] 그 이야기를 통해 알 수 있듯이, 예수와 요한은 같은 또래였습니다. 아마도 요한이 6개월 남짓 먼저 태어났을 것입니다.

요한의 사명은 예수가 이 땅에서 메시아로서의 뜻을 펼칠 수 있도록 미리 준비하는 것이었다고 합니다. 예수에게 세례를 준 것이 가장 대표적인 일이었고, 사람들에게 예수를 구세주라고 소개하는 것도 중요한 사명 중의 하나였다고 하지요.

마리아와 엘리사벳이 만났을 때, 요한은 어머니 배 속에 있었음에도 이미 예수를 알아보고 기뻐하며 맞이했다고 합니다. 그래서인지 성화 중에는 어린 예수와 요한이 사이좋게 노는 장면을 그린 것이 많습니다.[1]

파리스 보르도네, 〈이집트에서 돌아올 때의 휴식〉

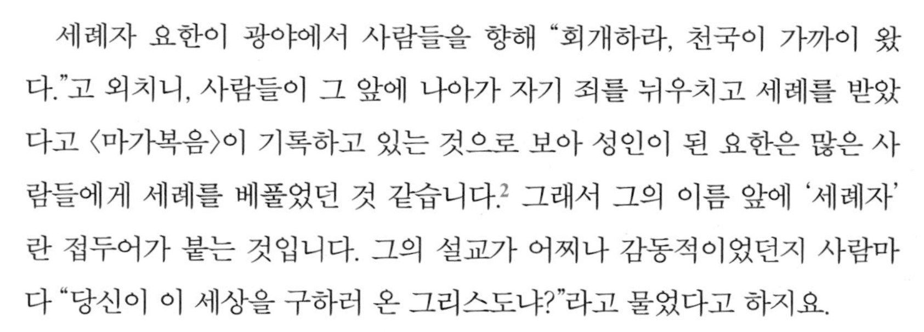

세례자 요한이 광야에서 사람들을 향해 "회개하라, 천국이 가까이 왔다."고 외치니, 사람들이 그 앞에 나아가 자기 죄를 뉘우치고 세례를 받았다고 〈마가복음〉이 기록하고 있는 것으로 보아 성인이 된 요한은 많은 사람들에게 세례를 베풀었던 것 같습니다.[2] 그래서 그의 이름 앞에 '세례자'란 접두어가 붙는 것입니다. 그의 설교가 어찌나 감동적이었던지 사람마다 "당신이 이 세상을 구하러 온 그리스도냐?"라고 물었다고 하지요.

세례자 요한은 사람들에게 세례를 주는 한편, 예수를 사람들에게 구세주로 소개[3]하는 역할도 했습니다. 예수야말로 하느님의 아들이며, 이 땅의 죄를 대신 짊어지기 위해 온 그리스도라는 것을 설교[4]를 통해 널리 알린 것입니다. 그것이야말로 요한에게 부여된 중요한 사명이었던 것으로 보입니다. 요한의 제자 중에서 예수의 제자가 되는 이들이 나오는 까닭은, 그가 예수를 하느님의 아들이자 구세주라고 소개하였기 때문이지요.

사가랴와 엘리사벳의 아들인 요한을 '세례자 요한John the Baptist'이라고 부르는 까닭은, 예수의 제자인 사도 요한John the Apostle과 구별하기 위해서입니다. 세례자 요한은 사람들에게 세례를 주었기에 그렇게 부르는 것인데, 그가 세례를 준 많은 사람 중에서 가장 대표적인 인물이 바로 예수입니다. 예수에게 세례를 주는 것은, 요한이 하느님으로부터 부여받은 임무 중 중

피렌체 산 조반니 세례당의 천장화 (세례자 요한의 일생)

사람들에게 세례를 주는 세례자 요한

예수를 소개하는 세례자 요한

설교하는 세례자 요한

요한 부분이었지요.

예수의 세례는 그가 공생애公生涯를 시작하는 최초의 사건이므로, 그리스도교에서는 매우 중요하게 생각하는 주제입니다. 예수가 공적으로 활동한 시기를 말하는 공생애는 세례자 요한으로부터 세례를 받은 시점부터 제자들과 함께 최후의 만찬을 나눈 시점까지를 말하며, 대개 예수의 나이 서른 살 때부터 서른세 살 때까지의 3년을 그의 공생애 기간으로 봅니다.

예수에게 세례를 주는 세례자 요한

예수의 일생에서 세례를 받은 것이 중요한 사건이므로, 유럽의 성당에서 자주 보게 되는 미술의 주제 중 하나가 바로 예수의 세례 장면[5]입니다. 어느 성당에서나 공통적으로 볼 수 있다고 해도 과언이 아닙니다.

참고로, 세례자 요한이 세례를 주는 장면을 볼 때 세례를 받는 이가 예수인지 아니면 다른 사람인지를 구별하려면, 천사나 성부(하느님), 성령(비둘기로 표현)이 함께 표현되는지를 살펴보면 됩니다. '예수의 세례'의 경우 대부분 성부나 성령, 혹은 천사가 함께 표현[6]되지만, 일반인의 세례에는 전혀 보이지 않습니다. 세례를 받는 사람들의 무리와 세례자 요한만이 보일 뿐이지요.[7] 결국 예수의 세례인지 아닌지는, 천사와 성부, 성령의 유무로 판단하면 대체로 맞을 것입니다.

피렌체 산 조반니 세례당의 남쪽 문 부조

예수에게 세례를 주는 세례자 요한

일반인에게 세례를 주는 세례자 요한

설교하는 세례자 요한

피렌체 산 조반니 세례당

예수를 구세주라고 소개하는 세례자 요한

피렌체 산 조반니 세례당

상트페테르부르크 그리스도 부활 성당

예수의 세례(예수에게 세례를 주는 요한)

로마 산 조반니 인 라테라노 대성당

세비야 대성당

파도바 스크로베니 예배당

라벤나 네오니아 세례당

시에나 대성당 세례당

코르도바 메스키타 카테드랄

톨레도 대성당

파도바 대성당 세례당

메주고리예

파르마 대성당 세례당

세비야 대성당

바티칸시국 시스티나 예배당

샤울라이 십자가 언덕 성당

빈 보티프 성당

토리노 대성당

파르마 대성당 세례당

시에나 대성당 세례당

피렌체 산 조반니 세례당

피사 대성당

허망하게 죽음을 맞은 불운한 사나이

세례자 요한의 참수

BEHEADING OF ST. JOHN THE BAPTIST

루카스 크라나흐, 〈헤롯의 연회〉, 1533년, 슈테델 미술관

그라나다 대성당

그라나다 대성당과 세비야 대성당에는 참수당한 한 남자의 머리 모양 조각이 전시되어 있습니다. 이것은 세례자 요한의 머리 모형[1]입니다. 그는 헤롯 안티파스Herod Antipas왕(헤롯 1세의 아들이자 갈릴리의 통치자)의 잔칫날 목이 잘려 죽게 되는데, 그 사건의 전말을 간략하게 설명하면 이렇습니다.

헤롯 안티파스는 본처를 내쫓고 이복동생의 아내이자 조카인 헤로디아를 아내로 삼았는데, 세례자 요한은 이를 간음이라며 강하게 비난했습니

피렌체 산 조반니 세례당 청동 문 부조

왕과 헤로디아를 비난하는 세례자 요한

왕의 잔치에서 춤을 추는 살로메

참수당하는 세례자 요한

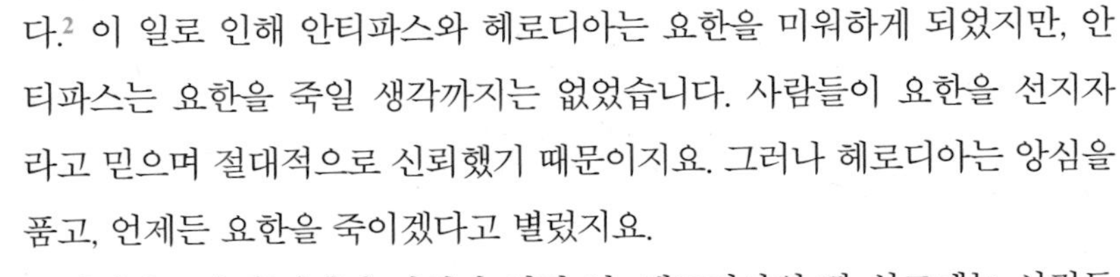

다.[2] 이 일로 인해 안티파스와 헤로디아는 요한을 미워하게 되었지만, 안티파스는 요한을 죽일 생각까지는 없었습니다. 사람들이 요한을 선지자라고 믿으며 절대적으로 신뢰했기 때문이지요. 그러나 헤로디아는 앙심을 품고, 언제든 요한을 죽이겠다고 별렀지요.

안티파스의 궁전에서 잔치가 있던 날, 헤로디아의 딸 살로메는 사람들 앞에서 멋진 춤을 춥니다.[3] 살로메의 춤을 보고 크게 기뻐한 왕이 "왕국의 절반이라도 줄 테니 원하는 것이 있으면 말하라."고 하자 살로메는 세례자 요한의 머리를 달라고 하지요. 이것은 헤로디아의 계략이었습니다. 어쨌든 많은 사람들이 모인 자리에서 무슨 소원이든 들어주겠다고 약속했으니, 안티파스로서는 난처한 일이었습니다. 결국 약속은 약속인지라 요한의 목을 베어오라는 명을 내리고 맙니다.[4·5]

세례자 요한은 종교적으로는 위대한 선지자였지만, 세속 일에 개입했다가 허망하게 죽음을 맞은 불운한 사나이였던 것입니다.

세례자 요한의 장례에 대한 기록은 찾아보기 힘듭니다. 다만 그의 사후에 제자들이 스승의 가르침을 널리 전하는 활동을 했다는 기록이 있는 것으로 보아 그에게 제자들이 있었음이 분명하므로, 그의 장례는 제자들에 의해 치러졌을 것으로 추정됩니다.[6·7]

왕에게 바쳐지는 세례자 요한의 머리

세례자 요한의 장례

세례자 요한의 장례

참고로, 다른 예술 장르에서는 살로메가 세례자 요한의 목을 요구하는 이유가 좀 다르게 나옵니다. 오스카 와일드는 그의 희곡 〈살로메〉에서 요한을 보고 한눈에 반한 살로메가 사랑을 요구하다가 거절당하자 증오심을 느껴 그의 목을 요구했다고 풀어냅니다. 안티파스가 의붓딸 살로메에게 음심淫心을 품었다는 상상도 바탕에 깔고 있지요.

어쨌든 세례자 요한은 어처구니없게도 그런 일로 목숨을 잃은 것입니다.

피렌체 산 조반니 세례당 모자이크 천장화

왕과 헤로디아를 비난하는 세례자 요한

왕의 잔치에서 춤을 추는 살로메

참수당하는 세례자 요한

세례자 요한의 머리를 왕에게 바침

세례자 요한의 장례

피렌체 산타 크로체 성당 프레스코화

왕의 잔치에서 춤을 추는 살로메 /
세례자 요한의 머리를 헤로디아에게 주는 살로메

하늘로 올라가는 세례자 요한의 영혼

세례자 요한의 세 가지 상징물

세례자 요한을 뜻하는 상징물로는 몸에 걸친 짐승 가죽과 리본이 매달린 십자가, 어린 양이 있습니다.

● 짐승 가죽 옷

세례자 요한의 유·소년기 삶에 대해서는 알려진 것이 별로 없지만, 어느 시기에 광야로 나가 고행을 겪으며 수도 생활을 했다는 것은 알려져 있습니다. 그는 광야에서 메뚜기와 석청石淸을 먹고 살았고, 낙타 가죽으로 만든 옷을 입었다고 합니다. 그래서 짐승 가죽을 걸친 인물이 있으면 세례자 요한으로 봅니다.

재미있는 것은, 요한의 어릴 적 모습조차도 짐승 가죽으로 만든 옷을 입은 모습으로 묘사했다는 점입니다. 물론 요한이 짐승 가죽으로 만든 옷을 입고 생활한 것은 성인이 되어 광야에서 살 때의 일이지만, 화가들은 짐승 가죽옷을 이용해 요한을 나타내려고 했던 것입니다.

피렌체 산 조반니 세례당

피렌체 산 조반니 세례당

피사 대성당 세례당

상트페테르부르크 카잔 대성당

그라나다 카르투하 수도원

상트페테르부르크 그리스도 부활 성당

피사 대성당

● 십자가

세례자 요한은 십자가를 들고 있는 경우가 대부분입니다. 이때의 십자가는 예수가 골고다 언덕으로 올라갈 때 메었던 십자가처럼 육중한 것이 아니라, 가느다란 막대기 두 개를 교차해 만든 것 같은 모양입니다. 그가 들고 있는 십자가는 그가 예수의 동반자로서 세상에 예수의 존재를 알리고, 예수가 세상을 구하러 온 메시아임을 알렸다는 사실에 바탕을 둔 것입니다.

프라하 성 이그나시오 성당

피렌체 산 조반니 세례당

토리노 대성당

두브로브니크 성모 승천 대성당

로마 산 조반니 인 라테라노 대성당

로마 산타 마리아 마조레 대성당

그리고 그 십자가에는 글귀가 쓰인 리본이 감겨 있는 경우가 있는데, "하느님의 어린 양을 보라Ecce Agnus Dei."는 문장입니다. 물론 리본이 매달리지 않은 십자가일 때도 많으며, 간혹 글귀가 적힌 리본을 들고 있기도 합니다. 그래도 그것을 들고 있는 이가 짐승 가죽옷을 입고 있으면 세례자 요한으로 보면 되지요.

시에나 대성당 세례당 오르비에토 대성당

다만, 십자가에 뭔가가 매달려 있을 때, 부활한 예수와 세례자 요한을 구별하는 것이 좋습니다. 십자가(혹은 그 비슷한 것)가 그려진 깃발이 매달린 십자가를 들고 있는 것은 부활한 예수이고, 글자가 새겨진(혹은 글자가 새겨지지 않더라도) 리본이 매달린 십자가를 들고 있는 것은 세례자 요한이라고 구별하면 대개 맞을 겁니다.

부활한 예수
(베네치아 산 시오메네 피콜로 성당)

세례자 요한(베를린 대성당)

● 어린 양

세례자 요한의 곁에 항상 있는 것은 아닙니다만, 어린 양이 함께 있는 경우도 있습니다. 이때의 어린 양은 그가 예수를 일컬어 "보라, 이 세상의 죄를 대신 지고 가는 하느님의 어린 양을!"이라고 했다는 〈요한복음〉의 구절을 연상시킵니다. 양은 안고 있을 때도 있고, 발치에 놓여 있을 때도 있으며, 때로는 세례자 요한의 주변 어딘가에 있기도 합니다.

바르샤바 성 요한 성당

시에나 대성당

코르도바 메스키타 카테드랄

톨레도 대성당

성화나 성상으로 표현되는 세례자 요한은 위의 세 가지 상징물을 다 지니고 있는 경우도 있지만 그중의 하나나 둘만 보이는 경우도 있습니다. 셋 중의 하나만 보여도 세례자 요한으로 보면 될 겁니다.

Part 3.

성화와 성상에 자주 등장하는 인물들

1
예수의 열두 제자

예수의 제자들을 사도使徒/Apostles라고 합니다. 예수가 생전에 뽑은 열두 명의 사도 이름은 베드로, 안드레아, 큰 야고보(세베대의 아들 야고보), 요한, 필립보, 바르톨로메오, 도마, 마태, 작은 야고보(알패오의 아들 야고보), 유다 타대오, 시몬, 가리옷 유다이지요.
예수가 세상을 떠난 후 그들이 목숨을 걸고 선교 활동을 벌인 까닭에 그리스도교가 종교로서 뿌리를 내릴 수 있었으므로, 그리스도교에서 그들의 중요성은 아무리 강조해도 지나치지 않을 것입니다. 그런 까닭에 거의 대부분의 성당에서 그들의 모습을 찾아볼 수 있는데, 여기에서는 열두 제자를 알아보는 방법에 초점을 맞춰 설명하려 합니다.

예수가 뽑은 열두 명의 제자

TWELVE APOSTLES

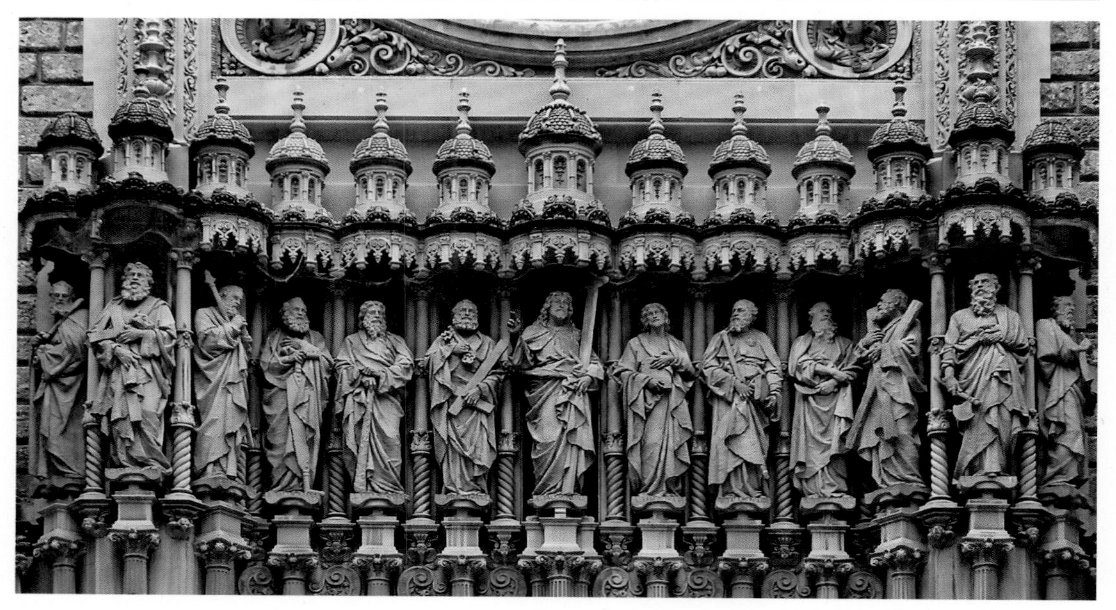

바르셀로나 몬세라트 수도원의 '예수와 열두 제자 상'

성당 안팎에서 혹시 열두 명이 모여 있는 성화나 성상을 보았다면, 일단 예수의 열두 제자(12사도)가 아닌가 생각해 볼 필요가 있습니다. 다만 거기엔 미묘한 문제가 있는데, 나중에 사도 중의 한 사람인 가리옷 유다가 스승인 예수를 배신하게 되므로, 그를 포함해서 열두 제자를 기리기 어려워진 것입니다. 그래서 어떤 경우에는 바울을 그 자리에 넣기도 하고, 드문 경우지만 나중에 추가로 사도가 된 마티아를 넣어 숫자를 채우기도 하지요.

혹시 열두 명이 아니라 열세 명인 경우엔 예수가 중앙에 자리 잡았을 가능성이 크니 자세히 살펴볼 필요가 있고, 또 어떤 경우는 세례자 요한이나 성모 마리아가 끼어 있기도 하므로 열둘이라는 숫자에 지나치게 얽매일 필요는 없습니다.

그러면 예수의 열두 제자가 표현된 성화나 성상을 보면서, 누가 누구인지를 어떻게 구별할 수 있을까요. 가장 확실한 것은 각자의 이름을 분명하게 밝혀 놓은 것일 텐데, 그런 경우는 많지 않습니다. 그래서 우리는 그들이 지니고 있는 물건을 통해서 누구인지를 짐작한답니다.

사도들의 고유한 상징물을 알면 다른 성화나 성상을 볼 때도 이해에 도움이 될 것이므로 여기서 간략하게 소개하고, 뒤에서 각각의 사연을 알아보도록 하겠습니다.

바티칸시국 성 베드로 대성당의 옥상에는 중앙에 선 예수 좌우로 사도들의 조각상이 설치되어 있습니다. 다만, 베드로와 바울은 광장에 있으므로 옥상에서는 빠지고, 그 대신 세례자 요한과 마티아가 그 자리를 차지하고 있지요. 그들은 각각 누구인지 다음 설명을 바탕으로 구별해 봅시다.

사도들의 인물상이 옥상에 설치된 바티칸시국의 성 베드로 대성당

베드로[1]는 예수 생전에 천국의 열쇠를 받았다고 하며, 나중에 십자가에 거꾸로 매달려 순교했습니다. 그래서 거꾸로 된 십자가와 열쇠가 그의 상징물이지요. 안드레아[2]는 X자형 십자가에서 순교했으므로 X자형 십자가가 상징물이며, 큰 야고보[3]는 참수당할 때 쓰인 긴 칼과 순례자의 수호성인이라서 순례자에게 필요한 지팡이가 상징물입니다. 사도이자 〈요한복음〉의 저자인 요한[4]은 복음서를 집필하였으므로 책이 상징물이며, 독수리와 술잔도 그의 중요한 상징물이지요. 살가죽이 벗겨지는 고문을 당한 끝

1
열쇠를 쥔 베드로(바티칸 광장)

2
X자형 십자가를 멘 안드레아

3
지팡이를 든 큰 야고보

4
책을 들고 독수리와 함께 있는 요한

에 순교한 바르톨로메오[5]는 벗겨진 살가죽과 살가죽을 벗길 때 사용한 식칼처럼 생긴 칼이 상징물이고, 필립보[6]는 십자가형을 받고 순교했으므로 십자가가 상징물이며, 목수 출신의 도마[7]는 목공용 직각자가 상징물입니다. 도마는 창에 찔려 순교했으므로 창도 그의 상징물이지요. 요한과 마찬가지로 사도이면서 복음서 저자인 마태[8]는 책을 들고 있거나, 천사와 함께 있는 경우가 대부분입니다. 그는 참수형을 당했으므로 칼을 들고 있을 때도 있고, 세리稅吏 출신이라서 돈주머니나 돈상자를 들고 있는 때도 있어요. 작은 야고보[9]는 몽둥이에 맞아 순교했으므로 몽둥이를 들고 있고, 유다 타대오[10]는 도끼창으로 순교한 까닭에 도끼창을, 시몬[11]은 톱으로 몸이

작은 칼을 든 바르톨로메오

십자가를 든 필립보

창을 든 도마

긴 칼을 든 마태

몽둥이를 든 작은 야고보

도끼창을 든 유다 타대오

톱을 든 시몬

도끼를 든 마티아

잘려 순교했으므로 톱을 들고 있답니다. 마지막으로 마티아[12]는 도끼로 목이 잘려 순교했으므로 도끼가 상징물입니다.

이제 예수의 제자들에 관해 한 사람씩 설명하려 합니다. 다만, 마태와 요한은 사도이면서 〈마태복음〉과 〈요한복음〉을 쓴 복음서 저자이기도 하므로, 그들에 대해서는 '4대 복음서 저자' 중 '마태' 편(252쪽)과 '요한' 편(263쪽)에서 다루기로 합니다.

피렌체 산타 마리아 델 피오레 대성당(중앙에는 성모 마리아와 아기 예수)

파리 노트르담 대성당

베를린 대성당

로마 산 조반니 인 라테라노 대성당

쾰른 대성당

카우나스 성 베드로와 바울 성당

모데나 대성당

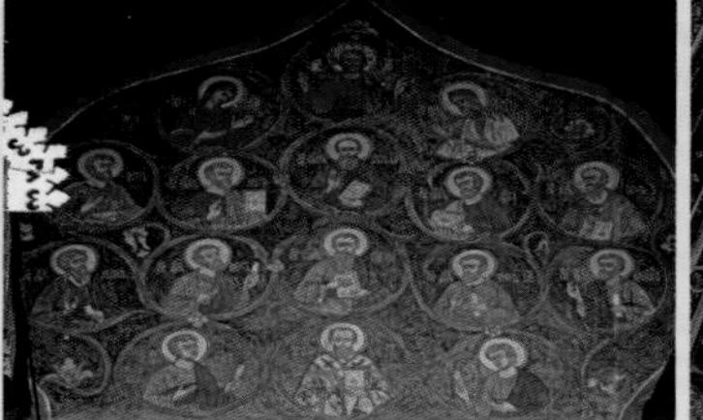

모스크바 성모 승천 성당

오르비에토 대성당

바티칸시국 성 베드로 대성당

세비야 대성당

파도바 대성당 세례당

모스크바 짜리찌노 정교회 성당

빌뉴스 성 삼위일체 성당

아테네 성 게오르기우스 성당

베네치아 산타 마리아 델라 살루테 성당

상트페테르부르크 성 이삭 성당

파엔차 대성당

그라나다 고뇌의 성모 마리아 성당

예수를 세 번 부인했던 예수의 수제자

성 베드로

SAINT PETER

페테르 파울 루벤스, 사도 연작 중 〈성 베드로〉, 1610년~1612년, 프라도 미술관

예수의 수제자로 일컬어지는 베드로는 원래 갈릴리 호수에서 물고기를 잡으며 사는 어부로, 이름은 시몬Simon이었습니다. 예수를 만난 뒤 동생인 안드레아와 함께 제자가 되었지요.

예수는 그에게 '반석盤石(넓고 튼튼한 돌)'이란 의미의 '케파Cephas'란 이름을 새로 지어주었는데, 그것을 그리스어로 바꾼 것이 '페트로스Petros', 즉 베드로입니다. 예수는 자신을 따르는 시몬에게 "너는 베드로이다. 내가 이 반석 위에 내 교회를 세울 터인즉, 저승의 세력도 그것을 이기지 못할 것이다."라고 했다 합니다.

가톨릭에서는 그를 로마 교회의 초대 주교이자 제1대 교황으로 여깁니다.

열쇠를 건네받는 베드로

바티칸시국 성 베드로 대성당

바티칸시국 시스티나 예배당

베드로의 가장 중요한 상징물은 열쇠입니다. 예수가 생전에 베드로에게 "내가 너에게 하늘나라의 열쇠를 주겠다. 그러니 네가 무엇이든지 땅에서 매면 하늘에서도 매일 것이고, 네가 무엇이든지 땅에서 풀면 하늘에서도 풀릴 것이다"라고 하며 그에게 각별한 신임을 보였다는 데서 유래한 것입니다. 예수의 제자 중에서 손에 열쇠를 들고 있는 이는 베드로이며, 베드로의 수제자로 여겨지는 교황들 또한 열쇠를 그들의 상징물로 갖게 된 것입니다.

베드로와 관련된 일화 중에는 감옥에 갇혔다가 천사의 도움으로 탈출한 이야기가 유명합니다.

헤롯왕(예수가 태어났을 때의 왕)의 손자인 헤로디아 아그리파 1세는 그리스도교를 몹시 탄압했는데, 예수의 제자 중 한 명인 큰 야고보를 참수형에 처한 것이 그 시작이었습니다. 큰 야고보를 죽이자 유대인들(예수를 죽이라고 요구했던 사람들)이 좋아하는 것을 본 헤로디아 아그리파 1세는 베드로도 죽이려고 합니다. 그것이 유대인들의 환심을 살 수 있는 길이라고 생각했기 때문이지요.

체포된 베드로는 엄중한 감시를 받으며 감옥에 갇히는 신세가 되었습니다. 헤로디아 아그리파 1세가 베드로의 탈출을 우려해 튼튼한 쇠사슬로 그를 결박하고, 많은 병사를 배치해 철저히 감시했으므로 베드로는 도저히 살아날 길이 없어 보였습니다.

그런데 처형이 예정된 바로 전날, 밤중에 쇠사슬이 저절로 풀리고 감옥 문이 열리는 기적이 일어납니다. 그리고 천사가 안내하여 베드로는 감옥을 빠져나오는데, 그를 지키던 병사들은 깊은 잠에 빠져 그 일을 알지 못했다고 합니다.

베드로는 로마에 갔을 때 다시 감옥에 갇히는 신세가 됩니다. 이번에도 기적적으로 탈출하여 로마를 빠져나가다가 아피아 가도에서 예수를 만났다고 하지요. 놀란 베드로가 "주여, 어디로 가시나이까(쿼바디스 도미네Quo Vadis Domine)?"라고 묻자 예수가, "네가 내 백성을 버리려 하니, 내가 다시 한 번 십자가에 매달리려고 간다." 했다고 합니다. 그 말에 깨달음을 얻은 베드로가 다시 로마로 돌아가 순교했다고 하지요.

베드로가 감옥에 있을 때 묶였던 쇠사슬은 로마에 있는 산 피에트로 인 빈콜리 성당에 지금도 보관되어 있으며, 천사가 베드로를 탈출시키는 장면을 묘사한 그림이 같은 성당에 있습니다. 그리고 같은 주제의 그림이 바티칸 박물관의 '라파엘로의 방'에도 있습니다.

수제자로 여겨지는 베드로였지만, 유다의 배신으로 예수가 붙잡혀 갈

베드로를 묶었던 쇠사슬
(로마 산 피에트로 인 빈콜리 성당)

베드로의 탈출 장면을 그린 그림
(로마 산 피에트로 인 빈콜리 성당)

베드로의 탈출 장면을 그린 벽화(바티칸 박물관 라파엘로의 방)

때 겁에 질린 나머지 예수를 모른다고 세 번 부인否認했다는 일화도 널리 알려져 있습니다.

예수가 제자들과 가진 마지막 저녁 식사 자리에서 "너희들 중에 나를 배반하는 자가 있으리라."라고 말하자, 베드로는 "저는 비록 죽음에 이른다고 할지라도 절대로 스승님을 배반하지 않겠습니다."라고 단호하게 약속합니다. 그런 베드로를 보며 예수는 "너는 내일 새벽닭이 울기 전에 세 번 나를 부인하리라."라고 했다 하지요.

예수가 체포되어 간 후 분노한 군중들이 주변에 있던 제자들에게 "너희들도 그 사람과 한 무리가 아니냐?"라고 물었을 때, 가장 깊은 신임을 받았음에도 불구하고 베드로는 "나는 그 사람을 모른다."라며 세 번 부인했다고 합니다. 자신을 가리키며 예수의 제자가 틀림없다고 고자질하는 여인을 향해 세 번째로 "나는 그 사람을 정말로 모릅니다."라고 말했을 때 닭이 울었다고 하지요. 그제야 "새벽닭이 울기 전에 너는 나를 세 번 부인하리라."라던 스승의 말이 생각나 베드로는 통곡했다고 합니다. 그런 이유로 수탉과 함께 표현되는 사도는 베드로로 봅니다.

수탉과 함께 표현된 베드로
(모데나 대성당)

베드로의 또 다른 상징물은 거꾸로 세워진 십자가입니다. 그가 십자가에 거꾸로 매달려서 순교했기 때문이지요.

베드로가 로마로 가서 선교 활동을 한 것은 5대 황제인 네로 때입니다. 네로는 그리스도교를 박해한 최초의 로마 제국 황제로 기록되었으며, 그의 재위 때 많은 순교자가 발생하였습니다. 베드로와 바울도 그때 순교하였는데, 네로는 왜 그리스도교를 박해했으며 베드로가 순교할 당시에 어떤 일이 있었던지 알아봅시다.

서기 64년 7월 18일에 로마에 커다란 화재가 발생합니다. 로마 외곽의 기름 창고에서 일어난 작은 화재가 강한 바람을 타고 로마 시내로 번지면서 걷잡을 수 없이 커진 것입니다. 7일 밤낮 동안 계속된 불길로 로마 시내는 거의 잿더미로 변하고 말았다고 합니다.

화재가 진압된 후 살길이 막막해진 로마 시민들 사이에 흉흉한 소문이 떠돌기 시작했는데, 황제가 불타는 로마를 바라보며 시를 읊었다는 내용이었습니다. 심지어는 시적 영감을 얻기 위해 네로가 일부러 불을 질렀다는 말도 함께 떠돌았습니다. 평소에 예술적 감수성이 풍부했던 네로가 자작시를 읊기도 했으므로 이 소문은 그럴싸하게 들렸습니다. 소문은 절망에 빠진 사람들 사이로 빠르게 퍼져나가며 로마 시민들을 분노하게 했지요.

실제로는 네로가 로마에서 80km 떨어진 안티움에서 휴가를 보내던 중에 화재 소식을 듣고 급히 로마로 돌아와 수습을 위해 애썼다는 기록이 남아 있지만, 당시 로마 시민들은 떠도는 소문을 더 신뢰했습니다. 네로는 시민들에 의해 쫓겨날지도 모른다는 공포감을 느끼게 되었지요.

그러자 그는 자신의 안위를 위해 그리스도교도들에게 누명을 뒤집어씌웁니다. 로마에 불을 지른 것은 그리스도교도들이며, 그들을 그냥 두면 위험하므로 없애야 한다고 여론몰이를 했던 것입니다. 실제로 네로는 수많은 그리스도교인을 잡아다가 군중 앞에서 화형에 처하면서 자신에게 씌워진 누명을 벗으려고 안간힘을 썼습니다.

베드로가 순교한 것은 이때의 일인데, 그는 화형당하는 대신 십자가에 매달려 죽었습니다. 그리스도교도들의 지도자였기 때문에 더 가혹한 처벌을 받은 것입니다. 그는 죽을 때 "감히 스승과 같은 자세로 십자가에서 죽을 수 없으니 거꾸로 매달아 달라."고 요청하였다고 합니다. 그래서 거꾸로 된 십자가가 그의 상징물이 된 것입니다.

십자가에 거꾸로 매달려 순교하는 베드로(바티칸시국 성 베드로 대성당)

순교한 후, 베드로의 시신은 바티카누스 언덕(현재의 성 베드로 대성당 자리)에 묻혔다고 합니다. 그의 무덤이라고 인정되는 곳에 세운 성당이 전 세계 가톨릭 신자들의 구심점이 되고 있으니, '반석'이란 그의 이름이 제 몫을 하는 것이지요. 베드로의 무덤은 성 베드로 대성당 지하에 있습니다.

성 베드로의 무덤
(바티칸시국 성 베드로 대성당 지하)

베드로와 관련된 흥미 있는 일화 중에, 베드로가 물 위를 걷다가 실패한 이야기가 있습니다.

4대 복음서에는 예수가 물 위를 걷는 기적을 행한 이야기가 나옵니다. 그중 〈마태복음〉에는 베드로가 예수의 말을 믿고 물 위를 걸었으나, 도중에 믿음이 약해져 물속에 빠졌다가 구조되었다는 이야기가 실려 있습니다.

바람이 심하게 불던 어느 날, 예수는 물 위를 걸어 제자들에게로 갑니다. 그것을 본 베드로가 "주님, 저더러 물 위로 걸어오라고 하십시오."라고 부탁하자, 예수는 "베드로야, 물 위를 걸어 내게 오너라."라고 합니다. 베드

물 위를 걷다가 실패한 베드로
(상트페테르부르크 그리스도 부활 성당)

로는 예수의 말을 듣고 물 위를 걸어갔는데, 갑자기 풍랑이 심해지자 무서운 생각이 들었고 그 순간 물에 빠지고 말았지요.

결국 예수에 의해 구조되었지만, 베드로는 "왜 의심을 품었느냐? 나를 믿었다면 빠지지 않았을 것이다."라는 꾸지람을 들었다고 합니다. 믿음의 중요성을 말할 때 단골로 인용되는 일화이기에 소개합니다.

열쇠와 함께 표현되는 베드로

산마리노 대성당

로마 산 조반니 인 라테라노 대성당

헬싱키 대성당

상트페테르부르크 성 이삭 성당

로마 산 피에트로 인 빈콜리 성당

로마 산타 마리아 마조레 대성당

베르가모 대성당

베를린 대성당

피렌체 오르산미켈레 성당

파엔차 대성당

코르도바 메스키타 카테드랄

수탉과 함께 표현되는 베드로

바르셀로나 사그라다 파밀리아

톨레도 산 후안 데
로스 레이에스 수도원

거꾸로 된 십자가로 표현되는 베드로

피렌체 산타 마리아 델
카르미네 성당 브랑카치 예배당

바티칸시국
성 베드로 대성당

빈 성 베드로 성당

물 위를 걷다가 실패한 베드로

바티칸시국 성 베드로 대성당

빈 성 베드로 성당

파르마 대성당

그리스도교도들을 박해하다가 회심한 사도

성 바울

SAINT PAUL

페테르 파울 루벤스, 사도 연작 중 〈성 바울〉, 1610년~1612년, 프라도 미술관 예수의 열두 제자를 표현할 때, 스승을 배신한 가리옷 유다를 넣기 곤란하므로 그 자리에 바울(바오로)을 넣는 경우가 많습니다. 그래서 여기서도 그를 예수의 제자들과 함께 소개하기로 합니다.

사도 바울은 예수가 생전에 선택한 제자는 아니었습니다. 오히려 바리사이파Pharisaioi(유대교의 3대 종파 중 하나. 엄격한 율법 준수와 두터운 신앙심으로 유대인들의 존경을 받았으나, 극단적인 분리주의와 권위주의적 특권 의식에 빠져 예수로부터 '독사의 자식들'이라는 비판을 받기도 했다)의 일원으로 성장하여 그리스도교도들을 박해한 사람이었습니다. 그런 그가 그리스도교인들을 체포하고자 다마스쿠스로 가던 중에 예수의 음성을 듣고(혹은 강한 빛을 보고) 회심回心한 뒤 대단한 열정으로 선교에 임했다는 이야기는 유명합니다.

예수의 음성을 듣고 깜짝 놀라 말에서 떨어지는 바울
(로마 성 밖의 성 바울 대성당 문의 부조)

성당에서 만날 수 있는 작품은 아니지만, 카라바조의 그림 〈다마스쿠스로 가는 길에 회심함〉도 그 장면을 표현한 작품으로 유명하므로 함께 소개합니다.

카라바조, 〈다마스쿠스로 가는 길에 회심함〉

그리스도교도라는 이유로 순교할 당시, 로마 제국의 시민권자가 아니었던 베드로는 십자가형을 선고받았지만, 바울은 시민권자였으므로 참수형을 당했습니다. 죽는 순간까지 고통을 당해야 하는 십자가형보다는 참수형이 그나마 덜 가혹하기 때문에 시민권 여부에 따라 차별을 둔 것입니다. 그래서 베드로는 거꾸로 된 십자가에 매달린 모습으로 순교 장면이 그려지는 반면, 바울은 긴 칼로 참수당하는 모습으로 표현됩니다.

그가 순교할 당시 목을 베자 잘린 머리가 땅에서 세 번 튀었다고 합니다. 바울의 머리가 닿은 자리마다 샘물이 솟았는데 이를 '세 분수'라고 했고, 그 자리에 세운 교회가 바로 세 분수의 성 바울 성당Chiesa di San Paolo alle Tre Fontane입니다. 세 분수의 성 바울 성당은 로마 외곽에 있습니다. 그리고 그의 무덤 위에 세운 것이 로마의 4대 바실리카 중 하나인 '성 밖의 성 바울 대성당'이지요.

긴 칼로 참수 당하는 바울
(로마 성 밖의 성 바울 대성당 문의 부조)

바울이 그리스도교 신자들에게 남긴 편지가 『신약성서』에 전하는데, 〈로마서〉, 〈고린도전서〉, 〈고린도후서〉, 〈갈라디아서〉, 〈빌립보서〉, 〈데살로니가전서〉, 〈빌레몬서〉 등이 있습니다. 많은 편지글을 통해 그리스도교 신자들에게 복음을 전했기 때문에 그는 종종 책을 들거나 글을 쓰는 모습으로 나타납니다. 그러나 주로 긴 칼을 들고 있는 모습으로 표현되는 것은 앞에서 설명했듯이 그가 참수되어 순교했기 때문입니다.

바울이 남긴 말 중에서 가장 유명한 것은 〈고린도전서〉 13장에 나오는 이 말이 아닐까 합니다.

> 사랑은 언제나 오래 참고 친절하며 시기하지 않습니다.
> 사랑은 자랑하지 않고 교만하지 않으며 무례하지 않습니다.
> 사랑은 이기적이지 않고 성내지 않으며 증오하지 않습니다.
> 사랑은 불의가 아니라 진리를 보고 기뻐합니다.
> 사랑은 모든 것을 감싸고, 모든 것을 믿으며, 모든 것을 소망하고, 모든 것을 견뎌냅니다.
> 믿음과 소망과 사랑은 늘 함께할 것인데, 그중에서도 으뜸은 사랑입니다.

바울의 회심

바티칸시국 성 베드로 대성당 문의 부조

로마 성 밖의 성 바울 대성당 제단화

긴 칼로 참수형 당하는 바울

바티칸시국 성 베드로 대성당 문의 부조(부분 확대)

긴 칼로 표현되는 바울

헬싱키 대성당

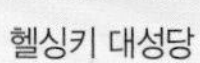

상트페테르부르크 성 이삭 성당

베르가모 대성당

코르도바 메스키타 카테드랄

책과 긴 칼로 표현되는 바울

로마 산 조반니 인 라테라노 대성당

그라나다 고뇌의 성모 마리아 성당

로마 산타 마리아 마조레 대성당

로마 성 밖의 성 바울 대성당

모데나 성 요셉 성당

베를린 대성당

코르도바 메스키타 카테드랄

파엔차 대성당

베드로와 바울이 함께 있는 경우가 많은 까닭

베드로와 바울은 성화나 성상에 함께 표현되는 경우가 많고, 그들의 이름을 함께 쓰는 교회나 성당도 많습니다. 사실 베드로는 예수가 생전에 제자로 삼은 사람이고, 바울은 초기 교회 당시 그리스도교도들을 박해한 사람이기 때문에 공통점보다는 차이점이 더 많을 것 같은데 말이지요.

베드로와 바울이 함께 표현된 예를 먼저 살펴볼까요. 성화 속에서는 두 사람이 한 장면에 등장하는 경우가 많지만, 성상의 경우는 따로 새기되 대칭되는 위치에 설치하는 경우가 더 많습니다.

나란히 배치된 베드로와 바울

카우나스 성 베드로와 바울 성당

바티칸시국 성 베드로 대성당

상트페테르부르크 성 이삭 성당

대칭되는 위치에 있는 베드로와 바울

베르가모 대성당

파엔차 대성당

이처럼 베드로와 바울을 함께 표현하는 까닭은, 그들이 같은 시기(67년)에 같은 죄목(로마 제국이 금지한 그리스도교 신앙을 포교했음)으로 처형당했다는 공통점이 있기 때문입니다. 그들은 그리스도교를 심하게 박해한 네로 황제 시대에 체포되어 같은 감옥에 투옥되었다가, 비슷한 시기에 처형당한 것으로 전해집니다.

그들이 투옥되었던 감옥인 마메르티눔은 로마 포로 로마노에 있는데, 처형당하기 전까지 그리스도교 신자가 아닌 간수들에게 세례를 주며 선교 활동을 했다고 합니다. 그 사실이 마메르티눔 벽에 부조로 표현되어 있습니다.

로마 포로 로마노의 마메르티눔

마메르티눔 벽의 부조(감옥 안에서 비그리스도교인에게 세례를 주는 베드로와 바울)

성당에서 열쇠를 들고 있는 베드로를 발견한다면, 대칭되는 위치에 혹시 긴 칼을 들고 있는 바울이 있지 않은지 찾아보는 것도 좋을 것입니다.

바티칸시국 바티칸 광장

두브로브니크 성모 승천 대성당

세비야 대성당

상트페테르부르크 페트로파블롭스크 성당

상트페테르부르크 성 이삭 성당

로마 성 밖의 성 바울 대성당

자그레브 대성당

빈 슈테판 대성당

어부와 생선 장수, 해군의 수호성인

성 안드레아

SAINT ANDREW

페테르 파울 루벤스, 사도 연작 중 〈성 안드레아〉, 1610년~1612년, 프라도 미술관

베드로의 동생인 안드레아는 세례자 요한의 제자였다고 합니다. 전하는 이야기에 따르면, 세례자 요한은 세례를 받기 위해 자신을 찾아온 예수를 가리키며 사람들에게 "저분은 이 세상의 죄를 없애기 위해 이 땅에 오신 하느님의 어린 양이십니다."라고 했는데, 그때 스승으로부터 그 말을 들은 안드레아는 예수에 대해 관심을 갖게 되었고, 나중에 제자가 되었다고 합니다.

그러나 상트페테르부르크의 그리스도 부활 성당과 바티칸시국의 시스티나 예배당 벽에는 예수가 갈릴리 호수로 베드로 형제를 찾아가 제자로 부르는 장면이 그려져 있고, 같은 내용의 성화도 많은 편입니다.

예수가 갈릴리 호수로 베드로 형제를 찾아가 제자로 부르는 장면

상트페테르부르크 그리스도 부활 성당

바티칸시국 시스티나 예배당

안드레아는 네로 황제 당시 마케도니아 지역에서 체포되어 순교했는데, 스스로 X자형 십자가를 요구하여 그 위에서 죽음을 맞았습니다.

그가 X자형 십자가에서 죽음을 맞이한 이유는 두 가지로 해석됩니다. 하나는, 그의 형인 베드로가 십자가형을 당할 때 "내가 어찌 감히 스승과 같은 자세로 죽을 수 있겠는가?" 하며 거꾸로 된 십자가에서 죽기를 자청한 것과 같이, 안드레아 또한 스승이나 형과 같은 자세로 죽을 수 없다고 생각하여 X자형 십자가를 요구했다는 해석이 있습니다.

다른 하나는, X자가 그리스어로 그리스도를 나타내는 $XPI\Sigma TO\Sigma$'의 첫 글자이므로, 예수를 상징하는 것으로 보아 X자형 십자가를 택했다는 해석도 있습니다.

어느 쪽이 맞든지, X자형 십자가는 안드레아를 상징하므로 그리스도교 관련 그림이나 조각에서 X자형 십자가와 함께 있는 이는 안드레아로 보면 됩니다.

안드레아는 앞에서 말한 대로 어부 출신이었기 때문에 어부와 생선 장수의 수호성인으로 여겨지며, 의미가 확대되어 해군의 수호성인으로도 여겨집니다.

만토바 성 안드레아 성당(성 안드레아의 순교)

상트페테르부르크 성 이삭 성당

피렌체 산타 크로체 성당 파치 예배당

빌뉴스 성 베드로와 바울 성당

로마 산 조반니 인 라테라노 대성당

베르가모 대성당

산마리노 대성당

상트페테르부르크 성 이삭 성당

제노바 성 안드레아 성당

상트페테르부르크 카잔 대성당

헬싱키 대성당

친퀘테레 몬테로소 알 마레 마을의 세례자 요한 성당

코르도바 메스키타 카테드랄

스페인의 수호성인이 된 세베대의 아들

성 큰 야고보
SAINT JAMES THE GREATER

페테르 파울 루벤스, 사도 연작 중 〈성 큰 야고보〉, 1610년~1612년, 프라도 미술관

사도 요한(세례자 요한과 구별하기 위해 사도 요한이라고 함)과는 형제간인 세베대의 아들 야고보는 같은 이름을 쓰는 알패오의 아들 야고보와 구별하기 위해 '큰 야고보'라고 하는데, 아마도 작은 야고보보다 뚜렷한 활동을 했기 때문으로 보입니다.

그는 예수로부터 총애받은 제자 중의 한 사람이었으나, 예수가 로마 병사들에게 붙잡혀 갈 때는 겁을 먹고 달아났지요. 그러나 예수의 부활을 목격한 후에는 믿음이 깊어져 복음을 전파하기 위해 여러 지역을 돌아다녔으며, 스페인을 다녀간 일도 있다고 합니다.

큰 야고보는 44년, 그리스도교를 탄압하던 헤로디아 아그리파 1세 때 참수형을 당하여 순교합니다. 성미가 급해 예수로부터 '천둥의 아들'이라는 별명을 받았던 그는 급한 성미 때문이었는지는 몰라도 예수의 제자 중에서 가장 먼저 순교한 것입니다.

순교 뒤 그는 예루살렘에 안장되었는데, 정확한 무덤 위치를 알 수 없었습니다. 그리스도교가 박해받던 시절이라 버젓한 무덤을 만들 수 없었기 때문일 것입니다. 그런데 9세기 무렵에 하늘에서 신령스러운 빛이 내려와 한 동굴을 가리켜 들어가 보니 그곳에 큰 야고보의 무덤이 있었다는 것입니다.

그 후 그의 유해는 스페인의 산티아고 데 콤포스텔라Santiago de Compostela로 이장되었고, 당시 레온 왕국의 국왕 알폰소 6세가 그 위에 대성당을 건축하도록 명령하여 현재에 이르게 된 것입니다. 실제로 산티아고 데 콤포스텔라 대성당 안에는 그의 유골함이 안치되어 있습니다.

큰 야고보가 묻혀 있는 산티아고 데 콤포스텔라는 중세 시대부터 순례 여행의 성지로 여겨졌습니다. 거기에 이르는 길을 '산티아고 순례길'이라고 했으며, 현대에 와서는 도보 여행의 효시가 되었지요. 그런 이유로 그는 순례자들의 수호성인으로 여겨집니다.

호리병이 달린 지팡이를 짚고 있는 성 야고보
(피렌체 산타 크로체 성당 파치 예배당)

그의 상징물은 책 · 칼 · 지팡이 · 외투 · 모자 · 자루 · 호리병 · 조개껍데기인데, 사도로서 필요했을 책과 참수형 당할 때 사용된 칼을 제외한다면, 나머지 물건들은 순례자들에게 필요한 것들입니다. 조개껍데기는 산티아고 순례길을 표현할 때 사용됩니다.

빈 카를 성당 천장화에는 순례자를 표현한 부분이 있는데, 순례자의 수호성인인 큰 야고보의 상징물이 여러 개 보입니다.

유럽의 성당을 돌아볼 때 큰 야고보의 다양한 상징물을 찾아보는 것도 재미있을 듯합니다.

순례자를 표현한 천장화. 지팡이, 모자, 외투, 호리병, 조개껍데기 등이 큰 야고보의 상징물과 일치한다.
(빈 카를 성당)

한편, 그는 스페인 · 과테말라 · 니카라과 등에서 수호성인으로 여기는데, 스페인의 수호성인이 된 데에는 이런 이유가 있다고 전해집니다.

844년에 이베리아반도에서는 이슬람교도와 그리스도교도 간의 전쟁이 있었는데, 클라비호 전투에서 큰 야고보가 스페인 군대 앞에 나타나 이슬람교도를 무찌르는 기적이 일어난 후 큰 승리를 거두었으므로, 그때부터 스페인에서는 그를 수호성인으로 숭배하기 시작했다는 것입니다. 그런 까닭에 스페인의 성당에는 무어인(이슬람교도를 의미함)을 죽이는 큰 야고보 조형물이 설치된 예가 많습니다. 그리스도교와 이슬람교의 오랜 대립과 갈등을 엿볼 수 있지요.

말을 타고 무어인을 물리치는 성 야고보. 말발굽 아래 짓밟히고 있는 사람이 무어인이다.
(스페인 톨레도 대성당)

지팡이, 조개껍데기 등의 상징물로 표현되는 성 야고보

그라나다 고뇌의 성모 마리아 성당

그라나다 대성당

로마 산 조반니 인 라테라노 대성당

로마 성 아그네제 인 아고네 성당

베르가모 대성당

베를린 대성당

빈 성 베드로 성당

빌뉴스 성 베드로와 바울 성당

코르도바 메스키타 카테드랄

파엔차 대성당

피렌체 산타 마리아 델 피오레 대성당

헬싱키 대성당

스페인 지역에서 무어인을 물리치는 모습으로 표현되는 성 야고보

그라나다 대성당

코르도바 메스키타 카테드랄

세비야 대성당

세비야 대성당

용의 모습을 한 사탄을 퇴치한 사도

성 필립보

SAINT PHILIP

페테르 파울 루벤스, 사도 연작 중 〈성 필립보〉, 1610년~1612년, 프라도 미술관

필립보는 원래 세례자 요한의 제자였으나 예수를 따르기로 하고 그의 제자가 되었습니다. 바르톨로메오를 예수에게 인도한 사람이 필립보라고 하며, 튀르키예의 히에라폴리스(현재의 파묵칼레)에서 십자가형을 선고받고 죽은 것으로 알려져 있습니다. 그래서 그의 상징물은 십자가인데, 예수의 십자가가 크고 튼튼해 보이는 데 비해, 필립보의 십자가는 가늘고 작게 표현되는 게 특징입니다. 그의 목숨을 빼앗은 십자가도 예수의 경우와 마찬가지로 크고 튼튼했을 테지만, 스승인 예수와 구별하기 위해 그의 십자가는 작게 표현하는 게 아닌가 싶습니다.

필립보는 때로 용과 함께 표현되기도 하는데, 이것은 그가 용의 모습을 한 사탄을 신앙의 힘으로 무찌른 적이 있기 때문이라고 합니다.

대부분 성당에서는 십자가를 든 필립보를 볼 수 있는데, 로마 산 조반니 인 라테라노 대성당에서는 십자가를 든 필립보가 용을 제압하는 모습을 볼 수 있습니다.

상트페테르부르크 성 이삭 성당

그라나다 고뇌의 성모 마리아 성당

리가 성 베드로 성당

로마 산 조반니 인 라테라노 대성당

베를린 대성당

산마리노 대성당

피렌체 산타 마리아 노벨라 성당

헬싱키 대성당

살가죽이 벗겨지는 고통을 겪으며 순교한 사도

성 바르톨로메오

SAINT BARTHOLOMEW

페테르 파울 루벤스, 사도 연작 중 〈성 바르톨로메오〉, 1610년~1612년, 프라도 미술관

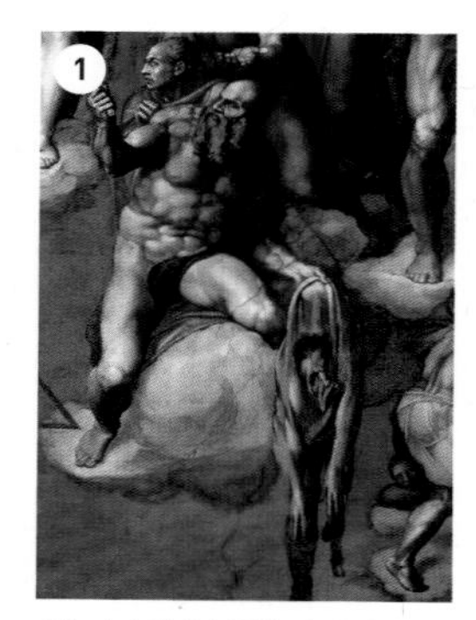

시스티나 예배당 '최후의 심판' 벽화

로마 산 조반니 인 라테라노 대성당

바르톨로메오를 보면 좀 생뚱맞기는 합니다만, 그리스 신화 속 사티로스인 마르시아스가 생각납니다. 그는 예술의 신 아폴론과 겁도 없이 악기 연주 경연을 벌였다가 패하여 살가죽이 벗겨지는 벌을 받게 되었지요. 그리스 신화와 그리스도교는 별로 접점이 없는 편입니다만, 살가죽이 벗겨지는 벌을 받고 목숨을 잃는 인물이 공통적으로 있어서 흥미롭습니다.

바르톨로메오는 에티오피아, 인도, 페르시아 등지에서 선교 활동을 하였고, 아르메니아에서 체포되어 순교하였다고 합니다. 그는 산 채로 살가죽이 벗겨져 죽음을 맞았으므로 그의 상징물은 살가죽을 벗길 때 사용한 작은 칼과 벗겨진 살가죽입니다.

그는 주로 살가죽을 벗길 때 사용한 칼을 들고 있는 모습으로 나타나지만, 벗겨진 살가죽을 들고 있을 때도 있습니다. 바티칸시국 시스티나 예배당 벽에 미켈란젤로가 그린 벽화 '최후의 심판'에는 벗겨진 살가죽과 칼을 들고 있는 바르톨로메오[1]의 모습이 보이고, 로마 산 조반니 인 라테라노 대성당의 바르톨로메오 조각상[2]도 살가죽과 칼을 들고 있는 모습으로 표현되었습니다.

그 밖에는 대개 살가죽을 벗길 때 사용한 작은 칼을 들고 있는 모습으로 표현됩니다. 바울이 목을 벨 때 사용한 긴 칼을 들고 있는 데 반해, 바르톨로메오는 식칼처럼 보이는 작은 칼을 들고 있는 점이 다릅니다.

유럽의 성당에서 만날 수 있는 '성 바르톨로메오'

상트페테르부르크 성 이삭 성당

그라나다 고뇌의 성모 마리아 성당

산마리노 대성당

시에나 대성당 세례당

상트페테르부르크 성 이삭 성당

헬싱키 대성당

예수의 부활을 의심했던 사도

성 도마

SAINT THOMAS

페테르 파울 루벤스, 사도 연작 중 〈성 도마〉, 1610년년~1612, 프라도 미술관

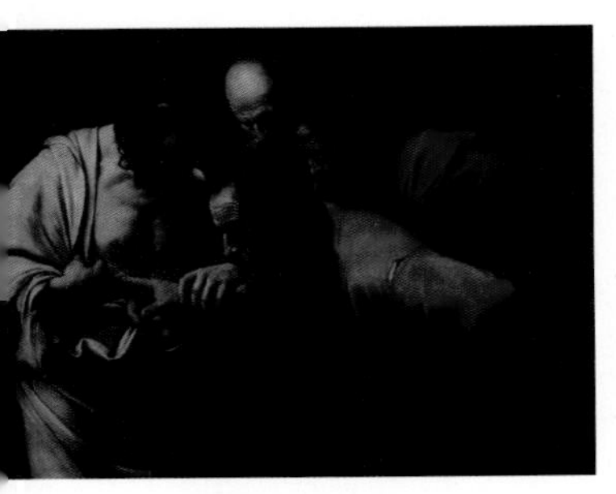

카라바조, 〈의심하는 도마〉

도마와 관련해 가장 유명한 것은 그가 예수의 부활을 의심했다는 일화입니다. 그래서 그리스도교 성화 유형 중, '의심하는 도마Doubting Thomas'라는 주제가 따로 있을 정도입니다.

예수의 제자였던 도마는 예수가 겟세마네 동산에서 로마 병사들에게 체포될 때 다른 제자들과 마찬가지로 스승을 버리고 달아났습니다. 그리고 마리아 막달레나를 통해 예수의 부활 사실을 알게 된 제자들이 모여서 기쁨을 나눌 때, 도마는 그 자리에 없었지요.

그래서 나중에 동료들을 통해서 스승의 부활 사실을 듣고도 믿지를 못합니다.

그는 이렇게 말했다고 합니다.

"내가 그의 손에 난 못 자국을 보고, 그의 옆구리에 난 상처를 만져보기 전에는 믿지 못하겠다."

부활한 지 8일째 되는 날 예수는 제자들을 다시 찾아왔고, 그 자리에는 도마도 있었지요. 도마가 자신의 부활을 의심한다는 사실을 알고 있는 예수는 그에게 자신의 상처를 확인해 보라고 합니다. 그제야 비로소 도마는 예수가 부활했음이 사실임을 믿을 수 있었지요. '의심하는 도마'라는 주제의 성화는 바로 그 장면, 즉 도마가 예수의 옆구리에 난 상처(십자가에 매달려 있을 때 롱기누스가 창으로 찌른 곳)를 확인하는 장면을 주제로 한 작품인 것입니다.

도마는 목수로 일하면서 선교 활동을 하다가 인도에서 순교했다고 알려졌기 때문에 그의 중요한 상징물은 목공용 직각자입니다. 그가 건축가, 예술가, 목수 등의 수호성인인 까닭은 자신이 목수였기 때문이지요. 한편, 도마는 예수의 부활을 확인한 후 스승의 뜻을 알리기 위해 노력하다 창에 맞아 순교했다고 알려졌으므로, 창을 들고 있는 모습으로도 표현됩니다. 창을 들고 있는 사도는 도마로 보면 됩니다.

의심하는 도마

바티칸시국 성 베드로 대성당

코르도바 메스키타 카테드랄

톨레도 산토 토메 성당

모스크바 수태고지 성당

톨레도 대성당

직각자를 들고 있는 목수로 표현된 도마

산 조반니 인 라테라노 대성당

상트페테르부르크 성 이삭 성당

베를린 대성당

산마리노 대성당

헬싱키 대성당

창을 들고 있는 도마

엘 그레코, 〈사도 성 도마〉

조르주 드 라 투르, 〈성 도마〉

디에고 벨라스케스, 〈성 도마〉

요한 프리드리히 글로커, 〈사도 도마〉

몽둥이가 상징물인 알패오의 아들

성 작은 야고보

SAINT JAMES THE LESS

폼페오 바토니, 〈성 작은 야고보〉, 1740년~1743년, 내셔널 트러스트

알패오의 아들 야고보는 '작은 야고보'라고 부르기도 합니다. '큰 야고보'라고 불리는 세베대의 아들 야고보와 구별하기 위해서이지요.

세베대의 아들 야고보보다 활약이 두드러지지 않기 때문에 '작은 야고보'라고 부르는 것이 아닐까 합니다. 작은 야고보가 예수의 동생인 야고보와 동일 인물이라고 주장하는 이도 있기는 하지만, 그것은 확실하지 않습니다.

작은 야고보는 몽둥이에 맞아 순교한 것으로 알려졌으므로, 방망이나 몽둥이를 들고 있는 사도를 작은 야고보로 봅니다.

그런데 페테르 파울 루벤스는 작은 야고보가 직각자를 들고 있는 모습으로 표현하였고, 산 조반니 인 라테라노 대성당의 조각상은 지팡이를 들고 있는 모습으로 표현되어 다소 혼란스럽습니다. 전통적으로 직각자는 인도 지역에서 선교 활동을 할 때 궁전 건축 일에 동원된 적이 있는 도마의 상징물로 보고, 지팡이는 순례자들의 수호성인인 큰 야고보의 상징물로 보기 때문입니다.

이런 혼동은 사도들의 순교 방법에 대한 다양한 주장이 전해지기 때문에 빚어진 것으로 보입니다. 작은 야고보의 경우 몽둥이에 맞아 순교했다는 주장이 일반적이지만, 예루살렘에서 선교하다가 성전 꼭대기에서 밀쳐 떨어진 뒤 돌에 맞아 죽었다는 설도 있어 모호합니다. 다만 직각자나 지팡이는 이미 다른 사도의 상징물로 널리 쓰이기 때문에 작은 야고보의 상징물로 보기는 어렵습니다.

직각자를 들고 있는 작은 야고보
(페테르 파울 루벤스, 사도 연작 중 〈성 작은 야고보〉)

지팡이를 들고 있는 작은 야고보
(로마 산 조반니 인 라테라노 대성당)

유럽의 성당에서 만날 수 있는 '성 작은 야고보'

베르가모 대성당

그라나다 고뇌의 성모 마리아 성당

빌뉴스 성 베드로와 바울 성당

베를린 대성당

헬싱키 대성당

코르도바 메스키타 카테드랄

산마리노 대성당

도끼창으로 목이 잘려 순교한 사도

성 유다 타대오

SAINT JUDE THADDAEUS

엘 그레코, 〈성 유다 타대오〉, 1610년~1614년, 톨레도 엘 그레코 미술관

유다 타대오는 예수를 배신한 가리옷 유다와는 다른 인물입니다.

전하는 이야기에 따르면, 성령 강림 이후 유다 타대오는 같은 사도인 시몬과 함께 시리아와 메소포타미아 지역에서 복음을 전파하였고, 페르시아 지역으로 가서 포교 활동을 벌였다고 합니다. 그곳에서 예수의 가르침을 전한 뒤 이교도 신전의 신상을 파괴하였는데, 그 속에서 악마가 튀어나왔다고 하지요. 자신들이 신성하게 여기는 신상이 파괴되자 분노한 주민들이 유다 타대오를 도끼창(도끼와 창이 결합된 무기)으로 죽였다고 전해져 도끼창을 그의 상징물로 봅니다.

함께 순교한 유다 타대오와 시몬에게 봉헌한 성당이 유럽에 더러 있으며, 종종 그 둘은 함께 있는 모습으로 표현됩니다.

유럽의 성당에서 만날 수 있는 '성 유다 타대오'

로마 산 조반니 인 라테라노 대성당

산마리노 대성당

베를린 대성당

세비야 대성당

코르도바 메스키타 카테드랄

코르도바 메스키타 카테드랄

헬싱키 대성당

볼로뉴 노트르담 성당
(도끼창으로 순교한 유다 타대오와 톱으로 순교한 시몬이 함께 표현된 스테인드글라스)

11

예수를 메시아로 인정하지 않았던 열심당원

성 시몬

SAINT SIMON

페테르 파울 루벤스, 사도 연작 중 〈성 시몬〉, 1610년~1612년, 프라도 미술관

예수의 제자 중에는 시몬이라는 이름을 가진 사람이 둘 있었습니다. 수제자인 베드로의 본명이 시몬이었고, 열심당원이라고 불리는 또 다른 시몬이 있었지요.

로마 제국으로부터의 독립을 주장하며 과격한 행동도 서슴지 않았던 열심당원 시몬은 강력한 힘을 가진 메시아의 등장을 고대하였으므로, 예수를 메시아로 인정하는 것에 거부감을 가졌다고 합니다. 그러다가 예수의 설교에 감화되고 기적을 목격하면서 예수의 제자가 되었지요.

예수가 세상을 떠난 후 유다 타대오와 함께 페르시아 지역으로 가서 선교하다가 이교도들에게 목숨을 잃었는데, 톱으로 몸이 잘려 죽었으므로 그의 상징물은 톱입니다.

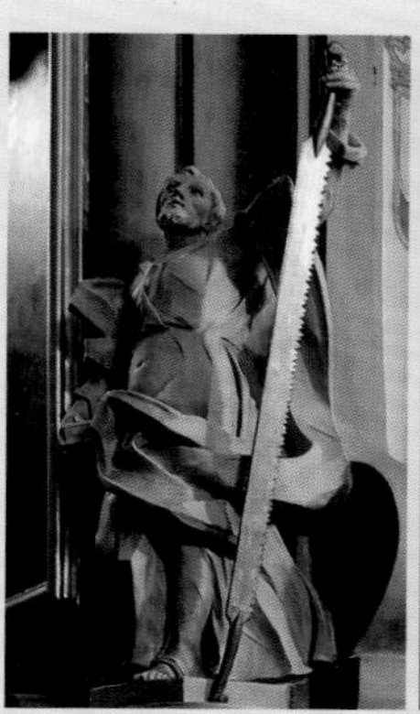
빌뉴스 성 테레사 성당

헬싱키 대성당

빌뉴스 성 베드로와 바울 성당

빈 성 베드로 성당

상트페테르부르크 성 이삭 성당

로마 산 조반니 인 라테라노 대성당

배신의 아이콘

가리옷 유다
JUDAS ISCARIOT

조토 디 본도네, 〈유다의 배신〉, 1304년~1306년, 파도바 스크로베니 예배당의 '예수의 생애' 프레스코화
은화를 받아든 유다(노란색 옷 입은 사람) 뒤에 사탄이 보인다. 이 벽화를 그린 조토는 유다가 사탄의 유혹에 넘어가 스승을 배신했다고 보는 것이다.

가리옷 유다는 잘 알려진 대로 예수의 열두 제자 중 하나였으며, 은화 30냥에 스승을 판 배신자로 성서에 이름이 남았습니다. 대체 그는 누구였으며, 왜 그런 행동을 하여 더러운 이름을 후세에 남기게 된 걸까요?

가리옷 마을 사람으로 알려진 유다는 셈이 빨라 사도단의 회계를 담당했는데, 더러 공금을 횡령하기도 할 정도로 재물을 탐했던 것으로 보입니다. 그래도 그가 오직 돈에 눈이 멀어 스승을 팔아넘겼다고 보는 것은 타당하지 못하며, 스승에게 불만이 있어서 그런 행동을 한 것이 아닐까 생각합니다.

어떤 이는 유다가 스승을 메시아로 믿고 따랐는데 자신이 기대한 모습을 예수가 보여주지 않자 실망하여 배신했다고 하고, 또 어떤 이는 예수가 애초에 인류의 죄를 대신 지고 십자가에 못 박힐 운명이었으므로 유다는 그것이 이루어질 수 있도록 도운 것이라고 해석하기도 합니다. 어쨌든 유다는 스승을 배신하기로 작정하고 제사장들을 찾아가 흥정한 끝에 은화 30냥을 받고 스승을 넘겨주기로 약속합니다.

성화 속에서 유다의 모습은 대략 두 장면에서 찾아볼 수 있습니다.

그 첫 번째가 최후의 만찬 장면입니다. 이 장면을 그린 화가들은 유다가 배신자임을 슬쩍 알려주려 합니다. 예를 들어 두브로브니크 성모 승천 대성당의 벽화 속에서 유다는 검은색 옷을 뒤집어쓴 음산한 모습으로 혼자서 문밖으로 나가려 하고 있습니다.

두브로브니크 성모 승천 대성당의 벽화 (최후의 만찬)

유다가 등장하는 또 다른 장면은 예수가 로마 병사들에게 체포되는 상황에서입니다. 대개 '유다의 키스'라는 제목이 붙은 그림이나 조각상에서, 유다는 스승의 뺨에 입을 맞추고 있지요. 주변이 어둑하여 사람을 구별하기 어려운 새벽 시간에 로마 병사들에게 누가 예수인지 알려주기 위해 유다가 스승의 뺨에 입을 맞추었다는 이야기는 '예수의 수난' 중 '예수의 체포' 편(126쪽)에서 이미 했습니다.

파도바 스크로베니 예배당 (유다의 키스)

예수가 붙잡혀가고, 뒤늦게 자신이 한 짓이 얼마나 비열한 것인지를 깨달은 유다는 울면서 제사장들을 찾아가 은화 30냥을 돌려주고 목을 매어 자살했다고 합니다.

최후의 만찬에서의 유다

블레드 성 마르틴 교구 성당
(유다는 스승을 등지고 밖으로 나가려 함)

상트페테르부르크 성 이삭 성당
(유다는 돈 상자를 든 채 불안한 표정으로 다른 사람들의 눈치를 보고 있음)

유다의 키스

상트페테르부르크 그리스도 부활 성당

모스크바 성모 승천 성당

바르셀로나 사그라다 파밀리아

상트페테르부르크 성 이삭 성당

시에나 대성당 지하 묘지

잘 알려지지 않은 또 한 명의 사도

성 마티아
SAINT MATTHIAS

페테르 파울 루벤스, 사도 연작 중 〈성 마티아〉, 1610년~1612년, 프라도 미술관

예수가 생전에 선택한 열두 명의 제자 중 가리옷 유다는 스승을 배신한 다음에 스스로 목숨을 끊었지요. 그래서 제자의 숫자가 11명이 되었는데, '12'라는 숫자는 유대인에게 전통적으로 열두 지파를 상징하는 중요한 의미가 있었기 때문에 그 숫자를 채울 필요가 있었습니다.

유다를 대신할 새로운 제자를 뽑자는 제안은 베드로가 했다고 〈사도행전〉에 전해집니다. 그는 "유다가 자신의 사도직을 배반한 지금, 스승께서 우리와 함께 하는 동안 줄곧 우리와 같이 있었던 사람 중에서 하나를 뽑아 주 예수의 부활의 증인이 되게 해야 하겠다."라고 말했다 합니다.

그리하여 11명의 사도들이 의논한 끝에 한 명을 더 뽑기로 하였는데, 요셉과 마티아 두 사람이 추천되었습니다. 둘 중에서 제비뽑기에 당첨되어 마지막 사도가 된 사람이 바로 마티아(마티아스)인데, 그 이름의 뜻은 '하느님의 선물'이라고 합니다.

마티아는 사도가 되자마자 예루살렘을 떠나 선교 활동을 하다가 악숨에서 도끼에 찍혀 순교했다고 알려져 있습니다. 그래서 그는 도끼를 들고 있는 모습으로 표현되지요. 마티아가 들고 있는 도끼는 유다 타대오의 순교 도구인 도끼창과는 생김새가 다르므로, 구분할 필요가 있습니다.

악숨에서 도끼에 찍혀 순교했다는 사실 말고는 마티아의 행적에 관해 더 알려진 것이 없으며, 콘스탄티누스 1세의 어머니인 헬레나가 예루살렘 성지 순례 중에 마티아의 유골을 발견하여 이탈리아로 가져왔다고 합니다. 그 후 독일 트리어 지방으로 옮겨졌다가 1127년에 그 유골이 다시 발견되어 베네딕토회 성 마티아 수도원 성당에 안치했다고 전해집니다.

시모네 마르티니의 작업실,
〈성 마티아〉

질란트 몰링 예배당

보딜리스 노트르담 성당

기밀리오 성 밀리오 교회

린덴베르크 마을 교구 성당

발트키르히
성 마르가르타 교회

귀스트로 대성당

레냐고 산 마르티노 대성당

라인 암 레흐
세례자 요한 성당

바트발드제 성 베드로
와 바울 교회

에니스코시
성 에이단 대성당

Part 3.

성화와 성상에 자주 등장하는 인물들

2
4대 복음서 저자

유럽의 성당에서 빈번하게 볼 수 있는 것 중의 하나가 바로 4대 복음서의 저자들입니다. 『신약성서』의 첫머리를 장식하는 4대 복음서인 〈마태복음〉, 〈마가복음〉, 〈누가복음〉, 〈요한복음〉은 그리스도교 신자들에게 매우 중요한 글이므로, 그것을 지은 저자들인 마태, 마가, 누가, 요한도 중요하게 여겨지지요. 그래서 대부분의 성당마다 그들이 표현되어 있는데, 한 성당에 꼭 한 군데씩만 있는 것은 아닙니다. 그리고 일정한 장소에 있는 것도 아니어서 성당 안팎의 다양한 장소에서 찾아볼 수 있습니다.

복음서 저자들은 저마다 고유한 상징물을 갖고 있는데, 그것을 알면 성당 이곳저곳에서 그들의 모습을 확인할 수 있을 것입니다.

상징으로 알아보는 4대 복음서 저자

어느 성당에서나 만날 수 있는 4대 복음서 저자

FOUR EVANGELISTS

라파엘로 산치오, 〈에제키엘의 환시〉, 1518년, 피렌체 피티 궁전 갤러리아 팔라티나
어느 날 광채로 둘러싸인 네 생물(4대 복음서 저자의 상징물이 되는)을 보았다고 하는 에제키엘의 일화를 표현한 것이다.

4대 복음서 저자는 〈마태복음〉의 마태, 〈마가복음〉의 마가, 〈누가복음〉의 누가, 〈요한복음〉의 요한을 말하는데, 이들은 성당의 파사드[1], 출입문[2], 천장[3], 설교단 등 다양한 위치에서 발견됩니다.

4대 복음서의 저자들은 각자의 상징물을 갖고 있으므로 알아보기가 쉽습니다. 즉, 마태는 천사, 마가는 사자, 누가는 소, 요한은 독수리가 상징물이지요. 그들은 자신의 상징물과 함께 표현되거나, 혹은 상징물만으로 표현[4]되기도 합니다.

그런데 여기에서 한 가지 의문이 생깁니다. 어째서 하고많은 사물 중에서 하필 그 네 가지가 복음서의 저자들을 상징하게 된 걸까요? 이 질문에 대해 똑 떨어지는 정답을 말해 줄 수 있는 사람은 없을 것 같습니다. 왜냐하면 아주 오래전부터 그렇게 사용해 왔기 때문이지요.

다만 『구약성서』 속 예언자인 에제키엘Ezekiel이 꿈에 보았다는 네 가지 의미심장한 생물이 복음서 저자들의 상징과 일치하므로, 그와 관련 있어 보입니다.

에스겔이라고도 불리는 에제키엘은 유대교, 그리스도교, 이슬람교에서 예언자로 간주하는 인물입니다. 그는 BC 597년에 바빌로니아가 예루살렘을 정복한 후 유대인들을 포로로 끌고 간 사건인 '바빌론 유수' 때, 바빌론으로 끌려간 사람 중의 한 명이었습니다.

그는 포로 생활 5년째 되던 날 신으로부터 예언자로서의 사명을 받았다고 하며, 그때부터 종교적 지도자로서 고통스러운 생활을 하는 동포들을 위로하고 격려하는 한편, 그들의 잘못을 꾸짖고 비판하기도 했습니다.

그는 어느 날 꿈에 광채로 둘러싸인 네 생물, 즉 천사, 사자, 황소, 독수

다양한 위치에서 발견되는 4대 복음서 저자

바르샤바 성 안나 성당 파사드의 4대 복음서 저자

모스크바 구세주 그리스도 성당 서쪽 면 중앙문의 4대 복음서 저자

바티칸시국 성 베드로 대성당 천장의 4대 복음서 저자

상징물로만 4대 복음서 저자가 표현된 예

제노바 대성당(소 – 누가, 독수리 – 요한, 천사 – 마태, 사자 – 마가)

리를 보았다고 하는데, 이것이 4대 복음서 저자의 상징물과 일치하는 것입니다.

피렌체 산타 크로체 성당 파치 예배당에 표현된 4대 복음서 저자

천사와 함께 있는 마태

사자와 함께 있는 마가

소와 함께 있는 누가

독수리와 함께 있는 요한

그리고 그 네 가지 생물을 복음서의 저자들과 각각 연결시킨 데에는, 각 복음서의 시작 부분 이미지와 상징물의 속성이 유사한 점이 있기 때문이 아닐까 추측합니다.

〈마태복음〉은 '아브라함과 다윗의 자손 예수 그리스도의 계보라.'로 시작하여, 아브라함에서 예수에 이르기까지의 혈맥을 끈기 있게 나열합니다. 유대 민족의 역사이자 아브라함 가문의 역사이니, 이는 곧 사람들에 관한 이야기인 것입니다. 그래서 〈마태복음〉의 저자인 마태의 상징을 사람을 닮은 천사로 정했다고 봅니다.[5]

〈마가복음〉은 '세례자 요한이 광야에서 사람들에게 회개하라고 외치니, 사람들이 그 앞에 나아가 자기의 죄를 뉘우치고 세례를 받았다.'는 이야기로 시작합니다. 아마도 사람들은 광야에서 큰 소리로 외치는 세례자 요한의 이미지에서 포효하는 사자를 연상하였고, 그 이야기를 전하는 마가에게서도 같은 것을 연상하여 사자를 그의 상징으로 정한 듯합니다.[6]

〈누가복음〉에는 제사장 사가랴와 그의 아내 엘리사벳에 관한 일화가 나옵니다. 의로운 사람들이었던 이들 부부 슬하에 늙도록 자식이 없는 것을 안쓰럽게 여긴 하느님이 대천사 가브리엘을 보내어 혈육을 갖게 되리라는 소식을 전하는 것입니다. 하느님의 뜻에 따라 이들은 아들을 낳는데, 그가 바로 세례자 요한입니다. 하여간 그 이야기를 전하는 누가의 상징물로 소를 선택한 것은, 이야기 속의 사가랴가 제사장이었기 때문이 아닐까 생각합니다. 소는 희생 제물로써, 제사장의 임무와 밀접한 관련이 있으므로 누가에게서도 같은 연상을 했을 거라고 짐작하는 것입니다.[7]

〈요한복음〉은 '태초에 말씀이 계시니라.'라는 유명한 구절로 시작됩니다. 이 '말씀'은 곧 하느님이요, 세상 만물은 하느님으로부터 비롯된 것이라고 합니다. 하늘로부터 땅으로 내려오는 '말씀'을 구체적인 이미지로 표현하자면, 독수리와 같은 새가 가장 적절할 것입니다.[8] 또한 〈요한복음〉에는 세례자 요한이 "하느님을 대신하여 예수가 오리라."라고 세상에 알리는 장면이 있는데, 예수 또한 하늘로부터 내려왔다가 다시 승천했다고 하니,

그 이야기를 전하는 요한의 이미지를 동물로 표현하자면 독수리가 적절할 듯싶습니다.

이러한 해석은 앞서 이야기했듯이 명확한 근거가 있는 학설은 아니고, 복음서 저자들의 상징물에는 어떤 의미가 있을까 하는 궁금증을 풀기 위해 끌어다 붙인 것에 불과할 수 있습니다.

성당을 둘러보다가 혹시 천사나 사자(혹은 천사나 사자와 함께 있는 사람)를 봤다면, 그 주변을 꼼꼼히 살펴보기 바랍니다. 그러면 틀림없이 소와 독수리도 함께 보일 테니까요. 그러나 아무리 찾아봐도 천사나 사자밖에 보이지 않는다면, 그것은 복음서 저자와는 상관이 없는 것이라고 봐도 무방할 것입니다.

상징물과 함께 4대 복음서 저자를 표현한 경우

그라나다 대성당의 파사드

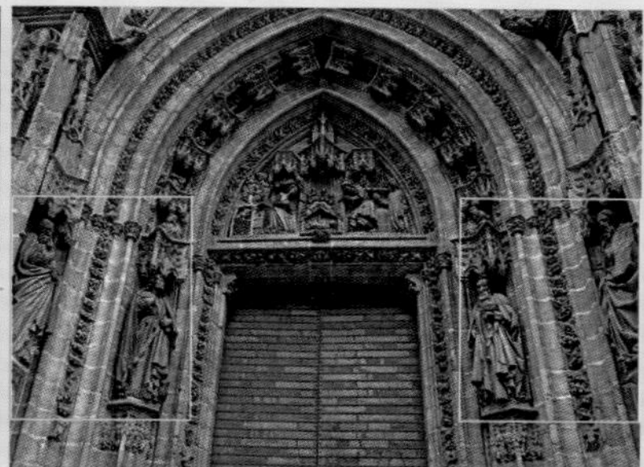
세비야 대성당의 파사드

말라가 대성당의 제단

자다르 대성당의 제단

모스크바 성 바실리 성당의 성화벽

상트페테르부르크 카잔 대성당의 성화벽

상트페테르부르크 카잔 대성당의 성화벽

블레드 성 마르틴 교구 성당의 설교단

그라나다 대성당의 설교단

자그레브 대성당의 설교단

쾰른 대성당의 스테인드글라스

세비야 대성당의 스테인드글라스

시에나 대성당의 스테인드글라스

로마 산 조반니 인 라테라노 대성당의 천장

상트페테르부르크 성 이삭 성당의 천장

빌뉴스 성 삼위일체 성당의 천장

만토바 성 안드레아 성당의 천장

상트페테르부르크 카잔 대성당의 천장

피렌체 산타 크로체 성당 파치 예배당의 천장

피렌체 산타 마리아 노벨라 성당의 천장

상징물만으로 4대 복음서 저자를 표현한 경우

모데나 성 요셉 성당의 파사드

제노바 대성당의 파사드

베네치아 산 마르코 대성당의 파사드

시에나 대성당의 파사드

파르마 대성당의 파사드

오르비에토 대성당의 파사드

빌뉴스 성 베드로와 바울 성당의 설교단

탈린 올레비스테 성당의 설교단

코르도바 메스키타 카테드랄 설교단 아래

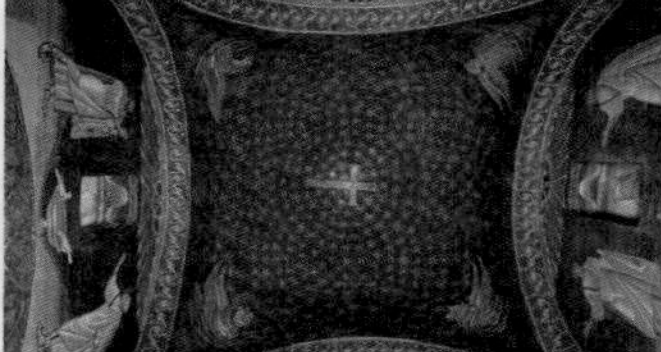
라벤나 갈라 플라키디아 영묘의 천장

만토바 성 프란체스코 성당의 벽

천사와 함께 표현되는 <마태복음>의 저자

마태
MATHEW THE EVANGELIST

장 부르디숑, 〈성 마태〉, 1503년~1508년, 프랑스 국립 도서관

〈마태복음〉을 저술한 마태는 예수의 열두 제자 중 한 사람이기도 합니다. 예수의 제자로서 그 역할이 크다고 말할 수 있겠지만, 『신약성서』 중 가장 앞에 나오는 〈마태복음〉의 저자로서 더욱 중요한 인물이라고 할 수 있습니다. 그래서 그는 책을 들고 있거나 글을 쓰고 있는 모습으로 주로 표현됩니다. 상징물이 천사라서 곁에 천사가 함께 있는 경우가 대부분이며, 때로는 천사가 마태를 대신하기도 하지요.

상트페테르부르크의 그리스도 부활 성당에는 '마태를 제자로 부름'이라는 내용의 그림이 있습니다. 당시 사람들이 싫어하고 천시하던 직업인 세리稅吏(세금을 거두는 관리) 출신 마태를 예수가 제자로 삼는 장면을 그린 것인데, 이 그림 속에서 돈 상자를 만지고 있는 왼쪽(보는 이 기준) 인물이 마태입니다. 세리 출신이었으므로 그는 회계원, 세금 징수원, 장부 기록원 등의 수호성인으로 여겨졌습니다.

상트페테르부르크 그리스도 부활 성당, '마태를 제자로 부름'

예수가 마태를 제자로 부르는 순간을 표현한 그림을 보면, 당시 마태는 방탕한 생활을 하거나 악착같이 세금을 거둬들이는 전형적인 세리의 모습이었음을 짐작할 수 있습니다. 그런 마태를 제자로 받아들인 것에 대해 사람들이 비난하자, 예수는 "나는 의인義人을 부르러 온 것이 아니요, 죄인을 부르러 왔노라."라고 말했다 합니다.

자신을 제자로 받아준 예수에게 보답하고자 함인지, 마태는 제자가 된 뒤 개과천선하여 선한 생활을 하려고 노력했으며, 성령 강림을 경험한 후 에티오피아 지역으로 선교하러 갔다가 순교한 것으로 알려졌습니다.

얀 샌더스 반 헤메센, 〈마태를 제자로 부름〉

그러면 유럽의 성당에서 마태의 모습을 찾아봅시다. 먼저 복음서를 들고 있거나 집필 중인 모습으로 표현된 경우가 있습니다. 주로 복음서를 집필하는(혹은 복음서를 들고 있는) 마태 곁에 천사가 함께 있는 모습으로 표현되는데, 나머지 복음서 저자들도 집필 중인 모습으로 표현되므로 천사가 없다면 마태라고 단정 짓기 어렵습니다. 그런 경우에는 이름을 보고 확인해야 하지요.

복음서를 집필하는 마태. 상징물은 없고 이름이 적힘
(베를린 대성당)

왼손에 돈주머니를 들고 있는 마태
(빌뉴스 성 베드로와 바울 성당)

상징물인 천사로만 표현된 마태
(모데나 성 요셉 성당)

마태는 예수의 제자가 되기 전에 세리였으므로 때때로 돈주머니(혹은 돈 상자)를 지니고 있는 모습일 때도 있습니다. 그리고 상징물인 천사만으로 표현되기도 합니다.

앞에서 예수의 제자들에 대해 설명할 때, 사도들의 상징물은 대체로 순교할 때 목숨을 빼앗은 도구라고 했습니다. 마태 또한 순교하였으므로 순교 도구를 상징물로 삼을 법하기는 하지만, 복음서 저자로서의 상징물인 천사가 워낙 많이 쓰이므로 순교 도구를 지니고 있는 경우는 많지 않습니다. 앞서 '예수의 열두 제자'에서 보았던 성 베드로 대성당 옥상에 설치된 '긴 칼을 든 마태'(202쪽)는 예외적인 경우이지요.

복음서를 집필하는(혹은 들고 있는) 마태 곁에 천사가 있는 경우(복음서를 천사가 들고 있기도 함)

그라나다 대성당

로마 성 아그네제 인 아고네 성당

바티칸시국 성 베드로 대성당

헬싱키 대성당

만토바 성 안드레아 성당

산토리니 가톨릭 대성당

상트페테르부르크 성 이삭 성당

상트페테르부르크 카잔 대성당

세비야 대성당

상트페테르부르크 성 이삭 성당

빌뉴스 성 삼위일체 성당

피렌체 산타 크로체 성당 파치 예배당

모데나 성 요셉 성당

모스크바 구세주 그리스도 성당

바르샤바 성 안나 성당

베네치아 산타 마리아 델라 살루테 성당

빈 슈테판 대성당

블레드 성 마르틴 교구 성당

빈 카를 뤼거 기념 교회

빌뉴스 돔 성당

세비야 대성당

자다르 대성당

피렌체 산타 마리아 델 피오레 대성당

자그레브 대성당

복음서와 돈주머니를 함께 지니고 있는 경우

로마 산 조반니 인 라테라노 대성당

베르가모 대성당

상징물인 천사가 마태를 대신하는 경우

바르셀로나 사그라다 파밀리아

오르비에토 대성당

시에나 대성당

사자와 함께 표현되는 <마가복음>의 저자

마가
MARK THE EVANGELIST

장 부르디숑, 〈성 마가〉, 1503년 ~1508년, 프랑스 국립 도서관

마가는 베드로와 친밀한 관계였는데, 베드로에게서 들은 이야기를 바탕으로 〈마가복음〉을 썼다고 알려져 있습니다. 베드로는 예수의 수제자로서 예수 생전에 중요한 사건이 있을 때마다 함께한 인물이므로, 누구보다도 예수에 대해 잘 알 수 있는 입장이었습니다. 그러므로 베드로의 기억에 의존해 쓴 〈마가복음〉은 신뢰성이 높다는 평을 받습니다.

성당에서 마가를 알아보는 방법은 간단하면서도 명료합니다. 복음서를 집필 중인 사람이 사자와 함께 있으면 마가로 보면 거의 맞을 겁니다. 마가의 상징이 사자이기 때문입니다. 마가 곁에 사자가 있는 모습이 가장 흔하지만, 사자 없이 마가 혼자서 복음서를 집필하고 있거나 복음서를 들고 있는 모습도 종종 볼 수 있습니다. 다른 복음서 저자들과 마찬가지로 상징물인 사자가 마가를 대신하기도 합니다.

복음서를 집필 중인 마가 곁에 사자가 있는 경우(세비야 대성당)

복음서를 집필하는 마가. 상징물은 없고 이름이 적힘 (베를린 대성당)

상징물인 사자로만 표현된 마가 (베네치아 산 마르코 대성당)

마가의 집은 예수와 제자들이 최후의 만찬을 가졌던 곳이자, 오순절에 제자들에게 성령이 내린 곳으로 알려져 있습니다. 그래서 그의 집을 최초의 교회라고 보기도 합니다.

마가는 이집트의 알렉산드리아로 가서 선교 활동을 하다가 순교했는데, 베네치아 상인들이 그의 유해를 베네치아로 옮겨와 안장한 후 그 위에 성당을 세웠습니다. 그곳이 바로 베네치아를 대표하는 산 마르코 대성당이며, 그가 베네치아의 수호성인이 되는 이유입니다.

산 마르코 대성당 파사드에는 베네치아 상인들이 마가의 유해를 옮겨오는 장면이 모자이크로 표현되어 있습니다.

산 마르코 대성당의 파사드에 표현된 '마가의 유해 이전' 일화

짐으로 위장하여 마가의 유해를 옮기는 베네치아의 상인들

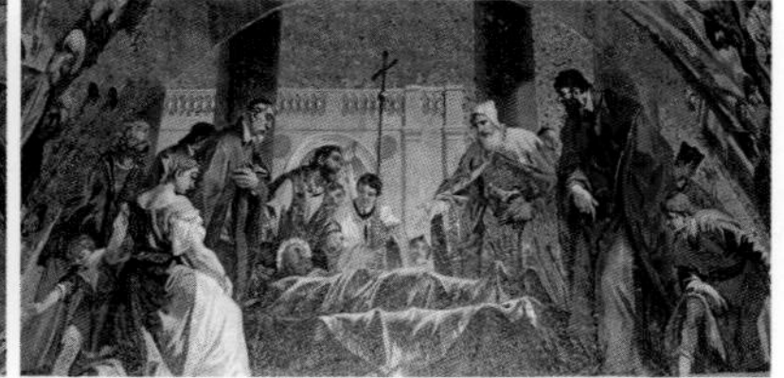
베네치아로 옮겨 온 마가의 유해

복음서를 집필하는(혹은 들고 있는) 마가 곁에 사자가 있는 경우

상트페테르부르크 성 이삭 성당

빌뉴스 성 삼위일체 성당

로마 성 아그네제 인 아고네 성당

베네치아 산타 마리아 델라 살루테 성당

그라나다 대성당

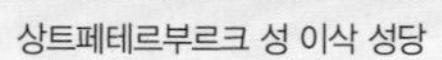
상트페테르부르크 성 이삭 성당

상트페테르부르크 카잔 대성당

바티칸시국 성 베드로 대성당

만토바 성 안드레아 성당

산토리니 가톨릭 대성당

피렌체 오르산미켈레 성당

모데나 성 요셉 성당

베네치아 산타 마리아 델라 살루테 성당

모스크바 구세주 그리스도 성당

바르샤바 성 안나 성당

빈 슈테판 대성당

빌뉴스 돔 성당

블레드 성 마르틴 교구 성당

빈 카를 뤼거 기념 교회

자다르 대성당

상징물인 사자가 마가를 대신하는 경우

바르셀로나 사그라다 파밀리아

오르비에토 대성당

시에나 대성당

날개 달린 사자와 베네치아 공화국

베네치아 공화국은 마가(이탈리아식으로는 마르코)를 자신들의 수호성인으로 삼은 뒤 산 마르코 광장에 사자상을 세웠으며, 베네치아 공화국의 영토 곳곳에도 사자상을 세웠습니다.

베네치아는 현재는 하나의 도시에 불과하지만, 한때는 지중해 무역을 통해 번영을 누린 강력한 국가였습니다. 그래서 이탈리아 북부와 아드리아해 주변의 영토를 지배했지요.

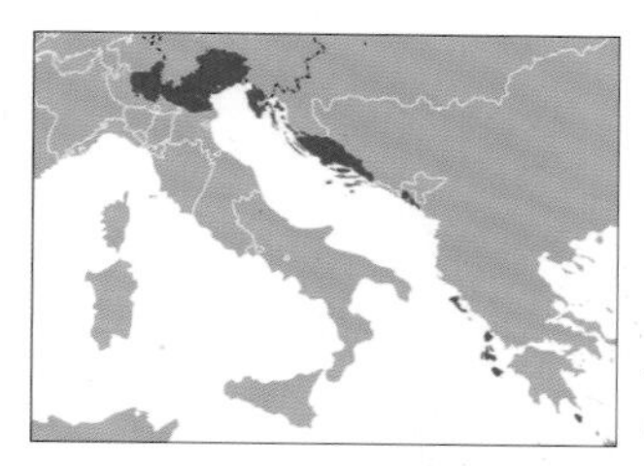

18세기 이탈리아 지도와 베네치아 공화국의 영토

조반니 바티스타 티에폴로, 〈베네치아에 번영을 선물하는 넵투누스〉, 1740년대, 베네치아 두칼레 궁전
바다의 신인 넵투누스(그리스 신화의 포세이돈)가 베네치아에 번영을 선물한다는 것은, 베네치아가 바다를 통한 무역으로 번영을 누렸다는 의미이다. 사자에 몸을 기대고 있는 여인은 베네치아를 의인화한 것으로, 사자는 베네치아의 수호성인인 마가를 대신한다.

마가는 베네치아 공화국의 수호성인이었으므로, 베네치아 공화국 영토였던 곳에서 날개 달린 사자상을 지금도 볼 수 있습니다. 이탈리아나 발칸 반도 여행 중에 날개 달린 사자상을 보게 되면, '아, 옛날에는 이곳도 베네치아 공화국에 속했었나 보구나.'라고 생각하면 대개 맞을 것입니다.

베네치아 공화국 영토였던 곳에서 볼 수 있는 사자상은, 베네치아 공화국의 국기에 나오는 사자와 같은 형태입니다. 즉, 날개가 달려 있고, 앞발로 책을 들고 있는 사자 말입니다. 그렇지 않은 사자상은 단순한 동물 조각상으로, 마가와 관련 없고 베네치아 공화국과도 관련이 없습니다.

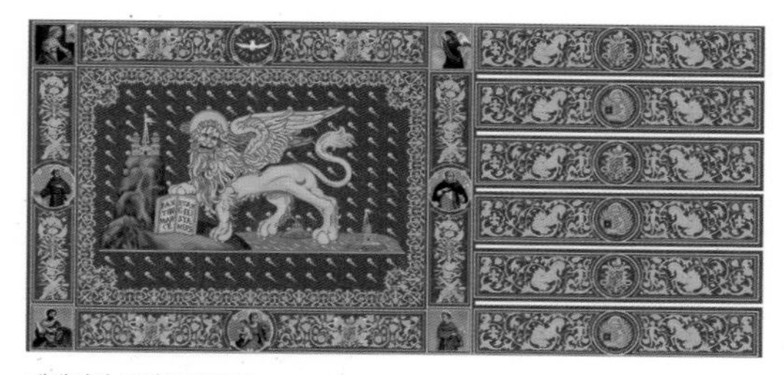

베네치아 공화국의 국기

베네치아 산 마르코 광장의 사자상

이탈리아 베로나의 사자상

이탈리아 비첸차의 사자상

이탈리아 파도바의 사자상

크로아티아 로비니의 사자상

슬로베니아 피란의 사자상

소와 함께 표현되는 <누가복음>의 저자

누가

LUKE THE EVANGELIST

장 부르디숑, 〈성 누가〉, 1503년 ~1508년, 프랑스 국립 도서관

〈누가복음〉의 저자인 누가에 대해서는 별로 알려진 것이 없습니다. 사도 바울과 함께 선교 여행을 했고, 바울이 그를 일컬어 '사랑받는 의사인 누가'라고 했다는 정도가 전부입니다.

루카 조르다노, 〈성모자를 그리는 성 누가〉

기록에 의하면, 누가는 성모 마리아와 아기 예수의 초상화를 그린 적이 있다고 합니다. 그래서 그는 화가들의 수호성인이며, 중세 시대에는 화가들의 길드 이름에 단골로 등장했다고 하지요. 지금도 미술학교 이름에 그의 이름이 많이 사용된다고 하는군요.

화가들의 수호성인이었기 때문인지 성모자를 그리는 누가를 그린 화가들이 여럿 있으며, 성모자가 그려진 그림판과 함께 누가를 표현하는 경우도 있습니다. 또한 다른 복음서 저자들처럼 단독으로 복음서를 보거나 집필하는 모습으로도 표현됩니다. 복음서를 집필하거나 복음서를 들고 있는 누가 곁에 소가 있는 경우가 가장 많고, 다른 복음서 저자들처럼 상징물인 소가 누가를 대신하는 경우도 있습니다.

성모자를 그리는 누가
(상트페테르부르크 성 이삭 성당)

복음서를 집필하는 누가. 상징물은 없고 이름이 적힘(베를린 대성당)

복음서를 집필하는 누가 곁에 소가 있는 경우(세비야 대성당)

유럽의 성당에서 만날 수 있는 4대 복음서 저자 '누가'

누가가 성모자를 그린 그림판과 함께 있는 경우

로마 성 아그네제 인 아고네 성당

상트페테르부르크 성 이삭 성당

상트페테르부르크 카잔 대성당

코토르 성 누가 성당

복음서를 집필하는(혹은 들고 있는) 누가 곁에 소가 있는 경우

만토바 성 안드레아 성당

베네치아 산타 마리아 델라 살루테 성당

빌뉴스 성 삼위일체 성당

아레초 성 프란체스코 성당 바치 예배당

산토리니 가톨릭 대성당

블레드 성 마르틴 교구 성당

빈 카를 뤼거 기념 교회

모스크바 구세주 그리스도 성당

바르샤바 성 안나 성당

빌뉴스 돔 성당

모데나 성 요셉 성당

베네치아 산타 마리아 델라 살루테 성당

빈 슈테판 대성당

세비야 대성당

자그레브 대성당

자다르 대성당

상징물인 소가 누가를 대신하는 경우

모데나 성 요셉 성당

바르셀로나 사그라다 파밀리아

오르비에토 대성당

시에나 대성당

독수리와 함께 표현되는 <요한복음>의 저자

요한

JOHN THE EVANGELIST

장 부르디숑, 〈성 요한〉, 1503년~1508년, 프랑스 국립 도서관

세례자 요한 편에서도 한 차례 설명했습니다만, 〈요한복음〉과 〈요한계시록〉의 저자인 요한은 예수에게 세례를 준 요한John the Baptist과 구별하기 위해 '사도 요한John the Apostle'이라고 합니다.

독수리와 함께 표현된 요한
(세비야 대성당)

세베대의 아들 야고보(큰 야고보)와 형제간인 그는 예수 생전에 특별한 사랑을 받은 듯 중요한 사건이 있을 때마다 스승의 곁을 지킨 기록이 있습니다. 예수의 변용이 일어날 때 현장에 있었으며, 로마 병사에게 체포되기 직전인 겟세마네 동산에서도 예수와 함께 있었고, 예수가 십자가에서 죽을 때도 끝까지 자리를 떠나지 않았다고 합니다. 그래서 예수로부터 "내 어머니를 잘 보살펴 달라."는 부탁을 들은 유일한 제자가 되었으며, 열두 제자 중에서 유일하게 예수의 장례에 참여한 제자이기도 합니다.

술잔을 들고 있는 요한
(헬싱키 대성당)

또한 모든 제자들이 순교했는데, 오직 요한만이 90세까지 살았고 편안한 가운데 임종을 맞았다고 전해집니다.

요한은 주로 독수리와 함께 표현되는데, 스페인에서는 '요한의 독수리'가 독실한 가톨릭 신앙을 상징하는 표지로 사용될 정도였습니다. 특히 가톨릭 신앙을 통치의 주요 이념으로 삼았던 프랑코 독재 정권 시절에는 국기에도 '요한의 독수리'가 들어갈 정도였지요.

복음서를 집필하는 요한. 상징물은 없고 이름이 적힘(베를린 대성당)

요한의 대표적인 상징물은 독수리이지만, 때로는 술잔(혹은 뱀이나 작은 용이 들어있는 술잔)을 들고 있기도 합니다.

요한이 들고 있는 술잔에는 이런 이야기가 전합니다. 파트모스섬에서 머물고 있는 요한을 죽이려고 로마 제국의 도미티아누스 황제가 독이 든 술잔을 내렸는데, 요한이 그 술잔을 축복하자 독이 뱀(혹은 작은 용)으로 변해 기어나갔다는 것입니다. 그래서 술잔이 그의 상징물이 된 것입니다.

상징물인 독수리로만 표현된 요한
(모데나 성 요셉 성당)

요한은 열두 제자 중 한 사람이면서 4대 복음서 저자 중의 한 사람이기도 하므로, 유럽의 성당에서 누구보다도 더 많이 볼 수 있습니다. 그의 상징이 독수리와 술잔인 점을 기억한다면 쉽게 알아볼 수 있을 것입니다. 물론 다른 복음서 저자들의 경우처럼 상징물 없이 단독으로 표현되는 경우, 상징물로만 표현되는 경우도 있습니다.

끓는 물에 던져진 요한
(그라나다 산 헤로니모 수도원)

드물지만, 끓는 물 속에 들어간 요한의 모습도 보입니다. 사도 요한은 예수의 열두 제자 중 유일하게 순교하지 않고 천수天壽를 누렸지만, 젊었을 적에 끓는 물에 던져지는 시련을 당하기도 했다고 합니다.

복음서를 집필하는(혹은 들고 있는) 요한 곁에 독수리가 있는 경우

만토바 성 안드레아 성당

베네치아 산타 마리아 델라 살루테 성당

상트페테르부르크 성 이삭 성당

산토리니 가톨릭 대성당

빌뉴스 성 삼위일체 성당

바티칸시국 성 베드로 대성당

피렌체 산타 크로체 성당 파치 예배당

시에나 대성당

시에나 스칼라 성당

토리노 대성당

상트페테르부르크 성 이삭 성당

파엔차 대성당

그라나다 대성당

로마 산 조반니 인 라테라노 대성당

바르샤바 성 안나 성당

모데나 성 요셉 성당

모스크바 구세주 그리스도 성당

프라하 성 이그나시오 성당

빈 슈테판 대성당

빈 카를 뤼거 기념 교회

빌뉴스 돔 성당

세비야 대성당

자다르 대성당

톨레도 산 후안 데 로스 레이에스 수도원

세비야 대성당

아레초 성 프란체스코 성당 바치 예배당

술잔과 함께 표현된 요한

리가 성 베드로 성당

빌뉴스 성 베드로와 바울 성당

그라나다 고뇌의 성모 마리아 성당

베네치아 산타 마리아 델라 살루테 성당

산마리노 대성당

로마 성 아그네제 인 아고네 성당

상징물 없이 단독으로 표현된 요한

모데나 대성당

상징물인 독수리가 요한을 대신하는 경우

바르셀로나 사그라다 파밀리아

오르비에토 대성당

시에나 대성당

재미로 풀어보는 QUIZ

상징물을 통해 열두 제자 및 4대 복음서 저자 구별하기

앞에서 예수의 제자들과 4대 복음서 저자는 각자 고유한 상징물이 있고, 거기에는 나름대로의 이유와 의미가 있다고 설명했습니다. 그 내용을 참고하여 다음 그림 속 인물들의 이름을 알아맞혀 보세요. 힌트는 그들이 지니고 있는 물건입니다.

토리노 신자들의 도움이신 마리아 성당
*이 그림 속 수도사 복장의 남자는 돈 보스코로, 토리노 신자들의 도움이신 마리아 성당에 묻힌 가톨릭 성인이다.

열두 제자 1. 바르톨로메오(작은 칼) 2. 도마(창) 3. 시몬(톱) 4. 작은 야고보(몽둥이) 5. 유다 타대오(도끼창) 6. 안드레아(X자형 십자가) 7. 필립보(십자가) 8. 큰 야고보(순례자용 지팡이와 표주박) 9. 베드로(열쇠) 10. 바울(긴 칼)
4대 복음서 저자 11. 마태(천사) 12. 요한(독수리와 술잔) 13. 마가(사자) 14. 누가(소)

Part 3.

성화와 성상에 자주 등장하는 인물들

3
3대 대천사

그리스도교에서의 천사는 '인간보다 지혜롭고 능력이 뛰어난 영靈'이라고 정의되고, 최초의 천사는 모두 거룩하고 행복한 상태에 있었는데 천사들의 시련기에 루시퍼Lucifer를 비롯한 많은 천사가 신을 배반하여 선천사善天使와 악천사惡天使로 나뉘게 되었다고 합니다. 악천사는 따로 사탄Satan(악마)이라고 하지요.

선천사의 존재는 그들의 역할과 중요도에 따라 다양하게 나뉘는데, 선천사 중 그리스도교에서 가장 중요하게 생각하는 존재는 미카엘과 가브리엘, 그리고 라파엘입니다. 이들을 3대 대천사라고 하지요.

대천사大天使/archangel는, 하느님의 뜻을 인간에게 직접적으로 전하고 도와주는 역할을 하는 천사를 말하며, 천사들 중에서도 특별히 지위가 높은 존재로 여겨집니다.

천상계의 팔방미인

대천사 미카엘

ST. MICHAEL THE ARCHANGEL

라파엘로 산치오, 〈성 미카엘〉, 1504년~1505년, 루브르 박물관

대천사 미카엘은 같은 대천사인 가브리엘이나 라파엘보다 더 다양한 분야에서 활약했습니다. 그중 가장 중요한 일은 천상군대를 지휘하여 악천사들의 반란을 제압한 것입니다.

칼(대개 불칼)과 방패, 창 등의 무기를 들고 있는 천사는 미카엘입니다. 때로는 승리를 상징하는 종려나무 가지를 들고 있기도 하지요. 그는 다른 대천사에 비해 용맹하고 단호한 성격의 전사戰士 이미지를 갖고 있습니다.

그는 주로 악천사를 가차 없이 무찌르는 모습으로 그려지며, 때로는 용이나 괴수怪獸를 밟고 있기도 한데 그것들은 악천사를 상징합니다.[1] 이것은 아마도 〈요한 묵시록〉에 나오는 이 구절과 관련이 있을 것입니다.

'그때 하늘에서 전쟁이 벌어졌습니다. 미카엘과 그의 천사들이 용과 싸운 것입니다. 용과 그의 부하들도 맞서 싸웠지만 당해 내지 못하여, 하늘에는 이제 그들을 위한 자리가 없습니다.'

미카엘이 용을 무찔렀다는 내용 때문인지 그는 중세 후반기에 악룡을 무찌른 성 조지와 더불어 기사들의 수호성인으로 추앙받기도 했습니다.

미카엘은 대천사 중에서도 가장 활발한 활약상을 보였기 때문인지, 성당에서 그의 모습을 많이 찾아볼 수 있습니다. 다만, 그의 가장 대표적인 업적이 악천사를 무찌른 것이기 때문인지 불칼을 휘둘러 악천사를 굴복시키는 장면을 표현한 것이 대부분입니다.

불칼과 방패를 든 채 괴수를 밟고 있는 미카엘(빈 미카엘 성당)

건곤일척의 진검승부 끝에 악천사들을 무찌른 미카엘은 이상하게도 '죽음의 천사'로도 인식됩니다. 그가 승리의 천사, 영광의 천사가 아닌 죽음의 천사가 되는 까닭은, 그가 최후의 심판 때 죽은 영혼의 죄를 판단하는 역할을 맡았기 때문입니다.

최후의 심판이 있는 날, 그는 나팔을 부는 임무와 함께 심판장에서 인간의 영혼을 저울에 단 다음, 선한 영혼을 천국으로 안내하고 정화가 필요한 영혼은 연옥으로 보낸다고 하지요. 혹은 죄가 있는 영혼이 지옥으로 가지 않도록 변호해주는 임무를 맡았다는 주장도 있고, 지옥으로 쫓아 보내는 역할을 맡았다는 주장도 있습니다. 미카엘의 호적수인 사마엘Samael(악천사)은 인간의 자잘한 죄도 다 고발하여 지옥으로 보내려고 발버둥치는 역할을 맡은 것이 확실하고요.

죽은 이를 데려가려고 신경전을 벌이는 미카엘과 사마엘
(파리 노트르담 대성당)

죽은 자의 죄를 판별할 저울을 들고 있는 미카엘(베를린 대성당)

선한 영혼을 천국으로 인도하는 미카엘(모스크바 대천사 성당)

최후의 심판 때 죽은 이를 천국과 지옥으로 데려가려고 신경전을 벌이는 미카엘과 사마엘의 모습[2]은 파리에 있는 노트르담 대성당의 파사드에서 볼 수 있으며, 죽은 자의 죄를 판별할 저울을 들고 있는 미카엘의 모습[3]은 몇몇 성당에서 찾아볼 수 있습니다.

동방 정교회의 성당 서쪽 벽에는 최후의 심판을 주제로 한 벽화가 그려지는 경우가 많으므로, 미카엘이 저울을 들고 죄를 판단하는 모습과 선한 영혼을 천국으로 인도하는 모습을 볼 수 있습니다.[4]

아담과 이브를 낙원에서 추방할 때, 신의 뜻을 그들에게 전한 것도 미카엘이라고 합니다. 그는 아담에게 가서 "아담이여, 하느님은 더 이상 네가 이 낙원에 사는 것을 허락하지 않으신다. 나는 그대를 이 낙원에서 추방하여 그대에게 어울리는 곳으로 보내기 위해서 왔다."고 했다 하며, 불칼을 휘두르며 매우 단호한 태도로 그들을 낙원으로부터 쫓아내는 모습으로 표현됩니다.[5] 여기에서는 미카엘의 냉혹한 면이 엿보입니다.

6세기 말 로마에 흑사병이 크게 번졌을 때 교황 그레고리우스 1세가 하드리아누스 영묘 위에 나타난 대천사 미카엘이 칼을 칼집에 넣는 환영幻影을 보았는데, 그 직후부터 흑사병이 물러갔다는 이야기가 전합니다. 그래서 미카엘을 흑사병의 수호성인으로 생각했다고 하지요.

아담과 이브를 낙원으로부터 쫓아내는 미카엘
(바티칸시국 시스티나 예배당)

그레고리우스 1세는 그 일을 기념하여 성 꼭대기에 미카엘 상을 세웠으며, 하드리아누스 황제의 영묘를 '천사의 성Castel Sant'Angelo'이라고 부르기 시작했다고 합니다.[6] 흑사병으로 고생하던 빈에서도 흑사병이 물러간 뒤 미카엘이 도와주었다고 생각하여 그라벤 거리에 조각상[7]을 세웠고, 빈 카를 성당에는 그림으로 그에게 감사하는 마음을 표현하였습니다.[8]

베드로가 감옥에 갇혔을 때 천사가 나타나 탈출할 수 있도록 도와주었다고 하는데, 그때의 천사도 미카엘이라고 하지요.[9]

이삭을 제물로 바치라는 하느님의 명에 따라 아브라함이 어린 아들을 제물로 바치려 할 때 천사가 나타나 만류하며 대신 희생양을 전해주었다고 하는데, 그 천사 또한 미카엘이라고 합니다.[10] ['『구약성서』 속 인물들' 중 '아브라함과 이삭' 편(297쪽) 참조]

이처럼 대천사 미카엘은 전천후로 활약한 존재였습니다.

흑사병의 수호성인 미카엘

바티칸시국 '천사의 성' 꼭대기의 미카엘 상

빈 그라벤 거리의 미카엘 상

빈 카를 성당 천장화의 미카엘

바르톨로메 에스테반 무리요, 〈성 베드로의 방면〉

필립 드 샹파뉴, 〈이삭의 희생〉

불칼을 들고 악천사를 굴복시키는 미카엘

상트페테르부르크 성 이삭 성당

상트페테르부르크 성 이삭 성당

세비야 대성당

그라나다 대성당

상트페테르부르크 페트로파블롭스크 성당

그라나다 대성당

그라나다 고뇌의 성모 마리아 성당

그라나다 대성당

그라나다 산 헤로니모 수도원

그라나다 산 헤로니모 수도원

로마 성 이그나시오 성당

빈 미카엘 성당

시에나 대성당

오르비에토 대성당

코르도바 메스키타 카테드랄

밀라노 대성당

베를린 카이저 빌헬름 성당

빈 성 베드로 성당

바티칸시국 성 베드로 대성당

로마 산타 마리아 인 아라코엘리 성당

코르도바 메스키타 카테드랄

빈 성 베드로 성당

프라하 성 이그나시오 성당

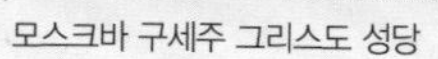
모스크바 구세주 그리스도 성당

파르마 대성당 세례당

빈 카를 성당

세비야 대성당

죽은 자의 죄를 판별할 저울을 들고 있는 미카엘

베네치아 산 마르코 대성당

프라하 성 이그나시오 성당

파르마 대성당 세례당

동방 정교회 '최후의 심판' 벽화에서의 미카엘

모스크바 성모 승천 성당 서쪽 벽
(죄인을 지옥으로 내쫓는 미카엘)

아담과 이브를 낙원으로부터 쫓아내는 미카엘

피렌체 산타 마리아 델 카르미네 성당
브랑카치 예배당

중요한 인물이 태어나리라는 사실을 미리 알려주는 대천사

대천사 가브리엘

ST. GABRIEL THE ARCHANGEL

블라디미르 보로비코프스키, 〈수태 고지 하는 대천사 가브리엘〉, 1804년~1809년, 러시아 국립 박물관

가브리엘은 세 천사 중에서는 유일하게 여성적인 이미지를 갖고 있으며, 백합을 든 모습일 때가 많습니다. 마리아에게 수태고지 할 때 가브리엘 주변에 보이는 백합꽃은 마리아의 순결함을 상징한다고 합니다.

가브리엘은 수태고지를 설명할 때 단골로 등장합니다.

그는 세 번의 중요한 수태고지를 하는데, 요아킴과 안나에게 마리아의 탄생을 예고한 것이 첫 번째['성모 마리아의 일생' 중 '마리아의 탄생' 편(161쪽) 참조]이고, 사가랴에게 요한의 탄생을 예고한 것이 두 번째['세례자 요한의 일생' 중 '사가랴에의 수태고지' 편(186쪽) 참조]입니다. 그리고 마리아에게 예수의 탄생을 예고한 것이 세 번째['성모 마리아의 일생' 중 '수태고지' 편(169쪽) 참조]이지요. 가브리엘이 사막에서 나이 든 남자에게 수태고지 하는 것은 요아킴에게 마리아의 탄생을 예고하는 것[1]으로 보면 되고, 제사 준비를 하는 나이든 남자에게 찾아온 모습은 사가랴에게 요한의 탄생을 예고하는 것[2]으로 보면 되며, 젊은 여자를 찾아온 모습은 마리아에게 예수의 탄생을 알리는 것[3]이라고 보면 됩니다.

바르톨로 디 프레디, 〈요아킴에게 수태고지 함〉
(요아킴에게 마리아의 탄생을 예고한 수태고지)

도메니코 기를란다요, 〈사가랴에게 나타난 천사〉
(사가랴에게 세례자 요한의 탄생을 예고한 수태고지)

티치아노, 〈수태고지〉
(마리아에게 예수의 탄생을 예고한 수태고지)

유럽의 성당에서 만날 수 있는 '대천사 가브리엘'

그라나다 산 헤로니모 수도원

그라나다 산 헤로니모 수도원

로마 성 이그나시오 성당

로마 성 이그나시오 성당

빈 성 베드로 성당

상트페테르부르크 그리스도 부활 성당

인간들의 고통을 치유해주는 상냥한 마음을 가진 대천사

대천사 라파엘

ST. RAPHAEL THE ARCHANGEL

피에트로 페루지노, 〈토비아와 함께 있는 대천사 라파엘〉, 1496년, 런던 내셔널 갤러리

라파엘은 먼저 소개한 두 천사보다 덜 알려진 편이지만, '인간들의 고통을 치유해주는 상냥한 마음을 가진 천사'로서 사람들의 사랑을 받는 존재입니다.

라파엘의 이름은 '하느님께서 고쳐 주셨다'라는 뜻이며, 이름에 걸맞게 '치유의 천사', '인간의 영혼을 지키는 천사'라는 별칭을 갖고 있습니다. 특히 그는 맹인들의 수호천사로 여겨지는데, 거기에는 다음과 같은 이유가 있습니다.

옛날 유대인 중에 토비트Tobit라는 사람이 있었습니다. 그가 하루는 죽은 이를 매장한 후 몸이 더러우므로 집에 들어가지 않고 뜰에서 잠을 잤는데, 날아가던 새의 똥이 눈에 들어가는 바람에 그만 실명하고 말았습니다. 그는 자신의 신세를 한탄하며 차라리 죽고 싶다고 신에게 기도를 드렸지요.

한편, 같은 무렵에 메디아 땅에서는 사라Sarah라는 여인이 자신의 운명을 원망하고 있었습니다. 그녀는 일곱 번이나 결혼했는데 그때마다 신랑이 첫날밤에 죽었으므로, 사람들로부터 악마가 씌었다는 욕을 듣는 신세가 되었던 것입니다. 실제로 아스모데오Asmodeus라는 악마가 사라를 짝사랑한 나머지, 그녀가 결혼하기만 하면 신방에 나타나 신랑을 죽인 것(악마를 본 신랑이 놀란 나머지 심장마비로 죽은 듯함)이라고 합니다.

하느님은 두 사람의 애절한 사연을 듣고는 대천사 라파엘을 보내어 문제를 해결하도록 했습니다.

어느 날, 토비트는 아들 토비아Tobias에게 메디아의 아는 사람에게 빌려준 돈을 받아오라고 시킵니다. 메디아까지 가는 길을 몰랐던 토비아는 길동무를 수소문했는데, 아자리아Azarias라는 젊은이가 나타나 동행해 주겠다고 합니다. 사실 그는 대천사 라파엘이었지요.

필리피노 리피, 〈토비아와 천사〉

아무튼 토비아는 동행이 생겨서 좋다고 여기고 아자리아와 함께 메디아로 떠났습니다. 가는 도중 토비아가 티그리스강에서 발을 씻는데, 커다란 물고기가 그의 발을 무는 일이 생겼습니다. 아자리아는 토비아에게 그 물고기를 잡아 쓸개와 심장, 간을 꺼내 잘 보관하라고 일렀습니다. 나중에 약으로 요긴하게 쓰일 거라고 했지요.

피테르 라스트만, 〈물고기를 잡는 천사와 토비아〉

"물고기의 심장과 간을 악령에 홀려 있는 사람 앞에서 태워 연기를 내

피에트로 델라 베키아, 〈물고기의 심장과 간을 꺼내는 토비아〉

면 악령이 그 사람에게서 도망가 버릴 겁니다. 쓸개즙은 앞을 못 보는 눈에 효과가 있으므로 쓸개즙을 바른 후 숨을 불어넣으면 치유됩니다."

설명을 들은 토비아는 아자리아가 시키는 대로 물고기의 쓸개와 심장, 간을 잘 간수했지요.

마침내 메디아에 도착한 토비아는 아자리아로부터 뜻밖의 권유를 받습니다. 사라와 결혼하라는 것이었지요. 그러나 그녀에 대한 소문을 들은 토비아는 두려워하며 거절합니다.

그러자 아자리아는 토비아에게 악령을 물리칠 수 있는 방법을 알려주며 다시 결혼을 권합니다. 물고기한테서 얻은 심장과 간을 태우면 악령이 접근하지 못할 테니 걱정하지 말라는 것이었습니다.

토비아는 아자리아의 말을 믿고 사라의 집엘 찾아가 청혼합니다. 사라의 가족들은 기뻐하며 결혼을 허락했고, 첫날밤에 토비아는 아자리아가 알려준 대로 물고기의 심장과 간을 태워 악령을 물리쳤습니다. 그러자 사라의 아버지는 기뻐하며 재산의 반을 내주었다고 합니다.

베르나르도 스트로치, 〈토비트의 치료〉

토비아는 아버지가 빌려준 돈도 회수하고, 장인으로부터 받은 많은 재산을 가지고 아내와 함께 고향으로 돌아갔습니다. 그리고 물고기의 쓸개즙을 아버지의 눈에 바르고 숨을 불어넣자 토비트의 앞이 보이기 시작했다고 합니다.

그런 일로 말미암아 라파엘은 '치유의 천사', '맹인들의 수호성인'이 되었던 것입니다.

라파엘은 본인이 물고기를 들고 있거나, 물고기를 든 소년(혹은 물고기를 들지 않은 소년)과 함께 있는 모습으로 표현되므로 알아보기가 쉬운 편입니다. 라파엘과 함께 있는 소년은 당연히 토비아이며, 물고기는 티그리스강에서 토비아가 잡은 바로 그 물고기인 것이지요. 그리고 물고기는 보이지 않지만, 토비아로 짐작되는 어린 소년과 함께 있는 라파엘도 많이 볼 수 있습니다.

물고기와 함께 표현된 라파엘

그라나다 대성당

그라나다
산 헤로니모 수도원

빈 성 베드로 성당

코르도바 메스키타 카테드랄

코르도바 성 프란체스코
성당

토비아로 짐작되는 어린 소년과 함께 있는 라파엘

그라나다 산 헤로니모
수도원

오르비에토 대성당

브뤼헤 노트르담 성당

코르도바 등불의 그리스도 성당

재미로 풀어보는 QUIZ

대천사 구별하기

앞서 설명한 바와 같이 세 명의 대천사는 각각의 특징이 있습니다. 그 점을 이해한다면 그들이 함께 등장하는 그림에서도 각각을 구별할 수 있을 것입니다.
그러면 이 그림 속 대천사들을 구별해 볼까요. 늘 그렇듯이, 힌트는 그들이 지니고 있는 물건에 있답니다.

프란체스코 보티치니, 〈토비아와 함께 있는 세 명의 대천사〉

미켈레 토시니, 〈대천사 라파엘, 미카엘, 가브리엘〉

정답 | 칼을 든 천사는 미카엘, 백합꽃을 든 천사는 가브리엘,
소년과 함께 있는 천사는 라파엘

2대 대천사

미카엘과 가브리엘, 그리고 라파엘을 3대 대천사라고 합니다만, 두 명의 대천사만을 내세울 수 있는 환경일 때는 라파엘이 빠지고 미카엘과 가브리엘이 등장하는 예가 많습니다. 특히 동방 정교회의 이콘화에서 그런 경우를 많이 볼 수 있지요. 그러니까 3대 대천사로 묶기는 하지만, 가장 중요한 한 명을 꼽을 때는 대천사 미카엘을, 두 명을 내세울 필요가 있을 때는 미카엘과 가브리엘을, 세 명 다 필요할 때는 라파엘까지 포함시키는 것입니다.

대개 미카엘과 가브리엘이 함께 등장하는 경우는, 중앙에 예수와 성모 마리아, 세례자 요한이 자리 잡고 좌우에서 대천사가 호위하는 형태일 때가 많습니다. 그렇지 않다 해도 미카엘과 가브리엘은 대칭적인 위치에 배치되며, 대개 (보는 이를 기준으로) 왼쪽에 미카엘이, 오른쪽에 가브리엘이 자리 잡습니다.

미카엘이 불칼을 들고 있고, 가브리엘이 백합꽃을 들고 있다면 알아보기가 쉬울 텐데, 늘 그런 것은 아닙니다.

대칭되는 위치에 배치된 미카엘과 가브리엘

빌뉴스 성령 성당

빌뉴스 성 삼위일체 성당

중앙에 예수와 성모 마리아, 세례자 요한이 자리 잡고 좌우에서 대천사가 호위하는 형태
(왼쪽부터 차례대로 대천사 미카엘, 성모 마리아, 예수, 세례자 요한, 대천사 가브리엘)

모스크바 성모 승천 성당 데이시스 이콘화

모스크바 수태고지 성당 데이시스 이콘화

모스크바 대천사 성당 데이시스 이콘화

Part 3.

성화와 성상에 자주 등장하는 인물들

4
『구약성서』 속 인물들

예수 이전의 이야기를 담은 책이 『구약성서』이고, 예수의 탄생으로부터 시작되는 이야기를 담은 책이 『신약성서』라고 할 수 있습니다. 그런데 그리스도교는 예수로부터 출발하는 종교이기 때문에, 『신약성서』의 내용이 더 중요하게 여겨지는 것이 사실입니다.
그러나 이스라엘 사람들은 예수 탄생 이전부터 하느님을 유일신으로 믿는 자신들의 고유한 신앙을 지켜왔고, 예수 또한 그러한 신앙과 연계되어 있습니다. 예수는 성령으로 잉태된 하느님의 아들이라고 하고, 『신약성서』 맨 앞에 실린 〈마태복음〉의 첫 문장이 '아브라함과 다윗의 자손 예수 그리스도의 계보라.'로 시작될 정도이니까요. 그래서 그리스도교 입장에서 중요하게 여기는 『구약성서』 속의 몇몇 인물에 대해 알아보려고 합니다.

최초의 인간

아담과 이브

ADAM AND EVE

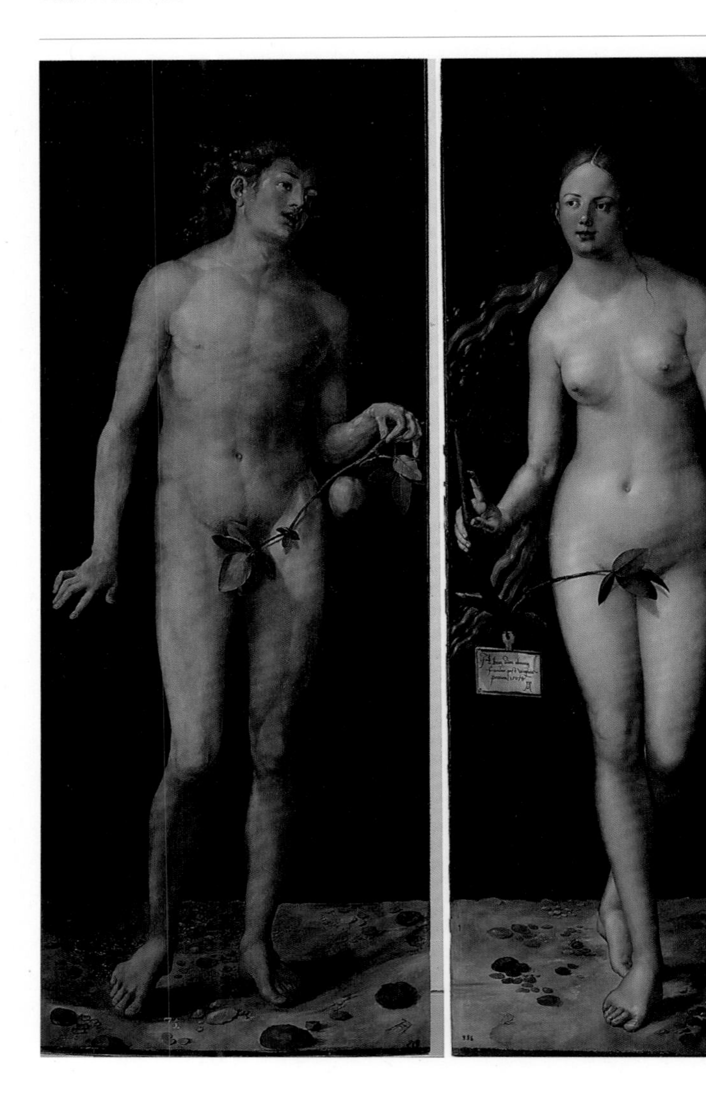

알브레히트 뒤러, 〈아담과 이브〉, 1507년, 프라도 미술관

『구약성서』의 〈창세기〉 편에 의하면 하느님은 첫째 날에 빛과 어둠을 나누고[1], 둘째 날에는 대기와 물을 나누었으며, 셋째 날에는 바다와 육지를 나눈 뒤[2] 식물을 창조했다고 합니다. 넷째 날에는 해와 달을 만들고[3], 다섯째 날에는 육지에서 사는 동물, 물에서 사는 물고기, 공중을 날아다니는 새를 만들었으며, 여섯째 날에는 아담을 창조[4]하고 곧이어 아담의 갈비뼈를 취해 이브를 만들기 시작했다고 하지요. 이브가 완성된 것은 일곱째 날 해가 뜰 무렵이었으며[5], 그 이후로는 휴식을 취했다고 합니다. 바티칸시국 시스티나 예배당 천장에 미켈란젤로가 그린 그림에 천지창조의 일부가 표현되어 있습니다.

천지창조의 마지막 사건이자 가장 핵심적인 사건은 아담과 이브의 창조가 아닐까 합니다. 인류의 역사에서도 가장 중요한 대목일 테고요.

시스티나 예배당의 천장에 그려진 그림이 가장 유명하기는 합니다만, 다른 성당에서도 하느님이 아담과 이브를 창조하는 모습을 찾아볼 수 있습니다. 대부분 하느님이 아담을 먼저 창조한 후, 아담의 갈비뼈를 취해 이브를 창조했다는 시각을 반영한 그림들입니다. 이브가 아담의 갈빗대 부분에서 세상 밖으로 나오는 형식이지요.

시스티나 예배당에 표현된 '천지창조'

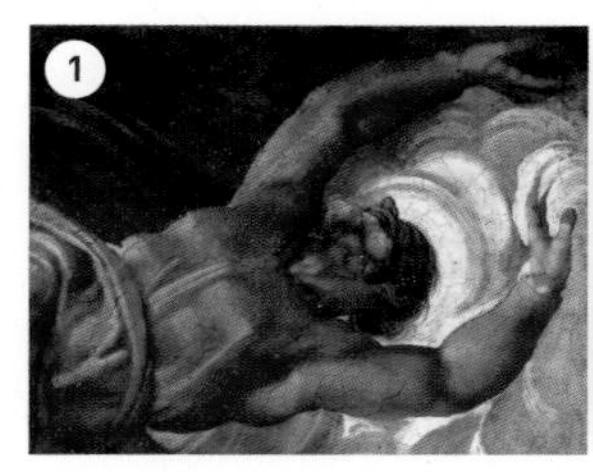

빛과 어둠을 나눔(첫째 날)

바다와 육지를 나눔(셋째 날)

해와 달을 창조함(넷째 날)

아담을 창조함(여섯째 날)

이브를 창조함(일곱째 날)

하느님은 최초의 인간인 아담과 이브를 에덴동산에서 살도록 하고, 낙원의 모든 것을 누리되 오직 선악과善惡果(선악을 분별할 수 있게 해주는 과일로, 금단의 열매를 의미)만은 따먹지 말라고 당부했다고 합니다. 그런데 뱀의 유혹에 넘어간 이브가 선악과를 따서 먹었고, 아담에게도 권했다고 하지요. 이는 아담과 이브가 낙원에서 추방되는 원인이 됩니다.

뱀에게 유혹당해 선악과를 따먹는 아담과 이브의 모습[6]과 낙원에서 추방되는 그들의 모습[7]은 한 장면에 담기기도 하고, 때로는 하느님으로부터 꾸지람을 듣는 아담과 이브의 모습[8]을 표현한 경우도 볼 수 있습니다.

아담과 이브는 선악과를 따 먹은 다음 부끄러움에 대해 인식하게 돼 자신들의 벗은 몸을 가렸다고 합니다. 그것이 낙원에서 추방당하기 전에 있었던 일인지, 아니면 추방당한 후의 일인지는 모르겠으나 추방당하는 장면을 살펴보면 나체 상태인 경우도 있고, 신체 일부를 가린 경우도 있습니다.

낙원에서 추방당한 아담과 이브는 출산의 고통과 노동의 괴로움을 느끼는 생활[9]을 하다가 세상을 떠났다고 합니다. 낙원에서의 행복한 삶은 영영 되찾을 수 없었던 것이지요.

피렌체 산 조반니 세례당의 모자이크화

뱀의 유혹을 받음

낙원에서 추방 당함

하느님이 아담과 이브를 꾸짖음

노동하는 아담과 이브
(아담은 농사짓고, 이브는 길쌈하는 것으로 표현됨)

아담과 이브의 창조

파도바 대성당 세례당(아담과 이브를 창조함)

피렌체 산타 마리아 델 피오레 대성당 조토의 종탑(아담을 창조함, 이브를 창조함)

피렌체 산 조반니 세례당(아담을 창조함, 이브를 창조함)

뱀의 유혹에 넘어가 선악과를 따먹음

시에나 대성당(뱀의 유혹을 받음, 선악과를 따먹음)

오르비에토 대성당(뱀의 유혹을 받는 아담과 이브)

피렌체 산타 마리아 델 카르미네 성당 브랑카치 예배당

낙원에서 추방당함

로마 산타 마리아 마조레 대성당

로마 산 조반니 인 라테라노 대성당

바티칸시국 성 베드로 대성당

아담과 이브를 꾸짖는 하느님

시에나 대성당

노동하는 아담과 이브

피렌체 산타 마리아 델 피오레 대성당 조토의 종탑

아담의 죽음

아레초 산 프란체스코 성당 바치 예배당

재미로 풀어보는 QUIZ

아담과 이브 관련 장면 맞혀보기

아담과 이브의 창조와 낙원 추방에 관한 이야기는 그리스도교에서도 중요하게 생각하는 부분이라 성화나 성상으로 많이 표현되었습니다. 어떤 경우에는 하나의 장면을 독립적으로 다루기도 하지만, 한 화면에 여러 가지 장면이 함께 표현되기도 합니다.
여러 가지 장면이 한 화면에 담긴 다음 작품들을 보면서, 어떤 장면인지 맞혀보세요.

바티칸시국 시스티나 예배당

피렌체 산 조반니 세례당

모데나 대성당

모데나 대성당

정답 | ❶: 뱀의 유혹에 넘어간 아담과 이브, 낙원에서 추방당하는 아담과 이브 ❷: 아담의 창조, 이브의 창조, 뱀의 유혹을 받는 아담과 이브, 하느님의 명을 받아 아담과 이브를 낙원에서 추방하는 대천사 미카엘 ❸: 아담의 창조, 이브의 창조, 뱀의 유혹을 받는 아담과 이브 ❹: 아담과 이브를 꾸짖는 하느님, 낙원에서 추방당하는 아담과 이브, 노동하는 아담과 이브

최초의 살인자와 최초의 순교자

카인과 아벨

CAIN AND ABEL

티치아노, 〈카인과 아벨〉, 1542년~1544년, 베네치아 산타 마리아 델라 살루테 성당

하느님의 당부를 무시하고 선악과를 따 먹은 아담과 이브는 에덴동산에서 추방되었습니다. 그리고 자식을 낳았는데, 바로 카인과 아벨 형제였습니다. 카인은 아담과 이브가 낳은 큰아들이고, 아벨은 둘째 아들입니다.

피렌체 산 조반니 세례당 모자이크화

제물을 바치는 카인과 아벨

하느님의 질문에 불퉁하게 대꾸하는 카인

인류사 최초의 살인 사건은 바로 이 두 형제 사이에서 발생하였지요.

아벨은 양을 치는 목동이었고 카인은 밭을 가는 농부였는데, 아벨은 신에게 제물을 바칠 때 새끼 양을 바치고, 카인은 곡식을 바쳤다고 합니다. 그런데 하느님이 아벨의 제물은 받아들이고, 카인의 것은 받아들이지 않았다고 하지요. 그 일로 인해 카인은 하느님을 원망하고 동생을 미워하게 되었고, 결국 동생을 살해하게 됩니다. 이 살인의 현장을 지켜본 하느님은 카인을 떠보기 위해 "카인아, 네 아우는 어디 있느냐?"라고 물었는데, 카인은 "제가 아벨을 지키는 사람입니까? 제가 그걸 어떻게 알겠습니까?"라며 불손하게 대꾸했다고 하지요.

그러면 하느님은 왜 아벨의 제물만 받고 카인의 것은 받지 않은 걸까요? 하느님의 의중을 우리가 헤아릴 길이 없기는 합니다만, 인류사 최초의 살인 사건이 그로부터 비롯되었으므로 까닭이 궁금해집니다.

이에 대해 '카인은 제물을 바치면서 정성을 다하지 않았고, 아벨은 정성을 다했으므로 하느님이 아벨의 것만 받아들인 것'이라고 해석하는 사람들이 있습니다.

그런가 하면 카인은 맏아들이면서 농부였고, 아벨은 작은아들이면서 목동이었다는 점에 주목하여 하느님이 약자 편에 섰다는 의미로 해석하는 사람도 있습니다. 고대 중동에서는 장남이 모든 것을 상속받는 풍속이 있었는데, 부모로부터 땅을 물려받은 카인은 부유한 신분이었다는 것이지요. 반면 작은아들은 상속에서 제외되는 데다가 목동이란 원래 떠돌아다니는 사람이니 아벨은 가난하고 힘없는 사람을 의미한다고 보는 것입니다. 그러므로 하느님은 가난한 살림에도 불구하고 자신이 가진 것 중에서 가장 좋은 것을 정성껏 바치는 아벨을 기특하게 여겼고, 부유하면서도 의례적으로 제물을 드리는 카인은 탐탁잖게 생각했다는 해석도 있습니다. 정확한 속내는 하느님만 아시겠지요.

아무튼 그 사건으로 인해 동생 아벨을 죽인 카인은 인류사 최초의 살인자로 이름이 남았습니다. 그런가 하면 예수는 아벨을 최초의 순교자로 인정했고, 사도 요한은 아벨을 의로운 사람이라고 말했다 합니다.

코모 대성당

모데나 대성당

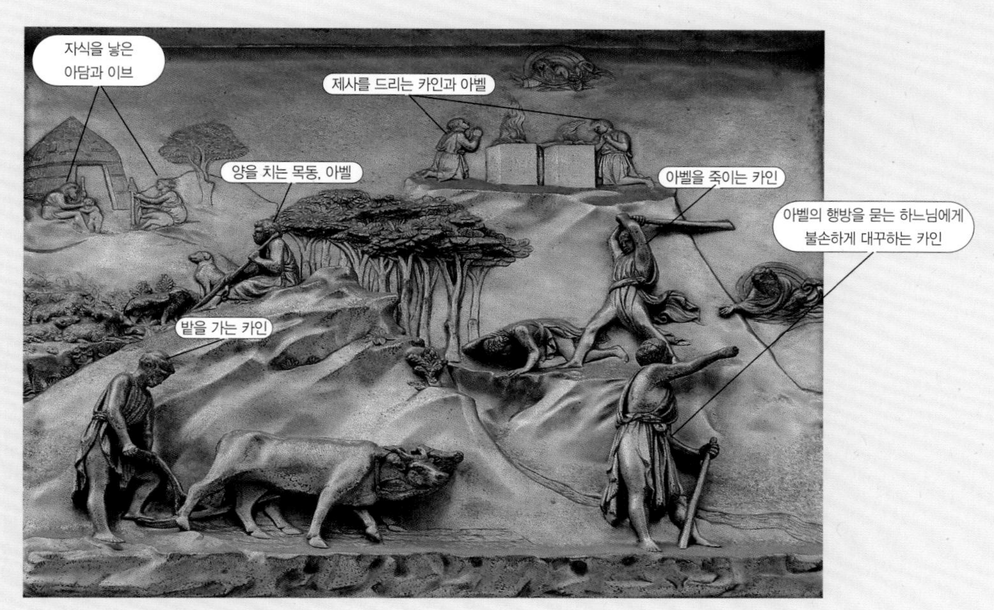

피렌체 산 조반니 세례당 동쪽 청동문 부조

대홍수에서 살아남은 의로운 사람

노아
NOAH

야코포 바사노, 〈노아의 방주에 들어가는 동물들〉, 1570년경, 프라도 미술관

『구약성서』의 〈창세기〉 편에 나오는 대홍수 이야기는 '노아의 방주Noah'S Ark'라는 제목으로 널리 알려져 있습니다.

인류를 창조한 하느님은 세상의 인간들(아담과 이브의 자손들)이 점차 타락하고 사악해지는 것에 분노한 나머지, 홍수로 전부 없애고 세상을 다시 지으리라 결심했습니다. 다만 아담의 10대손인 노아는 의로운 사람이었으므로 그와 그 가족은 구하기로 했지요.

하느님은 노아에게 폭우가 쏟아지기 전에 물이 스며들지 않는 방주方舟(네모난 모양의 배)를 만들고,[1] 그의 가족과 동물들(정결한 동물과 새들은 암수 일곱 쌍씩, 정결하지 않은 동물은 암수 한 쌍씩)을 태우라고 일러줍니다.[2] 신실한 노아는 하느님의 지시를 충실하게 수행하여 준비를 마쳤다고 하지요.

그 후 하느님의 예고대로 비가 쏟아지기 시작하여 세상이 물바다가 되자 방주에 타지 못한 인간들과 동물들은 목숨을 잃을 수밖에 없었습니다.[3] 방주에 탈 수 있었던 생명을 제외한 모든 것은 그때 멸종했다고 합니다.

홍수가 끝난 후 노아가 하느님에게 감사의 제사를 올리자[4] 하느님은 "다시는 물로 인류를 벌하지 않겠다."라고 약속하며, 그 증표로 무지개를 보여주었다는 이야기도 함께 전하지요.

성서에 따르면 노아는 포도 재배를 시작하고 최초로 포도주를 만든 사람입니다. 대홍수가 끝나고 평화가 찾아온 뒤 노아가 포도를 수확하여 포도주를 만들었는데, 어느 날 만취한 나머지 옷을 다 벗고 잠들었다고 합니다. 그때 노아의 세 아들 중 둘째 아들 함은 그 모습을 보고 킥킥대며 다른 형제들인 셈과 야벳에게 알렸다고 하지요. 효심이 깊었던 셈과 야벳은 함으로부터 그 말을 듣고는 차마 아버지의 부끄러운 모습을 볼 수 없어 뒷걸음으로 다가가 옷으로 덮어 주었고요.[5] 술에서 깨어난 노아가 그 사실을 알고는 함을 저주하고, 셈과 야벳은 축복하였다고 전합니다.

물이 스며들지 않는 방주를 만듦(피렌체 산 조반니 세례당)

가족과 동물들을 태움(피렌체 산 조반니 세례당)

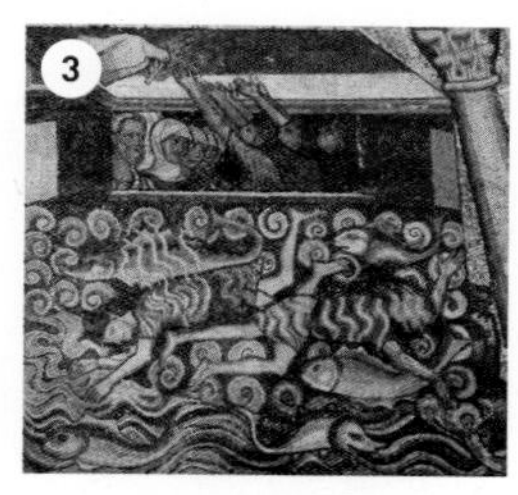
홍수로 인간과 동물들이 목숨을 잃음(피렌체 산 조반니 세례당)

노아가 제사를 올림(바티칸시국 시스티나 예배당)

만취한 노아와 세 아들(바티칸시국 시스티나 예배당)

로마 산 조반니 인 라테라노 대성당

바티칸시국 시스티나 예배당

피렌체 산 조반니 세례당

믿음의 조상과 언약의 자손

아브라함과 이삭

ABRAHAM AND ISAAC

카라바조, 〈이삭을 희생 제물로 바치려 함〉, 1603년경, 우피치 미술관

성서에 따르면, 어느 날 하느님이 성자와 성령을 대동하고 마므레Mamre의 상수리나무 아래에서 천막을 치고 지내던 아브라함을 찾아왔다고 합니다. 이때 성부와 성자와 성령은 천사의 모습을 하고 있었다고 하는군요.

'믿음의 조상'이라고 일컬어지는 아브라함과 그의 아내 사라는 자신을 찾아온 하느님을 지극한 정성으로 대접했다고 합니다. 사라는 떡을 빚고,

천사의 모습으로 아브라함을 찾아온 성부와 성자, 성령(상트페테르부르크 그리스도 부활 성당)

찾아온 세 천사를 대접하는 아브라함 (오르비에토 대성당)

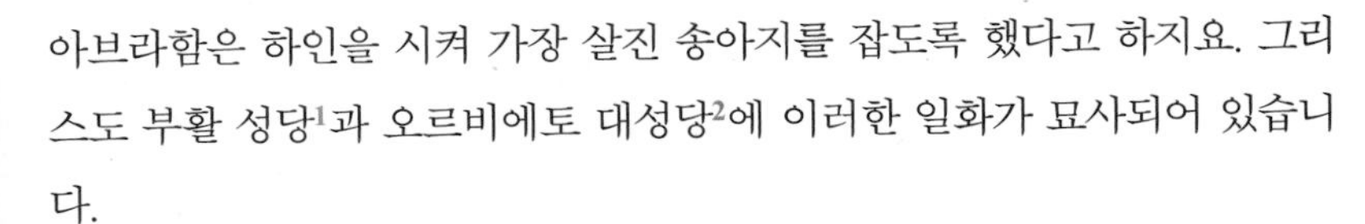

아브라함은 하인을 시켜 가장 살진 송아지를 잡도록 했다고 하지요. 그리스도 부활 성당[1]과 오르비에토 대성당[2]에 이러한 일화가 묘사되어 있습니다.

그런데 그날 하느님이 아브라함을 찾아가 지극한 대접을 받은 이야기는 더 중요한 사건의 단초가 됩니다.

아브라함의 정성을 갸륵하게 여긴 하느님이 그에게 "사라가 아들을 낳으리라."라는 약속을 한 것입니다. 그런데 이때 아브라함은 80세가 넘었고 사라 또한 70세가 넘어 현실적으로 자식을 얻을 수 없는 나이였습니다. 천막 안에서 하느님이 하는 이야기를 들은 사라는 너무 비현실적인 이야기에 그만 헛웃음을 웃었다고 합니다. 아브라함 또한 그 말을 믿지 않았을 것입니다.

그러나 그로부터 20여 년의 세월이 흐른 뒤, 하느님의 약속이 이루어져 사라가 아들을 낳으니 그가 바로 '이삭Isaac'입니다. 아브라함의 적통을 계승한 아들이자 하느님의 약속으로 태어난 인물이므로 '언약의 자손'이라고 일컬어지지요. '이삭'이란 이름의 뜻은 '웃음'이라고 하는데, 이는 하느님이 약속할 때 사라가 믿을 수 없어서 헛웃음을 웃은 일과 관련 있을 것입니다.

자식을 가질 수 없을 거라고 생각했던 아브라함과 사라에게 이삭은 참으로 귀한 아들이었습니다. 그런데 하느님은 아브라함의 신앙심을 시험하기 위해 이삭을 제물로 바치라는 명을 내립니다. 어렵게 얻은 귀한 아들을 희생 제물로 바치는 일에 망설임이 없었을 리 없지만, 믿음의 조상답게 아브라함은 하느님의 명을 따르려 합니다.

아브라함은 제단을 쌓은 다음 이삭을 제물로 바치려 하였는데, 그 순간 하느님이 "아브라함아, 네 믿음을 이제 내가 알았다."라고 하면서 이삭 대신 바칠 양을 내려주었다고 하지요.

그 장면을 표현한 것을 그리스도교 미술에서는 '이삭의 희생Sacrifice of Isaac'(의미상 정확한 표현은 '이삭을 희생 제물로 바치려 함')이란 주제로 분류할 정도로 많은 작품이 있습니다.[3]

이삭의 희생 (로마 산 조반니 인 라테라노 대성당)

안델스부흐 성 베드로와 바울 교구 교회

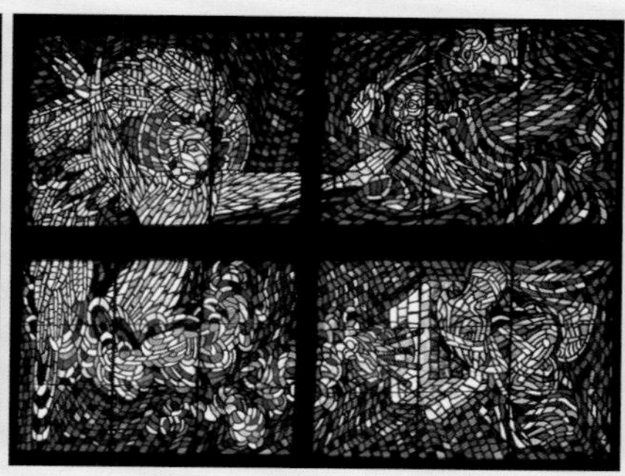

프라하 성 비투스 대성당

상트페테르부르크 그리스도 부활 성당

피렌체 두오모 오페라 박물관

코모 대성당

피렌체 산 조반니 세례당

라벤나 산 비탈레 성당

아브라함의 자손들이 대립하는 까닭

『신약성서』는 '아브라함과 다윗의 자손 예수 그리스도의 세계라. 아브라함이 이삭을 낳고, 이삭은 야곱을 낳고, 야곱은 유다와 그 형제를 낳고…' 라는 말로 시작됩니다. 유대인의 혈통이 아브라함으로부터 시작된다는 말이지요. 그런데 아브라함은 유대인과 지극히 사이가 나쁜, 이슬람교도들의 조상이기도 합니다. 그 까닭을 알아봅시다.

아브라함은 백 살이 되도록 자식을 얻지 못했습니다. 그 문제를 놓고 고민하던 그의 아내 사라Sarah는 자신의 몸종 하갈Hagar을 남편의 잠자리에 들여보내 아들을 얻도록 하는데, 그가 바로 이슬람교도들이 조상으로 섬기는 이스마엘Ishmael(아랍식 이름은 이스마일)입니다. 그래서 아브라함은 이슬람교도들에게도 조상이 되는 것입니다.

하갈과 이스마엘의 존재는 그리스도교(유대교 포함)와 이슬람교의 오래된 갈등의 원인이며, 현재까지도 종교 간 분쟁이 치열하니 알아볼 필요가 있습니다.

아브라함의 정식 부인은 사라였습니다. 둘은 서로에게 좋은 반려자였으나 늙도록 자식이 없는 것이 근심거리였지요. 사라는 생각 끝에 자신의 몸종인 하갈을 아브라함에게 보내 자식을 얻도록 합니다.

아드리안 반 데르 베르프, 〈하갈을 아브라함에게 보내는 사라〉

그런데 막상 하갈이 임신하자 두 여인 사이에 갈등이 일어납니다. 하갈이 임신을 빌미로 주인에게 방자하게 굴었는지, 아니면 자신이 갖지 못한 자식을 가진 하갈에게 사라가 여인으로서 질투를 하였는지는 알 수 없으나, 갈등 끝에 하갈은 집에서 쫓겨납니다. 그리스도교 측에서는 사라를 정숙한 아내의 표본으로 보기 때문에 하갈이 주인에게 도도하게 굴다가 쫓겨났다고 보지만, 하갈의 아들 이스마엘을 아랍인의 조상으로 보는 이슬람교도들의 입장에서는 하갈이 억울한 일을 당했다고 생각하겠지요.

페테르 파울 루벤스, 〈아브라함의 집을 떠나는 하갈〉

하여간 집에서 쫓겨난 하갈은 사막을 떠돌며 갈증과 굶주림에 시달립니다. 그때 천사가 나타나 하갈에게 다시 아브라함의 집으로 돌아갈 것을 권유하며 '아들을 낳게 될 테니 그 이름을 이스마엘이라고 하라.'는 하느님의 말을 전합니다. 이때 천사가 하갈에게 전한 말 중에는 '이스마엘이 한 민족을 이루게 될 것이며, 그 자손이 번성할 것'이라는 내용도 있었다고 합니다.

제라드 드 래레스, 〈사막의 하갈〉

천사의 말을 듣고 집으로 돌아가 아들을 낳은 하갈은, 하느님이 일러준 대로 아들의 이름을 이스마엘이라고 짓습니다. 그러나 훗날 사라가 뒤늦게 아들 이삭을 낳자 문제가 생깁니다. 그 당시는 장자 상속을 원칙으로 했는데, 몸종에게서 태어났지만 맨 처음 태어난 이스마엘을 장자로 보아야 하는지, 아니면 둘째로 태어났지만 정식 부인 소생의 이삭을 장자로 보아야 하는지 판단하기 어려웠던 것입니다. 이 문제는 지금도 그리스도교와 이슬람교 사이의 해결되지 못한 논쟁거리로 남아 있습니다.
아브라함은 하갈과 이스마엘을 내쫓는 것으로 문제를 해결합니다. 사라와 이삭의 손을 들어준 것이지요.

빌렘 반 미리스, 〈하갈과 이스마엘의 추방〉

이스마엘은 하느님의 약속대로 한 민족(아랍 민족)을 이루고 그 자손이 번성하게 되었지만, 『구약성서』 속 인물들이 겪었던 갈등이 현재까지도 영향을 미치고 있으니 참으로 신의 섭리를 알 수 없습니다.

하느님으로부터 열 가지 계율을 받은 선지자

모세

MOSES

필립 드 샹파뉴, 〈모세와 십계명〉, 1648년, 에르미타주 미술관

그리스도교인들이 가장 중요하게 생각하는 십계명Ten Commandments은 무엇이며, 그것을 하느님으로부터 받았다는 모세는 누구인지에 대해 알아봅시다.

십계명은 말 그대로 그리스도교인이라면 반드시 지켜야 하는 열 가지 계율입니다. 이런 내용이지요.

① 하느님 이외의 다른 신을 섬기지 말라.
② 우상을 섬기지 말라.
③ 하느님의 이름을 망녕되이 부르지 말라.
④ 안식일을 거룩히 지키라.
⑤ 부모를 공경하라.
⑥ 살인하지 말라.
⑦ 간음하지 말라.
⑧ 도둑질하지 말라.
⑨ 이웃에게 불리한 거짓 증언을 하지 말라.
⑩ 이웃의 재물을 탐내지 말라.

이것은 하느님의 당부이자 명령입니다. 이것을 하느님으로부터 받은 사람이 바로 모세이지요. 『구약성서』에서 중요한 인물 중의 한 사람인 모세는 유대인들이 이집트 땅에서 노예 생활을 할 때 태어났습니다.

이삭의 손자이자 야곱의 아들인 요셉이 아버지의 편애를 시기한 형들에 의해 이집트로 팔려간 후 7년의 대기근을 잘 대비한 덕분에 고위 관료가 되었을 당시, 이집트로 이주한 유대인은 한둘이 아니었습니다. 극심한 가뭄으로 굶어 죽기 직전이었으므로 살길을 찾아 이집트로 갔던 것입니다.

그렇게 이집트 땅으로 간 사람들이 자리를 잡고 번성하게 되자, 본토박이인 이집트인들과 갈등이 생기기 시작했습니다. 이집트인들로서는 굴러온 돌 때문에 자신들이 피해를 입는다는 생각이 들었던 것입니다.

이집트인들은 자신들의 왕인 파라오를 찾아가 대책을 세워 달라고 요구했습니다. 유대인들을 이집트 땅에서 추방해 달라는 것이었지요. 파라오는 모든 유대인들을 한꺼번에 추방하면 문제가 될 것이라고 판단하여 "모든 유대인 가정에서 태어난 사내아이를 죽이라."는 명령으로 대신합니다.

모세는 그 무렵에 태어났습니다. 모세의 어머니인 요게벳은 차마 갓 태어난 막내아들이 죽는 것을 볼 수 없어 진흙을 바른 아기 바구니에 뉜 다음 강물에 띄워 보냅니다.

그런데 강물에 떠내려온 바구니를 건져 그 속에 있던 모세를 구한 것은 얄궂게도 이집트의 공주였습니다. 그래서 모세는 공주의 자식으로 입양되어 궁중에서 자라게 되지요. 모세란 이름은 '물에서 건져낸 아이'라는 뜻입니다.

이집트의 공주가 모세를 건지는 모습을 본 모세의 누나 미리암은 자신의 신분을 속인 채 공주에게 유모를 추천했는데, 바로 모세의 생모인 요게벳이었습니다. 즉, 모세는 어머니에 의해 버려졌지만, 어머니의 품에서 자랄 수 있었던 것입니다.

이집트 궁전에서 왕실 가족의 한 사람으로 자라난 모세는 우발적인 살인 사건에 연루되어 사막으로 도피하게 됩니다. 유대인 노인을 학대하는 이집트 관리를 죽였던 것입니다.

성서에 의하면, 모세는 도피 생활 중에 결혼하는데 거기에는 이런 이야기가 전합니다. 하루는 모세가 우물가에서 쉬고 있을 때, 이드로의 딸들이 양떼를 몰고 와 물을 먹이려 합니다. 그런데 그때 다른 남자 목동들이 나타나 이드로의 딸들을 몰아내고 자신들의 양떼에게 먼저 물을 먹이려 하자, 의협심 강한 모세가 나서서 남자 목동들을 쫓아냈다는 것입니다. 모세에게 고마움을 느낀 이드로의 딸들은 모세를 아버지에게로 안내했고, 그 일이 계기가 되어 모세는 이드로의 집에서 머물게 됩니다. 그리고 그 후 모세는 이드로의 일곱 딸 중에서 십보라와 결혼하게 되었다는 것이지요.

『구약성서』의 〈출애굽기〉에 따르면 장인 이드로의 양들을 돌보며 살던 모세는 어느 날 호렙산에 올랐는데, 그때 떨기나무에 불이 붙어 활활 타는 가운데 그 안에서 하느님의 음성이 들렸다고 합니다.[1] 하느님은 모세에게 이집트 땅에서 노예 생활을 하고 있는 이스라엘 백성을 가나안 땅으로 데려가라고 명하였다 하지요.

떨기나무에 불이 붙어 활활 타는 가운데 하느님의 음성을 들음(상트페테르부르크 그리스도 부활 성당)

모세는 하느님의 말을 듣고 두려움 때문에 망설였지만, 신의 뜻을 거부할 수는 없었으므로 이집트로 돌아가 파라오에게 유대인 노예들을 해방

시키라는 하느님의 뜻을 전합니다. 그러나 파라오가 그 말을 순순히 따를 까닭이 없었지요. 그러자 하느님은 이집트 땅에 차례차례 재앙을 내리고, 파라오는 열 번째 재앙, 즉 이집트 가정의 첫아들이 모조리 죽는 참사가 벌어지자 마침내 굴복합니다. 자신의 맏아들까지 죽었기 때문이지요. 결국 파라오는 유대인들이 이집트 땅을 떠날 수 있도록 허락합니다.

그러나 모세의 인도 아래 유대인들이 모두 떠나자 파라오는 마음이 바뀌어 군대를 보냅니다. 노예로 부릴 수 없다면 차라리 모두 죽이겠다는 생각을 한 것이지요. 그러나 하느님은 모세에게 약속했듯이 기적을 보입니다. 유대인들이 지날 때는 홍해의 바닷물을 갈라 길을 내주고, 이집트 군사들이 그 길을 건너려 하자 다시 바닷길을 막아버린 것입니다. 이 극적인 장면은 그림이나 영화 등에서 여러 차례 표현되었지요.[2]

2
홍해의 바닷길을 갈라 길을 내어줌
(바티칸시국 시스티나 예배당)

모세의 인도 아래 이집트 땅을 탈출한 이스라엘 사람들은 젖과 꿀이 흐르는 가나안 땅에 곧 도착할 줄 알았지만, 사정은 그렇지 못했습니다. 광야를 헤매는 날들이 끝없이 이어지자, 사람들의 인내심은 바닥이 났지요.

그들은 모세를 향해 불평불만을 늘어놓았습니다.

"차라리 이집트 땅에서 노예로 사는 것이 나았겠소. 이제 이 고생도 지긋지긋하오."

하느님은 불평불만을 늘어놓는 사람들을 괘씸하게 여겨 불뱀을 보냈다고 합니다. 불뱀에 물린 사람들은 하나둘 죽어갔지요.

그러자 겁이 난 사람들은 모세를 원망했던 것은 잊고, 다시 불뱀을 퇴치해달라고 애원합니다. 모세는 하느님에게 어리석은 사람들을 용서해 달라고 간절히 기도드리지요. 그러자 하느님은 "불뱀의 형상을 청동으로 만들어 장대 위에 매달고, 불뱀에 물린 사람들이 그것을 보면 살게 될 것"이라고 알려줍니다. 모세가 그렇게 하자 불뱀에 물린 사람들이 살아났다는 이야기가 『구약성서』의 〈민수기〉에 실려 있는데, 그 내용을 표현한 그림이나 조각을 유럽의 성당에서 더러 볼 수 있습니다.[3]

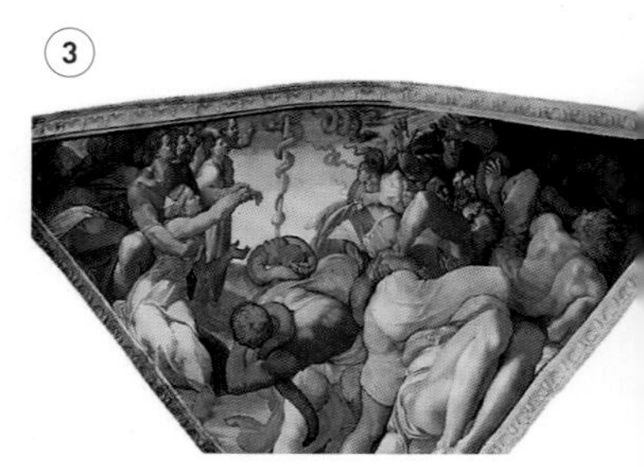
3
불뱀의 형상을 만들어 매닮
(바티칸시국 시스티나 예배당)

그러다 모세와 유대인들이 시나이산Mt. Sinai에 이르렀을 때, 하느님의 부르심을 받은 모세가 시종 여호수아를 데리고 산으로 올라갑니다. 여호수아는 산 중턱에서 모세를 기다렸으며, 모세가 산에 오르자 구름이 산을 뒤덮었습니다. 산 아래에 있던 유대인들은 천둥과 번개가 치고 시나이산이

하느님에게 십계명을 받는 모세
(상트페테르부르크 카잔 대성당)

먹구름으로 뒤덮이는 모습을 보며 두려움에 떨었다고 합니다. 마침내 40일이 지나고 모세는 하느님에게 열 가지 계명을 받아서 내려옵니다.[4] 그것이 바로 그리스도교에서 가장 중요하게 여기는 십계명인 것입니다.

시나이산에서 하느님으로부터 십계명 판을 받은 모세가 산을 내려왔는데, 그동안을 참지 못하고 황금 송아지를 만들어 놓고 숭배하는 모습을 본 모세는 분노하여 십계명을 깨뜨렸다고 합니다. 첫 번째 십계명 판을 깨뜨렸으므로 하느님으로부터 다시 받았다고 전해지며, 그것을 언약의 궤에 넣어 보관했다고 하지요.

유대인을 이끌고 40년에 걸쳐 가나안 땅을 향해 진군하던 모세는 끝내 가나안 땅에 들어가지 못하고 지금의 요르단 땅에 있는 느보산Mt. Nebo에서 사망합니다. 그곳은 가나안에서 멀지 않은 곳인데, 목적지를 코앞에 두고 죽은 까닭은 딱 한 차례 하느님의 뜻을 의심한 죄 때문이라고 전해집니다.

모세의 뒤를 이어 유대인들을 이끈 지도자는 여호수아Joshua입니다. 그는 유대인들에게 가나안 땅을 주겠노라는 하느님의 약속을 한 번도 의심하지 않았고, 자신에게 맡겨진 사명을 충실히 수행합니다. 유대인들은 불평을 늘어놓으면서도 그의 신념에 이끌려 지시에 따랐다고 합니다.

어쨌든 모세는 유대인과 그리스도교인들에게 매우 중요한 인물입니다.

유럽의 성당에서 만날 수 있는 '모세'

떨기나무가 활활 타는 가운데 하느님의 음성을 들음

상트페테르부르크 카잔 대성당

상트페테르부르크 알렉산드르 넵스키 수도원 삼위일체 성당

청동 뱀으로 질병을 물리침

파르마 대성당

베네치아 산타 마리아 아순타 성당

십계명을 받음

상트페테르부르크 알렉산드르 넵스키 수도원 삼위일체 성당

라벤나 산 비탈레 성당

베를린 대성당

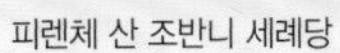

피렌체 산 조반니 세례당

바티칸시국 시스티나 예배당(십계명을 받는 장면과 깨뜨리는 장면이 한 화면에 표현됨)

차돌멩이로 거인 골리앗을 쓰러뜨린 영웅

다윗

DAVID

미켈란젤로, 〈다비드〉, 1501년~1504년, 피렌체 아카데미아 미술관

이스라엘은 본디 힘이 약한 부족 국가로, 이웃 나라인 블레셋(현재의 팔레스타인 지역. 성서의 블레셋 사람이 현재의 팔레스타인 사람과 혈통적으로 동일한 것은 아님)으로부터 괴롭힘을 당하는 처지였습니다. 이스라엘 사람들은 유일신인 하느님을 믿으면서 자신들이 선택받은 민족임을 자부하기는 했지만, 군사력 측면에서는 블레셋보다 한 수 아래였던 것입니다. 특히 이스라엘의 초대 왕인 사울 왕 당시 블레셋에는 거인 골리앗이 있어 유대 민족에게 골칫거리였지만, 누구도 골리앗을 없앨 방법을 알지 못했습니다.

그때 소년 다윗이 사울 왕 앞에 나아가 골리앗을 처치하겠다고 합니다. 어른들도 엄두 내지 못하는 일을 어린아이가 하겠다고 나서니 다들 어처구니없어 했지만, 달리 방법이 있는 것도 아니니 믿어보기로 합니다.

다윗은 어른들이 건네주는 무기를 다 마다하고, 냇가에서 주운 단단한 차돌멩이 몇 개를 손에 쥔 채 적진으로 향합니다. 골리앗은 자신을 상대하겠다며 다가오는 어린 꼬마를 보고 코웃음을 치지만, 이내 다윗이 던진 야무진 차돌멩이를 미간에 맞고는 쓰러지고 말지요. 다윗은 골리앗의 목을 베었고, 믿었던 장수를 허망하게 잃은 블레셋 병사들은 오합지졸로 흩어져 달아납니다. 어린 다윗이 블레셋의 군대를 물리친 것이지요.

다윗은 베들레헴에서 태어났습니다. 그는 균형 잡힌 몸매와 빛나는 눈동자를 가진 영리하고 잘생긴 소년이었다고 합니다.

평범한 가정에서 태어난 양치기 소년이었던 다윗이 이스라엘의 두 번째 왕이 될 수 있었던 까닭은, 골리앗을 죽인 일로 이스라엘 사람들의 신망을 얻었기 때문입니다. 이 말은 그 당시 이스라엘 사람들이 블레셋을 얼마나 원수처럼 여겼는지를 알려주는 것이지요.

나라의 큰 근심덩어리가 해결되자 사울 왕은 처음에는 다윗을 기특하게 여겨 환대합니다. 다윗을 사위로 삼기까지 했지요. 그러나 사람들이 이구동성으로 다윗을 칭송하자 질투심과 두려움을 느낍니다. 혹시라도 자신의 왕위를 다윗에게 빼앗길까 봐 걱정이 되었던 것입니다.

다윗은 사울 왕의 박해를 피해 왕궁을 떠나고, 다윗이 떠난 것을 안 블레셋에서 다시 이스라엘을 공격했을 때 궁지에 몰린 사울은 자살합니다.

유대인들은 다윗을 불러 왕위에 오르게 하지요.

왕이 된 다윗은 많은 업적을 남깁니다. 이스라엘을 통일하고, 예루살렘을 수도로 삼았으며, 유대교를 확립하여 유대인들의 정신적 지주로 삼았습니다. 용맹한 장수이자 시인이었던 그는 『구약성서』의 〈시편〉 중 많은 부분을 직접 썼다고 알려졌습니다.

그러나 이상적인 군주의 모범 답안 같은 그도 오점을 남긴 부분이 있습니다. 바로 자신의 충직한 부하인 우리아의 아내 밧세바와 간통하고, 그 사실을 감추기 위해 우리아를 사지死地로 내몰아 죽게 한 것입니다.

다윗은 어느 날 우연히 밧세바가 목욕하는 모습을 보고 사랑하는 감정을 느꼈다고 합니다. 그래서 신하를 밧세바에게 보내 자신을 뜻을 전하였고, 밧세바는 왕의 명을 받아 궁전으로 들어갑니다.

다윗의 부정한 행위를 다 알고 있었지만 누구도 감히 왕의 잘못을 입에 담지 못하고 있을 때, 그의 비열한 행동을 준엄하게 꾸짖은 이가 선지자 나단입니다. 그는 다윗을 찾아가 욕심 많은 부자 이야기를 들려줍니다. 즉, 많은 가축을 가진 부자가 양 한 마리를 가진 가난한 농부의 것을 빼앗았다면 그의 행위가 옳으냐고 물었지요. 다윗은 분연히 대답합니다. "그런 못된 놈은 죽어 마땅하다."라고. 그러자 나단은 일갈합니다. "당신이 바로 그 부자이다."

그는 다윗에게 "우리아의 아내와 간통하고, 우리아를 죽음으로 몰아넣었으니 앞으로 당신의 가족은 영원히 폭력에 시달릴 것이며, 밧세바가 낳는 아이는 죽을 것"이라고 예언합니다. 나단의 예언대로 다윗은 아들이 일으킨 반란을 겪어야 했고, 밧세바가 낳은 첫 아이는 죽고 맙니다. 뒤늦게 자신의 잘못을 깨달은 다윗은 하느님 앞에 진심으로 회개하였고, 신이 그를 용서한 것인지 밧세바가 다시 낳은 아들 솔로몬은 죽지 않고 살아서 아버지의 뒤를 이어 왕이 됩니다. 슬기로운 군주로서 역사에 아름다운 이름을 남기는 솔로몬 왕이 바로 회개한 다윗의 아들인 것입니다.

골리앗의 목을 벤 다윗

바티칸시국 시스티나 예배당

모스크바 구세주 그리스도 성당

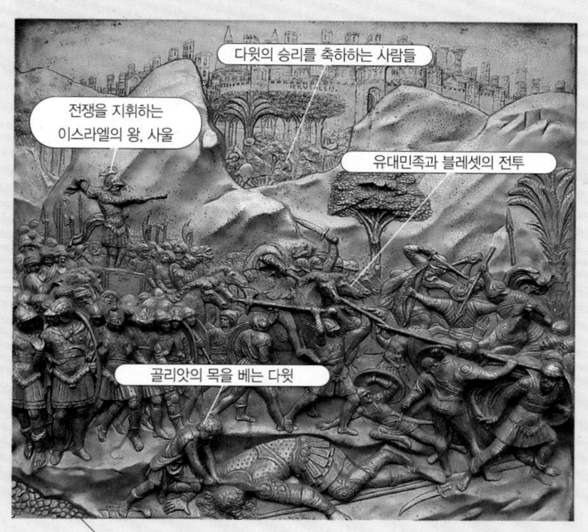

피렌체 산 조반니 세례당

가장 지혜로웠던 이스라엘의 왕

솔로몬

SOLOMON

마티아스 스톰, 〈솔로몬의 판결〉, 1640년, 휴스턴 미술관

솔로몬 왕의 현명함을 알려주는 가장 대표적인 사례로, 한 아이를 두고 두 여자가 서로 자신의 아기라고 주장할 때 명쾌한 판결로 진짜 엄마를 가려낸 일을 꼽을 수 있습니다.

그래서 솔로몬은 지금도 사람들의 뇌리에 가장 지혜로운 왕으로 남아 있으며, 그의 이름에서 파생된 'solomonic'이란 단어가 '현명한'이란 의미를 가질 정도입니다. 솔로몬은 이스라엘의 세 번째 왕이며, 이스라엘 역사상 가장 강력하면서도 현명했던 왕으로 칭송받고 있습니다. 문학적인 능력도 탁월하여 〈시편〉, 〈잠언〉 등의 성서를 집필하기도 하였습니다.

그는 이스라엘의 두 번째 왕인 다윗이 밧세바란 여인에게서 얻은 아들로, 아버지의 뒤를 이어 왕이 되었습니다.

모스크바 구세주 그리스도 성당 외벽에는 '기름 부음을 받는 솔로몬'이란 주제의 부조[1]가 있습니다. 이는 다윗 왕의 아들 솔로몬이 제사장 사독Zadok으로부터 기름 부음을 받는 장면을 묘사한 것입니다. 기름 부음을 받는다는 것은 왕의 후계자가 되었다는 상징적인 의미를 가지며, 솔로몬은 실제로 다윗의 뒤를 이어 이스라엘의 왕이 됩니다.

이곳에는 다윗 왕이 솔로몬에게 성전 건축 계획을 설명하는 내용의 부조[2]도 있습니다. 다윗 왕 당시까지는 '하느님이 임하는 신성한 곳'으로서의 구체적 건축물인 성전이 존재하지 않았습니다. 성막聖幕(이동식 임시 성전)이 그것을 대신했지요. 다윗 왕은 성전 건축을 평생의 숙원 사업으로 삼았지만, 신의 뜻은 솔로몬이 완성하는 것이었다고 합니다. 다윗은 성전 건축 계획을 측근들에게 설명하는 것까지만 할 수 있었던 셈입니다.

솔로몬이 재위 5년째에 공사를 시작하여 재위 11년째 되는 해에 완공한 최초의 성전은 이스라엘 민족을 단일 신앙으로 뭉칠 수 있게 했지만, 신바빌로니아의 왕 네부카드네자르 2세가 예루살렘을 정복한 BC 586년에 파괴됩니다. 이때 수많은 유대인들이 바빌론으로 끌려가는데, 그것을

모스크바 구세주 그리스도 성당 외벽의 부조

기름 부음을 받는 솔로몬

솔로몬에게 성전 건축 계획을 설명하는 다윗

'바빌론 유수Babylonian Captivity'라고 하지요.

유대인들에게 모세의 십계명과 그것을 보관한 상자인 성궤Ark of the covenant는 자신들이 신의 선택을 받은 민족이라는 자부심의 근원이었습니다. 솔로몬 왕이 그 성궤를 보관할 웅장한 신전을 짓는 것을 필생의 사업으로 삼은 것은 그 때문이며, 그가 유대 역사상 가장 어질고 현명한 왕으로 칭송받는 이유도 그 때문입니다. 솔로몬 시대를 유대의 황금기로 보는 것도 그와 관련 있을 겁니다.

그런데 무슨 까닭인지 그 이후로 성궤의 행방이 묘연해졌습니다. 성궤의 실종은 『구약성서』 최대의 미스터리라고 할 만합니다. 그래서 현대에 이르러서도 잃어버린 성궤를 찾는 사람들의 이야기를 담은 영화('레이더스-잃어버린 성궤의 추적자들')가 만들어지는 것입니다.

솔로몬은 시바의 여왕과의 이야기로도 유명합니다.

아라비아반도 남쪽에 대대로 여왕이 통치해온 부유한 시바 왕국이 있었는데, 그곳의 여왕이 솔로몬의 명성을 듣고 그를 시험하기 위해 많은 보물을 가지고 방문하였습니다.[3·4] 여왕은 일부러 까다로운 문제들을 솔로몬에게 물었는데, 왕은 해박한 지식을 동원해 시원스럽게 설명했다고 합니다. 그러자 여왕은 지혜로운 솔로몬에게 반하게 되었지요. 솔로몬 왕의 웅

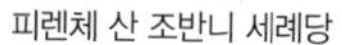
피렌체 산 조반니 세례당

아레초 산 프란체스코 성당 바치 예배당

장하면서도 화려한 궁전, 질서정연하고 수준 높은 궁정 문화 등도 여왕을 압도했을 것입니다.

솔로몬 또한 부유하고 아름다운 시바의 여왕에게 반하여 둘은 사랑하는 사이가 되었고, 둘 사이에서는 아들이 태어나기도 했다고 전합니다. 에티오피아 사람들은 시바의 여왕이 낳은 아들이 자신들의 왕이 되었다고 주장하지만, 역사적으로 검증된 사실은 아닙니다.

시바의 여왕이 실존 인물인지, 그렇다면 어디에 있는 나라를 다스리던 여왕인지에 대해서는 정설이 없습니다. 다만 솔로몬이 수많은 후궁들을 거느렸고, 그 가운데 외국 출신의 여인들도 많았다는 사실을 감안한다면, 시바의 여왕이라고 알려진 여인이 솔로몬의 후궁이 되어 그의 아들을 낳았을 가능성은 있을 수 있지요.

솔로몬은 하느님으로부터 특별한 지혜를 선물 받았고 더할 나위 없는 부귀영화를 누렸지만, 타국 출신 후궁들을 위해 그녀들의 신을 위한 신전을 지은 것을 그리스도교도들은 오점으로 생각합니다.

Part 3.

성화와 성상에 자주 등장하는 인물들

5
서방 교회의 4대 교부

서방 교회의 4대 교부, 혹은 라틴 교회의 4대 교부The Four Latin Church Fathers라고 일컬어지는 네 사람에 대해 알아봅시다.

교부敎父란 직역하면 '교회의 아버지'라고 할 수 있는데, 단순히 고위 성직자를 일컫기보다는 초기 교회 당시 종교상의 교리와 신학 체계를 수립한 지도자 및 저술가를 말합니다. 그중에서도 서방 교회의 4대 교부라고 하면 암브로시우스, 아우구스티누스, 히에로니무스, 그레고리우스 1세(대교황 그레고리우스)를 말하는데, 800년경 베네딕토회의 수사인 요한은 이들을 일컬어 '낙원에서 흘러온 네 줄기의 강'이라고 칭송했습니다. 그리고 1280년에는 교황 보니파시우스 8세가 이들을 서방 교회의 4대 교부라고 공식 선언하였습니다.

로마 제국의 황제를 굴복시킨 주교

성 암브로시우스

ST. AMBROSIUS

안토니 반 다이크, 〈테오도시우스가 밀라노 대성당에 들어가려는 것을 막는 암브로시우스〉, 1619년~1620년, 런던 내셔널 갤러리

성 암브로시우스(성 암브로우스St. Ambrose)는 밀라노 교구의 주교를 지냈으며, 지금도 밀라노의 수호성인입니다. 그는 아리우스파(예수의 신성神性을 부인한 아리우스의 주장을 따르는 일파)와 이교도 세력에 대항하여 정통파 신앙을 수호한 인물이자 정통 그리스도교의 전례와 성직에 대한 개혁을 이룩한 것으로 평가받습니다. 4대 교부 중의 한 사람인 아우구스티누스를 개종시킨 것도 암브로시우스였습니다.

그는 로마 제국의 황제였던 테오도시우스 1세를 굴복시킨 일이 있는데, 황제가 주교 앞에 무릎 꿇은 사건의 전말은 이렇습니다.

390년에 그리스 테살로니카 지방에서 주민들이 로마군 수비대장을 살해한 일이 있었습니다. 밀라노에 있던 테오도시우스 1세는 그 소식을 듣고 격분하여 암브로시우스의 만류에도 불구하고 7,000여 명의 테살로니카 주민을 학살하도록 명령을 내렸지요. 그러자 암브로시우스는 황제의 성당 출입과 성체 성사를 금지했습니다. 그리스도교를 로마 제국의 국교로 정할 정도로 독실한 신자였던 테오도시우스 1세는 결국 황제의 관을 벗고 베옷을 입은 채, 밀라노 대성당 앞에 가서 사죄한 뒤에야 겨우 용서를 받을 수 있었다고 합니다. 암브로시우스가 그 정도로 단호한 인물이었다는 뜻일 겁니다.

세속 권력인 황제가 종교 권력인 주교에게 굴복한 이 사건은 훗날 '카노사의 굴욕'이 일어나는 계기가 되었다는 평가를 듣습니다.

유럽의 성당에서 만날 수 있는 성 암브로시우스

토리노 신자들의 도움이신 마리아 성당(손가락 세 개를 펼쳐 보임)

로마 산 주세페 알라 룽가라 성당 (세 개의 줄이 달린 채찍)

암브로시우스는 밀라노의 주교였으므로, 대부분 주교관을 쓰고 있는 모습으로 표현됩니다. 세 개의 줄(또는 매듭)로 된 채찍과 함께 표현되기도 하는데, 채찍은 이교도에 맞서는 성인의 단호함, 세 개의 줄은 삼위일체에 대한 성인의 신념을 나타냅니다. 삼위일체에 대한 신념은 세 손가락으로 표현되기도 하지요

또한, 성인과 함께 벌이나 벌집이 나타나기도 합니다. 이는 성인의 아버지가 어린 아들의 얼굴을 꿀벌들이 뒤덮고 있는 것을 발견했다는 전설에서 기인한 것으로, 훗날 성인이 뛰어난 언변(설교 능력)을 가지게 됨을 뜻하는 것으로 봅니다.

초기 그리스도교가 낳은 위대한 철학자이자 사상가

성 아우구스티누스

ST. AUGUSTINUS

필립 드 샹파뉴, 〈성 아우구스티누스〉, 1645년~1650년, 로스앤젤레스 카운티 미술관

초기 그리스도교가 낳은 위대한 철학자이자 사상가로 추앙받는 성 아우구스티누스(아우렐리우스 아우구스티누스Aurelius Augustinus, 성 어거스틴St. Augustine)는 로마 제국 당시 북아프리카 누미디아에서 태어났습니다. 젊은 시절에는 방탕한 생활을 했지만 독실한 그리스도교도인 어머니를 통해 그리스도교를 접하게 되었고, 밀라노의 주교 성 암브로시우스의 영향으로 그리스도교도가 되었다고 합니다.

젊은 시절 그는 수사학을 공부하고 원시 종교인 마니교에 심취했으나, 그리스도교 신앙을 갖게 된 후 철학적 사유가 깃든 그리스도교 관련 저술을 여러 권 남겨 신학자이자 철학자로 평가받습니다. 그래서 그는 대부분 책을 들고 있거나 글을 쓰고 있는 모습으로 표현되는데, 그 책은 아마도 그의 대표 저서인 『고백록告白錄』으로 보입니다. 그는 자신의 개종 과정을 기록한 그 책을 통해 신과 영혼에 대한 깊은 이해를 드러내고 있습니다.

그는 북아프리카의 히포Hippo 지역에서 주교를 지냈기 때문에 '히포의 아우구스티누스'라고도 불리며, 주교복을 입고 주교관을 쓰고 있는 모습으로 표현됩니다.

성당에서 발견하지는 못했지만, 조개껍데기를 들고 있는 어린이와 함께 있는 아우구스티누스를 그린 그림이 여러 점 남아 있습니다. 이것은 아우구스티누스가 삼위일체의 신비를 이해하기 위해 몰두하던 중 만났다는 아이와 관련된 일화를 담은 것입니다.

삼위일체에 대해 깊이 생각하며 바닷가를 거닐던 아우구스티누스가 바닷물을 모래톱의 구덩이에 옮겨 담겠다며 조개껍데기로 바닷물을 퍼나르는 아이를 만났다고 합니다. 그는 아이의 설명을 듣고는 그게 어떻게 가능하겠냐고 물었는데, 그 아이는 "그러면 아저씨는 그 작은 머리로 삼위일체를 어떻게 이해하려고 하느냐?"고 묻고는 홀연히 사라졌다는 것입니다. 이 일화를 '성 아우구스티누스의 환시幻視'라고 합니다.

그가 불타는 심장이나 화살이 꽂힌 심장을 들고 있을 때도 있는데, 이것은 아우구스티누스의 종교적 열정을 표현한 것이라고 합니다.

페테르 파울 루벤스, 〈해변의 성 아우구스티누스〉
(조개껍데기로 바닷물을 나르는 아이, 아기 천사의 손에 있는 불타는 심장)

제각각으로 번역된 성경을 원전에 맞게 개정한 저술가

성 히에로니무스

ST. HIERONYMUS

벤베누토 티시, 〈성 히에로니무스의 명상〉, 1520년~1525년, 뉴올리언스 미술관

교황 다마소 1세의 비서였던 성 히에로니무스(성 제롬St. Jerome, 성 예로니모)는 다마소 1세 사후 베들레헴으로 가서 학문 연구에 전념하면서 많은 저술을 남겼으며, 베들레헴에서 사망했습니다. 그의 가장 큰 업적은 제각각으로

번역되어 사용되던 고대 라틴어 성경들을 원전에 맞게 정확하게 개정(불가타 성경)하여 교회의 표준 성경으로 자리매김하도록 한 것입니다.

성 히에로니무스를 표현한 성화나 성상은 대개 두 종류로 나눌 수 있는데, 깡마른 벗은 몸으로 황야에서 수행하며 돌멩이로 자신의 가슴을 치는 모습과, 서재에서 성서를 번역하고 있는 모습이 그것입니다. 그가 돌멩이로 자신의 가슴을 치는 까닭은 인간적인 욕망을 떨쳐버리기 위해 스스로 고행을 선택했다는 의미이며, 서재에서 집필에 몰두하는 모습으로 표현되는 까닭은 그가 성서 번역에 일생을 바친 성서학자이기 때문입니다. 해골이 함께 표현되기도 하는데, 이것은 그가 세속적인 쾌락을 멀리했다는 의미로 해석됩니다.

그런데 재미있는 것은, 히에로니무스를 그린 그림에 사자가 자주 등장한다는 점입니다. 이 사자는 『황금 전설』이란 책의 기록에 근거를 둔 것으로, 당나귀를 잡아먹었다는 누명을 썼을 때 히에로니무스가 자신의 죄 없음을 믿어주자 고마운 마음에 항상 따라다니며 히에로니무스를 보호했다는 바로 그 사자입니다. 복음서 저자인 마가의 상징도 사자인데, 함께 있는 사람들에 따라 마가인지 히에로니무스인지를 구별하면 될 것입니다.

4대 교부를 표현한 성화나 성상에서 히에로니무스를 찾는 것은 비교적 쉬운 편입니다. 일단 그는 다른 교부들과 달리 벗은 몸으로 표현되는 경우가 많습니다. 그리고 앞에서 설명한 대로 곁에 사자가 있거나, 깡마른 벗은 몸을 돌멩이로 치고 있거나(혹은 손에 돌멩이를 들고 있거나), 해골이 주변에 놓여 있거나, 이름이 표기된 경우가 대부분이기 때문입니다. 그리고 챙이 넓은 모자를 쓰고 있는 경우도 히에로니무스로 보면 되는데, 이상의 요소 몇 가지가 동시에 나타나기도 합니다.

유럽의 성당에서 만날 수 있는 성 히에로니무스

토리노 대성당
(벗은 몸, 돌멩이, 해골)

그라나다 산 헤로니모 수도원
(벗은 몸, 돌멩이, 해골, 사자, 챙이 넓은 모자)

그라나다 산 헤로니모 수도원(사자)

로마 교황권을 확립시킨 수도사 출신의 교황

성 그레고리우스 1세

ST. GREGORIUS I

프란시스코 데 고야, 〈성 그레고리우스 1세〉, 1796년~1799년, 마드리드 낭만주의 미술관

성 그레고리우스 1세(대교황 그레고리우스 1세Gregorius I Magnus, 성 대大 그레고리 1세 St. Gregory I the Great)는 귀족 가문에서 태어났지만 상속받은 재산 대부분을 자선 단체와 수도원에 기부한 후, 베네딕토회 수도사가 되었습니다. 바르셀로나 근교의 몬세라트 수도원에 그의 동상이 서 있는데, 그가 베네딕토회 수도사 출신으로 교황이 되었기 때문일 겁니다. 몬세라트 수도원이 베네딕토회 소속이니까요.

성 그레고리우스 1세는 신자들의 추대에 의해 최초로 수도사 출신 교황이 된 후에도 수도사와 같은 청빈한 생활을 계속했다고 합니다. 그는 로마 교황권을 확립시킨 위대한 인물로 여겨집니다.

교황 재위 중 그는 교회의 여러 규정을 새로이 정하고 『목양자 법규牧羊者法規』를 써서 성직자의 생활을 확립하였습니다. 특히 그는 미사용 성가聖歌를 정비했는데, 이때 정비된 성가를 그의 이름을 따서 '그레고리안 성가Gregorian Chant'라고 합니다.

그는 교황을 지냈으므로 다른 4대 교부와 달리 교황의 삼중관(3층으로 된 관)을 쓰고 있습니다. 그를 표현한 성화나 성상에는 종종 비둘기가 함께 보이기도 하는데, 그가 비둘기 형상을 한 성령으로부터 선율을 전해 듣고 성가들을 직접 작곡했다는 전설이 있기 때문입니다.

바르셀로나 몬세라트 수도원에 있는 성 그레고리우스 1세 동상은 책을 들고 있는 성 그레고리우스 1세 옆에 개가 있는데, 그의 손에 들린 책은 아마도 『목양자 법규』로 보이며, 그것을 알려주기 위해 곁에 양치기 개를 두었을 것입니다. '목양자'란 '양을 치는 사람'이란 뜻으로, 그리스도교에서는 흔히 신자를 양羊에 비유하고 신자의 신앙생활을 보살피는 성직자를 목양자牧羊者, 혹은 목자牧者라고 합니다. 영어로는 shepherd라고 하는데, 이 말에는 '목양자'라는 뜻 외에 '양치기 개'의 의미가 있으니 절묘한 표현인 것입니다.

유럽의 성당에서 만날 수 있는 성 그레고리우스 1세

피사 대성당 묘지
(삼중관, 비둘기)

세비야 대성당
(삼중관, 비둘기)

몬세라트 수도원(삼중관, 비둘기, 양치기 개)

피렌체 산 조반니 세례당의 청동문

성 암브로시우스

성 아우구스티누스

성 히에로니무스

성 그레고리우스 1세

빈 슈테판 대성당의 설교단

성 암브로시우스

성 아우구스티누스

성 히에로니무스

성 그레고리우스 1세

빈 보티프 성당의 설교단

성 암브로시우스

성 아우구스티누스

성 히에로니무스

성 그레고리우스 1세

천장 프레스코화

토리노 신자들의 도움이신 마리아 성당

피렌체 산 로렌초 성당

스테인드글라스

밀라노 대성당

재미로 풀어보는 QUIZ

서방 교회의 4대 교부 구별하기

서방 교회의 4대 교부는 성당의 천장, 스테인드글라스, 설교단 등에 함께 표현된 경우가 많습니다. 4대 복음서 저자와 헷갈릴 수도 있는데, 4대 복음서 저자는 각각의 상징물(마태의 천사, 마가의 사자, 누가의 소, 요한의 독수리)이 확실하므로 그들이 4대 교부인지, 4대 복음서 저자인지는 구별하기 쉬울 것입니다.

4대 교부 중 성 암브로시우스와 성 아우구스티누스는 모두 주교관을 쓰고 있는 모습으로 표현되기 때문에 이름이 확실하게 표시되어 있는 경우가 아니라면 서로 구별하기가 쉽지 않을 때가 많은데, 다음은 그들의 상징물이 함께 표현되어 구별이 가능한 경우입니다. 누가 누구인지 한번 구별해 보세요.

피에르 프란체스코 사치, 〈복음서 저자의 상징과 함께 한 서방 교회 4대 교부〉, 루브르 박물관

빈 카를 성당

정답 | 왼쪽부터 성 아우구스티누스-복음서(고백록), 성 그레고리우스 1세-비둘기와 삼중관, 성 히에로니무스-챙이 큰 모자, 성 암브로시우스-3개의 줄이 달린 채찍
※4대 복음서 저자 상징물: 왼쪽부터 독수리(=요한), 소(=누가), 천사(=마태), 사자(=마가)

정답 | 왼쪽부터 차례로 성 암브로시우스-벌집, 성 그레고리우스 1세-삼중관과 비둘기,
성 히에로니무스-벗은 몸과 돌로 가슴을 침, 성 아우구스티누스-불타는 심장

Part 3.

성화와 성상에 자주 등장하는 인물들

6
그 밖에 자주 등장하는 성인들

『구약성서』에 나오는 중요한 인물들에 대해서는 앞에서 설명했습니다. 그리고 『신약성서』에 나오는 주요 인물들도 설명을 했는데, 성당을 돌아볼 때 자주 만나게 되는 또 다른 카테고리의 인물들이 있어 따로 묶어보았습니다. 바로 그리스도교에서 성인으로 추앙하는 인물들입니다. 여기서 소개하는 성인들은 대부분 그리스도교 초기에 순교한 이들인데, 그리스도교라는 세계적인 종교가 그렇게 험난한 가시밭으로부터 출발했다는 증거가 되는 것입니다. 예수가 못 박혔던 참 십자가를 찾아낸 성 헬레나는 순교성인은 아니지만, 그녀의 아들 콘스탄티누스 1세가 그리스도교에 대한 박해를 중단시키는 데 영향을 미쳤을 것으로 보여 그리스도교에서 중요하게 여기는 인물이므로 소개하고자 합니다.

위기에 빠진 공주를 구한 백마 탄 기사

성 조지

ST. GEORGE

라파엘로 산치오, 〈악룡과 싸우는 성 조지〉, 1503년~1505년, 루브르 박물관

성 조지는 서양의 괴수怪獸 퇴치 설화에 단골로 등장하는 인물입니다.

옛날, 어느 왕국에 사나운 악룡惡龍(사악한 괴수)이 나타나 처녀를 제물로 바치라고 요구했습니다. 말을 듣지 않으면 나라를 쑥대밭으로 만들겠다고 협박하는 악룡에 굴복하여 왕은 울며 겨자먹기로 해마다 처녀를 제물로 바쳤습니다.

그러다 보니 나라 안에는 처녀가 남지를 않았고, 결국엔 왕의 외동딸을 제물로 바칠 수밖에 없는 상황이 되었지요.

공주가 악룡의 먹잇감으로 바쳐진 날, 지평선 너머에서 흰 말을 타고 달려오는 기사가 한 사람 있었습니다. 그의 이름이 바로 성 조지입니다.

조지는 용감하게 악룡과 맞서 싸운 끝에 승리를 거두고 공주를 구합니다. 이 이야기는 서양의 동화 유형 중, 괴수를 퇴치하고 공주(혹은 처녀)를 구하는 영웅담의 원형이 됩니다. 그래서 그는 대부분 말을 탄 채 칼이나 창으로 악룡을 무찌르는 모습으로 그려지며, 기사騎士와 군인의 수호자로 여겨졌습니다.

한편, 조지는 악룡을 퇴치한 영웅인 동시에 그리스도교의 성인입니다.

소아시아(현재의 튀르키예) 카파도키아 출신의 조지는 로마 제국의 군인이 되어 당시 황제였던 디오클레티아누스의 경호원이 될 정도로 실력을 인정받았습니다. 그런데 디오클레티아누스는 역사상 그리스도교를 가장 가혹하게 탄압한 황제이지요.

그는 303년에 로마의 신들에게 바치는 제사에 로마 시민들이 의무적으로 참여하도록 하는 칙령을 내렸습니다. 당시 로마 제국은 그리스 신화를 받아들여 다양한 신들의 존재를 인정하는 다신교 국가였습니다. 반면 그리스도교는 '여호와 하느님 이외의 다른 신을 섬기지 말라.'는 계명을 엄격하게 고수하는 유일신교이지요. 로마 제국의 신앙 체계와 그리스도교의 신앙 체계는 절충하거나 화합하는 것이 불가능할 정도로 거리가 멀었습니다. 그리스도교가 로마 제국 초기에 탄압을 받은 중요한 이유가 바로 거기에 있었던 것입니다.

이미 그리스도교 신앙을 받아들인 상태였던 조지는 황제의 측근이었음에도 불구하고, 황제의 칙령을 따르기를 거부합니다. 오히려 공개적으로

파르마 대성당 세례당

상트페테르부르크 그리스도 부활 성당

블레드 성 마르틴 교구 성당

로마 성 이그나시오 성당의 '대천사 미카엘'

자그레브 길거리의 성 조지 동상

자신이 그리스도교 신자임을 밝히니, 곤란해진 것은 황제였습니다. 그는 조지를 아꼈기 때문에 제사에 참여하면 원하는 것들을 상으로 주겠다며 회유했지만 소용없었습니다.

결국 조지는 그리스도교 신자라는 이유로 사형을 선고받고, 잔인한 고문을 받은 끝에 참수형을 당했다고 합니다. 디오클레티아누스 황제 때 순교한 수많은 그리스도교 신자 중 한 명으로, 나중에 성인의 반열에 오르게 되는 것입니다.

성 조지는 가톨릭과 동방 정교회에서 공통적으로 공경하는 성인이므로, 가톨릭 성당[1]과 정교회 성당[2]에서 자주 볼 수 있습니다. 대부분 악룡을 무찌르는 것으로 표현되지만, 때로는 블레드 성 마르틴 교구 성당의 부조[3]처럼 사악한 존재를 제압하는 형태로 표현되기도 합니다.

그러나 악룡이나 괴수, 혹은 사악한 존재를 무찌른다고 하여 모두 성 조지는 아닙니다. 만약 악룡을 무찌르는 이의 등에 날개가 있다면, 그것은 대천사 미카엘이니 성 조지와 구분해야 합니다.[4]

성당에서만 볼 수 있는 대부분의 다른 성인들과 달리 성 조지는 다양한 장소에서 만날 수 있습니다.[5] 그리스도교의 성인이니 그리스도교 문화권인 유럽에서 사랑받는 것은 당연한 일이지만 다른 성인들에 비해 그가 더 사랑받는 까닭은, 위험에 빠진 공주를 구하는 멋진 기사의 이미지가 덧입혀졌기 때문이 아닐까 합니다.

피란 성 조지 성당

아테네 성 게오르기우스 성당

모스크바 카잔 대성당

바르셀로나 몬세라트 수도원

런던 웨스트민스터 성당

베네치아 산 마르코 대성당

자그레브 대성당

코르도바 메스키타 카테드랄

파도바 성 안토니오 성당

피렌체 오르산미켈레 성당

모스크바 성모 승천 성당

아테네 성 게오르기우스 성당

아테네 성 게오르기우스 성당

피란 성 조지 성당

어깨에 '세계'를 메고 강을 건넌 거인

성 크리스토퍼

ST. CHRISTOPHER

티치아노, 〈성 크리스토퍼〉, 1524년, 베네치아 두칼레 궁전

어린아이를 안거나 어깨에 업고 있는 그림과 조각 속의 거인은 '성 크리스토퍼'입니다.

성 크리스토퍼는 '아기 예수를 어깨에 업고 가다'라는 의미를 갖는 그리스어 '크리스토포루스christophorus'에서 이름이 유래된 그리스도교 성인 중의 한 사람입니다.

전하는 이야기에 따르면, 그는 강을 건너고자 하는 사람들을 업어서 건너게 해주는 일을 생업으로 삼았습니다. 그는 덩치가 무척 큰 거인이었는데, 곧잘 "나보다 더 힘이 센 사람이 나타나면 그를 주인으로 섬기겠다."라고 말했다 합니다. 그가 생각하기에 자기보다 더 힘이 센 사람이라면 악마가 두려워하는 그리스도뿐일 것 같아 만나보기를 고대했습니다.

어느 날 조그만 아이를 어깨에 업고 강을 건너려 하는데, 너무 무거워서 발을 옮길 수 없었습니다. 이상하게 생각하는 그에게 아이는 "너는 지금 세계를 옮기고 있다. 나는 네가 찾던 왕, 예수 그리스도다."라고 말했다고 합니다. 예수가 자신을 '세계'라고 표현했기 때문에, 성 크리스토퍼에게 안긴 어린 예수의 손에 우주를 의미하는 둥근 물체(천구天球)가 들려 있는 경우가 많습니다.

하여간 성 크리스토퍼는 사람들을 옮겨주는 일을 했기 때문에 여행자와 자동차 운전자들의 수호성인으로 여겨집니다.

빌뉴스 성 베드로와 바울 성당
(성 크리스토퍼에게 업힌 어린 예수의 손에 천구가 들려 있음)

그런 그가 그리스도교의 성인으로 인정받는 것은 아기 예수를 업고 강을 건넜기 때문이 아니라, 순교했기 때문입니다. 가톨릭의 성인들은 대개 자신의 신앙을 지키기 위해 목숨을 버렸다는 공통점이 있습니다.

성 크리스토퍼는 시리아에서 출생하여 안티오키아의 주교 바빌라에게 세례를 받고 소아시아의 리키아 지방에서 선교하던 중, 그리스도교를 박해하던 데키우스 황제 때 순교하였다고 전해집니다.

유럽의 성당에서 종종 성 크리스토퍼를 찾아볼 수 있는데, 회화나 조각에 나오는 성 크리스토퍼는 거의 비슷한 형태입니다. 즉, 어깨에 어린아이(예수)를 업거나 안고 있는 거인으로 표현되므로 쉽게 알아볼 수 있습니다.

톨레도 대성당

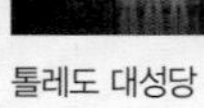

세비야 대성당

라벤나 대성당

아테네 성 게오르기우스 성당

파르마 대성당 세례당

피렌체 산토 스피리토 성당 박물관

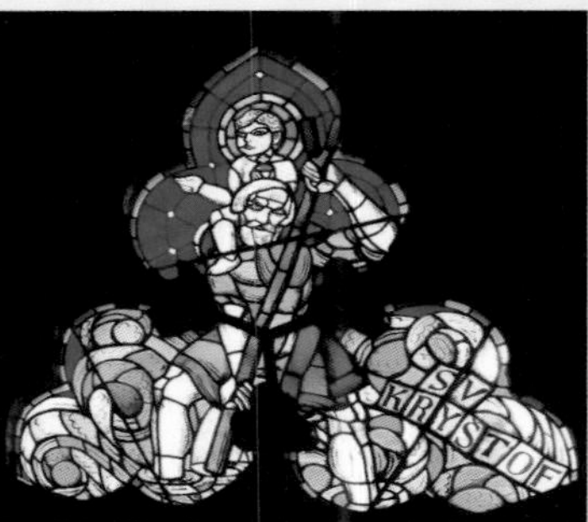

프라하 성 비투스 대성당

코모 대성당

쾰른 대성당

베네치아 산 마르코 대성당

모데나 대성당

모데나 대성당

여러 발의 화살을 맞고도 살아난 흑사병의 수호성인

성 세바스티아누스

ST. SEBASTIANUS

안드레아 만테냐, 〈성 세바스티아누스의 순교〉, 1470년경, 빈 미술사 박물관

전하는 바에 의하면, 성 세바스티아누스(성 세바스티아노St. Sebastiano, 성 세바스찬 St. Sebastian)는 로마 제국 디오클레티아누스 황제의 근위장교였다고 합니다. 디오클레티아누스는 그리스도교를 가장 가혹하게 탄압했던 황제로, 성 조지도 그의 치세 때 순교했지요.

성 세바스티아누스는 그리스도교도인 것이 발각되어 화살형을 선고받습니다. 그래서 그의 순교 모습은 대개 나무 기둥에 묶인 채 화살(한 개일 수도 있고, 여러 개일 수도 있음)을 맞는 모습[1]으로 표현되거나, 화살을 손에 들고 있는 모습[2]으로 표현됩니다.

로마 성 아그네제 인 아고네 성당

바티칸시국 시스티나 에배당

그런데 사실 그는 첫 번째 사형 집행 때 죽지 않았다고 합니다. 사형 집행관들은 당연히 죽었을 거라고 생각하여 그 자리를 떴는데, 나중에 보니 살아있었다는 것이지요. 화살이 급소를 피해 갔기 때문에 그런 기적이 일어난 것입니다.

구사일생으로 목숨을 건진 성 세바스티아누스는 또다시 황제에게 그리스도교의 복음을 전하려 하다가 투석형을 선고받고 순교했다고 합니다.

그런데 그는 중세 시대에 흑사병에 대한 수호성인으로 여겨졌습니다. 그가 여러 발의 화살을 맞고도 살아났다는 것은 흑사병에 걸렸다 살아나는 것과 다름없는 기적 같은 일이었습니다. 그가 화살을 맞고도 죽지 않았듯이, 흑사병에 걸리고도 죽지 않기를 바라는 간절한 염원이 그를 흑사병의 수호성인으로 여기게 한 것입니다.

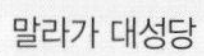
말라가 대성당

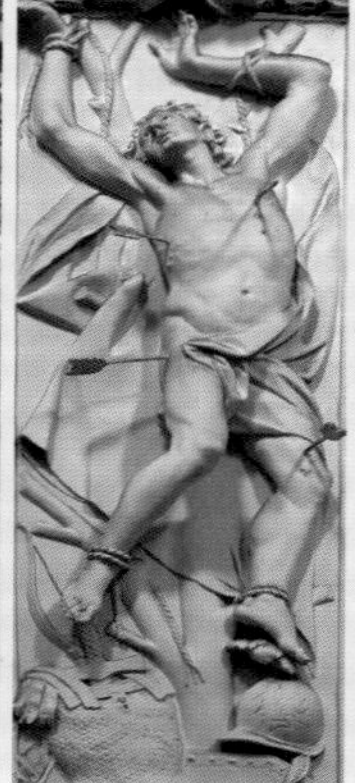
빌뉴스 성 베드로와 바울 성당

빈 슈테판 대성당

로마 산타 마리아 인 아라코엘리 성당

자그레브 대성당

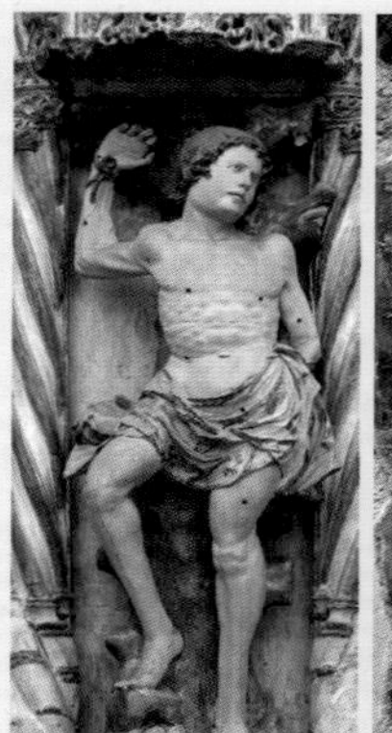
코르도바 메스키타 카테드랄

오르비에토 대성당

빈 슈테판 대성당

산마리노 대성당

빈 미카엘 성당

바티칸시국 성 베드로 대성당

모데나 대성당

누드로 표현하기에 좋아 예술가들의 사랑을 받은 사람들

유럽의 성당을 돌아보다 보면, 성 세바스티아누스는 다른 순교 성인들보다도 더 자주 만날 수 있습니다. 그뿐만 아니라 미술관이나 박물관에서도 세바스티아누스를 주제로 한 성화나 성상을 많이 볼 수 있지요. 그러니 얼핏 생각하면 그리스도교에서 그를 특히 중요하게 여긴다는 의미가 아닐까 싶기도 합니다.

그런데 곰곰이 생각해 보면, 성 세바스티아누스가 다른 순교 성인들보다 훨씬 더 존경받을 만한 이유는 없습니다. 그는 최초의 순교자도 아니고, 가장 참혹한 방법으로 순교한 것도 아닙니다. 많은 사람들에게 그리스도교 사상을 적극적으로 전파한 것도 아니고, 초기 교회 발전에 크게 기여한 바도 없지요. 그는 그리스도교를 가장 가혹하게 탄압한 디오클레티아누스 황제 시대에 순교한 수많은 순교자 중의 한 사람일 뿐이거든요.

그런데도 그가 유럽의 그리스도교도들에게 각별히 사랑받은 이유는 무엇일까요. 아마도 그가 흑사병의 수호성인으로 여겨졌다는 이유가 가장 클 것입니다. 흑사병이라는 공포 앞에서 심리적으로 의지할 만한 존재가 되어주었으니까요.

그 이유 말고 또 생각해 볼 수 있는 것은, 젊은 남성의 누드를 표현하기에 적합한 인물이라서 예술가들이 사랑한 것이 아닐까 싶습니다.

사실 세바스티아누스는 화살형을 선고받았지만, 화살 때문에 목숨을 잃지는 않았습니다. 그런데도 화가들은 그의 순교 장면을 표현할 때 굳이 화살에 맞은 모습으로 표현했습니다. 그것도 하반신을 간신히 가린 누드 상태로 말이지요.

인체를 노골적으로 드러내는 것을 꺼리는 그리스도교 문화권에서, 예술가들은 어떻게 해서든 인체의 아름다움을 표현하고 싶어 했습니다. 그러나 아무런 맥락 없이 남녀의 벗은 몸을 그리는 것은 교회의 강력한 저항을 받을 수 있었지요.

그러므로 예술가들은 교회가 납득할 수 있는 범위 안에서 인체를 드러내도 되는 인물을 찾으려 고심했습니다. 그렇게 하여 찾은 여성 모델이 『구약성서』에 등장하는 밧세바와 수산나였고, 남성 모델은 순교자 성 세바스티아누스였습니다.

밧세바와 수산나는 목욕을 하다가 사달이 나는 인물들이었으므로, 여성의 누드를 그리기에 적합했습니다. 교회로서도 두 여인은 성서에 나오는 인물이고, 그들의 일화는 널리 알려진 이야기이기 때문에 딱히 표현을 제약할 명분이 없었습니다.

사실 밧세바와 수산나의 이야기는 말하기 좋은 미담도 아니고, 널리 알려 권장할 만한 교훈적인 내용도 아닙니다. 밧세바는 목욕하다가 다윗 왕의 눈에 띄어 불륜 관계가 되었고, 결과적으로 남편 우리아를 죽음으로 몰아넣은 뒤 다윗 왕과 결혼하는 여인입니다. 그리고 수산나는 목욕하다가 동네 장로들의 눈에 띄어 성희롱을 당한 뒤, 예언자 다니엘의 도움으로 행실이 문란하다는 누명을 벗은 여인이지요.

그런데도 화가들이 그녀들을 소재로 한 그림을 많이 그린 까닭은, 교회의 눈치를 보지 않고 여인의 누드를 그릴 수 있었기 때문입니다.

렘브란트, 〈다윗의 편지를 받은 밧세바〉

야콥 드 바커, 〈수산나와 두 장로〉

세바스티아누스는 그녀들의 경우와는 다소 다르지만, 예술가들의 입장에서는 젊은 남성의 누드를 그릴 수 있는 여지가 있는 매력적인 대상이었습니다. 세바스티아누스가 화살을 맞은 순간을 그릴 때, 옷을 갖춰 입은 것보다 벗은 몸에 여러 발의 화살이 꽂히는 모습일 때 그의 고통이 절실하게 표현될 수 있었습니다. 지극한 고통을 겪으면서도 신앙을 버리지 않는 강인한 모습이야말로 더 감동적인 순교자의 태도로 비쳤을 겁니다. 그러니 교회 입장에서도 세바스티아누스의 순교 장면을 그릴 때 벗은 몸에 화살을 맞는 것으로 표현하는 것을 반대할 명분이 없었을 겁니다.

그리하여 화살을 맞는 세바스티아누스는 화가들이 즐겨 그린 주제였는데, 나중에는 세바스티아누스의 숭고한 순교 정신을 표현하는 것이 목적인지, 아니면 남성의 누드를 그리는 것이 목적인지 모호한 작품들이 쏟아져 나오게 된 것입니다.

오른쪽 작품들을 보면, 성 세바스티아누스를 그리는 화가들의 태도가 점점 과감해지는 것을 알 수 있습니다. 벗은 몸을 그리는 걸 금기시하던 중세 시대에는 사회 분위기를 반영하여 화살을 손에 쥔 것으로 표현하다가 상반신만 조심스럽게 드러내는 방식으로 변화하였고, 나중에는 누드 자체에 관심을 가진 것으로 보이는 작품이 나오는 것을 알 수 있지요.

세바스티아누스는 순교자라는 종교적인 이유와 흑사병이 창궐하는 엄혹한 시대 상황 속에서 흑사병의 수호성인이라는 이유로 사람들의 사랑을 받은 측면이 분명히 있지만, 예술가들에게 유독 사랑받은 이유는 누드로 표현하기에 비교적 자유로운 인물이었다는 점이 제일 중요했을 것입니다.

작자 미상, 〈성모자와 성 세바스티아누스〉

한스 멤링, 〈성 세바스티아누스의 순교〉

피에트로 페루지노의 제자, 〈성 세바스티아누스〉

수레바퀴에 묶여 온몸이 찢어지면서도 신앙을 지킨 성녀

성 카타리나

ST. CATHARINA

카라바조, 〈알렉산드리아의 성 카타리나〉, 1598년경, 마드리드 티센 보르네미사 미술관

이집트 알렉산드리아 출신이라서 '알렉산드리아의 카타리나'라고도 불리는 성 카타리나(성 캐서린St. Catherine)는 그리스도교를 박해한 로마 황제 막센티우스 때 순교했습니다.

그녀를 설득하는 데 실패한 황제는 아사형餓死刑을 선고했으나 비둘기가 먹을 것을 물어다 주어 굶어 죽지 않았다고 합니다.

그 뒤 못이 잔뜩 박힌 수레바퀴에 묶어 굴려 몸이 찢기도록 했지만 천사가 나타나 수레를 부수는 바람에 목숨을 건졌고, 결국 참수되어 순교했습니다.

그래서 그녀의 제일 중요한 상징물은 부서진 수레바퀴이며, 칼과 종려나무 가지도 함께 나타나는 경우가 많습니다. 칼은 그녀의 목숨을 빼앗은 순교 도구이고, 종려나무 가지는 그럼에도 불구하고 그녀가 신앙을 버리지 않고 끝내 승리했다는 의미를 갖고 있습니다.

수레바퀴가 중요 상징물인 성 카타리나는 수레 제작자의 수호성인으로 여겨졌다고 합니다.

상트페테르부르크의 성 이삭 성당 제단 주변에 성 카타리나가 등장하는 두 점의 그림이 있는데, 그녀의 상징물을 알아볼 수 있습니다. 왼쪽 그림에는 종려나무 가지와 수레바퀴가, 오른쪽 그림에는 검과 종려나무 가지가 보입니다.

상트페테르부르크 성 이삭 성당의 성 카타리나

종려나무 가지와 수레바퀴가 있음

검과 종려나무 가지를 들고 있음

빈 슈테판 대성당 성 카타리나 예배당 제단 장식의 성 카타리나

그리고 빈 슈테판 대성당에는 성 카타리나 예배당이 있습니다. 세례 의식이 이루어진 곳이기 때문에 세례 예배당이라고도 하는 곳이지요. 이곳의 제단 장식을 보면 중앙에 수레바퀴와 칼을 든 여인이 서 있습니다. 바로 성 카타리나입니다. 그녀에게 봉헌되었기에 성 카타리나 예배당이란 이름이 붙은 것입니다.

파르마 대성당 세례당 시에나 대성당 세례당 자그레브 대성당 모데나 성 요셉 성당 바티칸시국 시스티나 예배당 '최후의 심판' 중, 성 카타리나

탑에 갇혔다가 탈출한 후 순교해 탑이 상징물이 된 성녀

성 바르바라

ST. BARBARA

조반니 안토니오 볼트라피오, 〈성 바르바라〉, 1493년~1499년, 베를린 제멜데 갤러리

앞면의 그림 속 여인은 성 바르바라입니다. 그녀가 누구인지를 짐작할 수 있는 단서는 바로 그녀의 뒤로 보이는 원통형 탑입니다. 탑은 바르바라의 상징물이거든요. 그러면 탑이 그녀의 상징이 된 까닭은 무엇일까요? 그녀의 일생을 알면 그에 대한 답을 찾을 수 있습니다.

니코메디아의 왕 디오스코루스는 아름답고 총명한 자신의 딸 바르바라를 무척 사랑했다고 합니다. 너무나 사랑한 나머지 세상의 악으로부터 보호하고자 탑 안에 가두어 키웠다고 하지요.

그런데 바르바라는 우연한 기회에 유모를 통해 그리스도교의 복음을 듣게 되었고, 그리스도교 신자가 됩니다. 그 사실을 나중에 알게 된 그녀의 아버지는 불같이 화를 내며 탑에 갇힌 바르바라를 더욱 철저하게 감시하였지요.

페테르 파울 루벤스, 〈아버지를 피해 달아나는 성 바르바라〉

바르바라는 자신의 신앙을 지키기 위해 탑을 탈출했다고 하는데, 그때의 상황이 페테르 파울 루벤스의 그림[1]에 표현되어 있습니다. 탑이 바르바라의 상징물이 된 것은 그녀가 탑에 갇혀 자랐기 때문이지요.

딸을 찾아낸 디오스코루스는 회유와 협박이 통하지 않자 바르바라를 법정으로 끌고 가 고변했습니다. 당시는 그리스도교 신자들이 극심한 박해를 받던 때라서 바르바라 역시 모진 고문을 당했습니다. 그래도 바르바라가 그리스도교를 버리지 않겠다고 하자 화가 난 디오스코루스가 직접 딸의 목을 베었다고 합니다. 루카스 크라나흐의 그림[2]을 통해 바르바라의 순교 장면을 볼 수 있지요. 바르바라가 순교한 것은 4세기경으로, 그리스도교를 박해한 로마 제국의 막시미아누스 황제 때의 일이었습니다.

루카스 크라나흐, 〈성 바르바라의 순교〉

딸을 죽이고 집으로 돌아가던 디오스코루스는 천벌을 받았는지 하늘에서 내린 벼락을 맞고 그 자리에서 목숨을 잃었다고 합니다.

바르바라의 상징물은 앞서 얘기한 탑 이외에도 참수당할 때 사용된 칼과 그녀의 승리를 상징하는 종려나무 가지, 왕관이 있으며, 성작聖爵(가톨릭 미사에서 사용되는 포도주 잔)은 그녀의 행복한 죽음을 상징합니다.

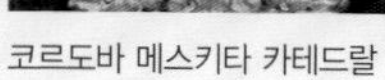
코르도바 메스키타 카테드랄

프라하 성 비투스 대성당

세비야 대성당

본 대성당

이세오 성 안드레아 교구 성당

오라비차 그리스 가톨릭 성당

도베르스베르크
성 램버트 교구 성당

굼폴츠키르헨 성 미카엘 교구 성당

소바나 산타 마리아 마조레 성당

트렌티노 오래된 성 안토니오 대제 성당

달구어진 석쇠 위에서 순교한 성인

성 라우렌시오

ST. LAURENTIUS

페테르 파울 루벤스, 〈성 라우렌시오의 순교〉, 1613년~1614년, 바이에른 주립 회화 콜렉션

바티칸시국에 있는 시스티나 예배당의 벽화 '최후의 심판'에는 여러 명의 순교 성인이 등장하는데, 그중 어깨에 사다리처럼 생긴 물건을 메고 있는 이가 있습니다.[1] 이것은 실은 사다리가 아니라 석쇠이지요. 고기나 생선을 올려서 굽는 석쇠 말입니다. 이처럼 석쇠를 가지고 있는 이를 다른 성당들[2·3]에서도 볼 수 있습니다.

이 사람이 석쇠를 갖고 있는 까닭은, 석쇠 위에서 목숨을 잃었기 때문입니다. 대부분의 순교자는 자신이 순교할 때 사용된 도구를 상징물로 갖는데, 이 사람 또한 마찬가지이지요. 이 사람의 이름은 성 라우렌시오(성 로렌스St. Lawrence)로, 많은 성화에서 이글이글 타오르는 장작불 위에 놓인 석쇠 위에서 죽어가는 모습으로 표현됩니다.[4~8]

라우렌시오는 스페인 라우렌튬 출신이라서 그런 이름으로 불렸습니다. 24대 교황인 식스토 2세(재위 257~258년)의 부름을 받아 로마로 와서 부제로 일했다고 합니다. 그런데 그 당시의 로마 제국 황제인 발레리아누스는 그리스도교를 심하게 탄압하여 카타콤에서 비밀리에 예배를 보던 식스토 2세마저 순교하는 상황이었지요.

라우렌시오도 식스토 2세가 체포될 때 함께 체포되어 순교하는데, 자신을 불 위에 놓고 고문하던 황제에게 "이쪽은 잘 구워졌으니 이제 뒤집어라."라는 말을 남겼다고 합니다.

그가 석쇠 위에서 불에 타 순교했으므로 요리사들의 수호성인이라거나, 죽음을 앞두고도 농담을 건넬 정도로 여유로웠기 때문에 희극인들의 수호성인으로 여겨졌다는 설명은 좀 씁쓸하게 들립니다.

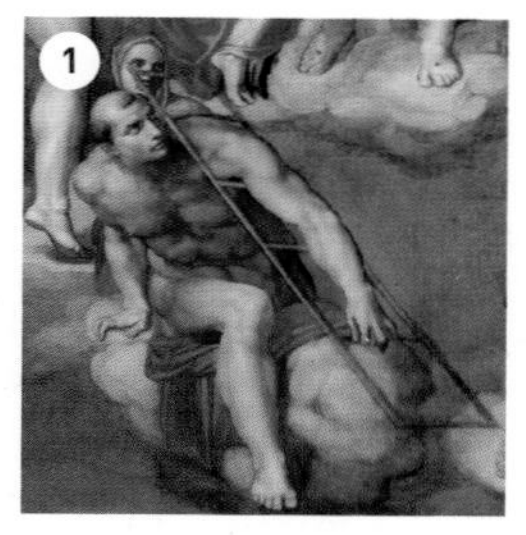
시스티나 예배당 '최후의 심판' 중, 성 라우렌시오

친퀘테레 마나롤라 마을의 산 로렌초 성당

피렌체 산 로렌초 성당

피렌체 산 로렌초 성당

제노바 대성당

베네치아 산타 마리아 아순타 성당

라벤나 갈라 플라키디아 영묘

톨레도 대성당

돌에 맞아 죽은 그리스도교 최초의 순교자

성 슈테판
ST. STEPHEN

조르조 바사리, 〈성 슈테판의 순교〉, 1560년대, 바티칸 박물관 피나코테카관

〈사도행전〉에 따르면, 성 슈테판(혹은 스테판)은 첫 번째 교회인 예루살렘 교회에서 선출한 일곱 명의 부제 중 한 사람이었습니다. 주로 가난한 이들을 구호하는 일을 맡았다고 합니다. 그는 믿음이 충만하여 여러 가지 기적을 일으켰으며, 성서 관련 지식이 해박하여 유대교도들과 논쟁을 벌이기도 했습니다.

문제는 그가 예수를 메시아로 인정하지 않는 유대교도들과 논쟁하는 과정에서 유대교를 비판했는데, 이것이 랍비들의 분노를 산 것입니다. 랍비들은 그를 성 밖으로 끌어내 군중들로 하여금 돌로 치도록 하였는데, 그는 "하늘 문이 열리며 하느님의 영광이 보인다."라는 말을 남기고 숨을 거두었다고 합니다.

그래서 그의 순교 장면을 그린 그림을 보면 투석형投石刑을 당하는 슈테판을 하느님(예수와 함께 있는 경우가 많음)이 내려다보는 모습이 대부분입니다.

성 슈테판 역시 다른 성인들처럼 성당의 스테인드글라스, 부조, 조각상 등 다양한 곳에서 찾아볼 수 있는데, 주로 슈테판에게 돌을 던지는 사람들로 표현되거나 슈테판이 돌멩이를 들고 있는 모습으로 표현됩니다. 그러므로 돌멩이를 들고 있거나 돌에 맞고 있는 남자는 순교자 슈테판으로 보면 될 겁니다.

빈 슈테판 대성당
(돌에 맞고 있는 성 슈테판)

유럽의 성당에서 만날 수 있는 '성 슈테판'

베네치아 산 조르조 마조레 성당

쾰른 대성당

로마 성 밖의 성 바울 대성당

빈 슈테판 대성당

빌뉴스 성 베드로와 바울 성당

참 십자가를 찾은 콘스탄티누스 1세의 어머니

성 헬레나

ST. HELENA

파울로 베로네제, 〈성 헬레나의 꿈〉, 1570, 런던 내셔널 갤러리

파울로 베로네제, 〈성녀 헬레나의 환시〉, 1580년, 바티칸 박물관 피나코테카관

꿈에 십자가를 본 성 헬레나는 예루살렘으로 가서 예수가 못 박혔던 참 십자가를 찾게 되었으므로, 항상 십자가와 함께 있는 모습으로 표현된다.

베네치아 화파에 속하는 화가 파울로 베로네제는 콘스탄티누스 1세의 어머니 헬레나가 꿈에 십자가를 보는 주제의 작품을 두 점 남겼습니다. 헬레나의 꿈에 천사가 나타나 십자가를 보여주면서 참 십자가True Cross(예수가 못 박혔던 십자가)를 찾으라고 촉구하는 꿈을 꾸었다는 일화를 그림으로 표현한 것입니다.

그 꿈이 계기가 되어 헬레나는 예루살렘으로 성지 순례 여행을 떠났고, 그곳에서 참 십자가를 찾은 공로로 그리스도교의 성인이 되었으니 헬레나의 일생에서 매우 중요한 사건이 아닐 수 없습니다.

그러면 순교한 것도 아닌데 성인으로 추앙받는 헬레나는 어떤 사람일까요.

헬레나는 가난한 여관집 딸이었다고 합니다. 그런 그녀가 훗날 로마 제국의 황제가 되는 콘스탄티우스와 결혼하여 아들 콘스탄티누스를 낳은 것까지는 좋았는데, 그녀의 남편은 출세를 위해 부인을 버립니다. 당시의 황제였던 막시미아누스가 콘스탄티우스를 자신의 후계자로 삼는 조건으로 부인 헬레나와의 이혼을 종용했던 것입니다. 출세를 원했던 콘스탄티우스는 자식을 낳은 조강지처를 버리고 막시미아누스의 양녀 테오도라와 재혼합니다.

남편으로부터 버림받은 헬레나는 그리스도교에 귀의하여 독실한 신앙생활을 했으며, 예루살렘을 방문해 참 십자가를 찾아내고 그 자리에 교회를 세우기도 했다고 합니다. 헬레나가 예루살렘의 골고다 언덕에서 예수가 못 박혔던 십자가를 발견하는 장면을 그린 그림으로 유명한 작품이 바로 피에로 델라 프란체스카의 프레스코화입니다. 이탈리아 아레초에 있는 성 프란체스코 성당의 바치 예배당 벽에 그려져 있지요.[1]

아레초 성 프란체스코 성당 바치 예배당 벽화
왼쪽은 골고다 언덕에서 십자가들을 발견하는 헬레나, 오른쪽은 자신이 발견한 십자가가 참 십자가인지를 확인하는 헬레나

본디 십자가형을 선고받은 죄수들을 처형하는 장소였던 골고다 언덕에는 여러 개의 십자가가 버려져 있었는데, 그중의 어느 것이 예수가 못 박혔던 참 십자가인지를 알 수 없었다고 합니다. 그래서 헬레나는 자신이 찾은 십자가들을 모두 가지고 가서 죽은 사람에게 대 본 다음, 죽은 이가 깨어나는 기적이 일어난 십자가를 참 십자가로 판단했다는 이야기가 전합니다. 베네치아의 산타 마리아 아순타 성당 벽[2]에는 헬레나가 골고다 언덕에서 발견한 여러 개의 십자가 중에서 어느 것이 참 십자가인지를 가려내려고 고심하는 장면이 그려져 있습니다.

어쨌든 그리스도교에 깊이 빠진 헬레나의 태도는 아들 콘스탄티누스에게 영향을 미쳤을 것으로 보입니다. 그리스도교에 대한 거부감이 팽배하던 시대에 즉위한 콘스탄티누스 1세가 밀라노 칙령을 통해 그리스도교도들에게 종교의 자유를 준 것은 정치적인 이유도 작용했겠지만, 어머니를 위해 선택한 길이기도 했던 것입니다. 아버지 콘스탄티우스 1세가 세상을 떠난 뒤 황제위를 계승한 콘스탄티누스는 곧바로 어머니 헬레나를 모셔와 황제의 모후 지위를 부여하고 공경했다니, 어머니에 대한 그의 효심을 짐작할 수 있습니다.

헬레나는 그 자신의 신실한 믿음으로도 그리스도교의 발전에 긍정적인 영향을 미쳤겠지만, 로마 제국의 황제인 아들을 통해 더욱 막강한 영향력을 행사한 것입니다. 그리스도교 입장에서는 그녀를 성녀로 추앙하는 것이 당연해 보입니다.

헬레나는 참 십자가를 발견한 공이 크므로, 성 베드로 대성당에서처럼 그녀를 표현한 성화나 성상은 대개 십자가가 함께 다루어집니다.[3]

2 베네치아 산타 마리아 아순타 성당

3 바티칸시국 성 베드로 대성당

4 바티칸 박물관 그리스 십자가의 방(헬레나의 석관)

참고로, 바티칸 박물관 그리스 십자가의 방에는 헬레나의 석관이 있습니다.[4] 이 석관은 크기로도 사람을 압도하지만, 신비스러운 색깔로 사람들의 시선을 잡아끕니다. 흔히 보기 어려운 자주색 석재로 관을 만들었는데, 보라색이나 자주색은 옛날에는 고귀한 신분만이 쓸 수 있는 특별한 소재였지요. 황제의 모후이자 참 십자가를 발견한 헬레나가 당시 사람들에게 어떤 대우를 받았을지 석관을 통해서 짐작할 수 있습니다.

혹시 로마를 여행하면서 산 조반니 인 라테라노 대성당을 방문할 계획이 있는 여행자에게는 맞은편에 있는 성 계단 성당Scala Sancta을 함께 보라고 권하고 싶습니다. 이 성당에는 예수가 빌라도의 법정으로 끌려갈 때 걸어 올라갔다는 계단이 설치되어 있기 때문입니다.

헬레나가 예루살렘을 성지 순례할 때, 참 십자가뿐만 아니라 빌라도의 법정으로 올라가는 계단도 함께 발견해 로마로 가져왔다고 전해집니다. 그것을 설치한 성당이 바로 성 계단 성당입니다. 가톨릭 신자들은 예수의 수난을 묵상하며 고통을 함께 나눈다는 의미에서 28개의 계단을 무릎걸음으로 오르는 전통이 있다고 합니다.[5]

성 계단 성당의 계단을 무릎걸음으로 올라가는 사람들

유럽의 성당에서 만날 수 있는 '성 헬레나'

로마 산타 마리아 인 아라코엘리 성당

모스크바 구세주 그리스도 성당

베네치아 산타 마리아 아순타 성당

상트페테르부르크 성 이삭 성당(왼쪽은 콘스탄티누스 1세, 오른쪽은 헬레나)

청빈한 삶을 살다 간 진정한 수도자

아시시의 성 프란체스코

ST. FRANCIS OF ASSISI

치골리, 〈오상을 받는 성 프란체스코〉, 1596년, 우피치 미술관

이탈리아 중부의 작은 도시인 아시시Assisi에서 태어난 성 프란체스코는 가톨릭 수사이자 설교가였으며 프란체스코 수도회의 창설자입니다.

부유한 가정에서 태어난 그는 젊은 시절에는 방탕한 생활을 했다고 전해집니다. 세속적 출세를 꿈꾸며 전쟁에도 참전했는데, 1204년에 전쟁터로 향하던 중에 환시幻視를 체험합니다. 그 뒤 고향으로 돌아갔지만 더 이상 세속적 생활에서 즐거움을 느낄 수 없었습니다. 그는 가난한 사람들과 더불어 청빈한 삶을 살면서 신에게 헌신하겠다고 결심하고 실천에 옮기자 추종하는 무리가 생기게 되었습니다. 그 일이 계기가 되어 설립한 것이 프란체스코 수도회입니다. 프란체스코 수도회는 순종과 청빈을 가장 큰 덕목으로 삼는 수도회입니다.

그에 관해서는 여러 가지 일화가 전해지는데, 그중에서 몇 가지만 소개하겠습니다.

먼저, 아버지와 절연하고 상속권을 포기한 일입니다. 부유한 상인이었던 그의 아버지는 아들이 가난한 사람들을 위해 살겠다면서 집을 나가자 이해할 수 없었습니다. 그래서 아들의 마음을 돌리기 위해 설득도 하고 압력도 넣었지만 소용없었습니다. 그러자 그의 아버지는 부자父子간의 인연을 끊겠다고 합니다. 프란체스코는 그런 아버지에게 도리어 "이제부터 제게는 하느님 아버지 한 분밖에 안 계십니다."라고 대답한 후, 입은 옷을 벗어서 돌려주었다고 합니다.[1]

예수는 십자가에서 죽을 당시 다섯 군데(못이 박힌 두 손과 두 발, 그리고 롱기누스의 창에 찔린 옆구리)에 상처를 입었는데, 프란체스코도 똑같은 위치에 상처가 생겼다는 일화는 유명합니다. 그것을 '프란체스코의 성흔聖痕', 혹은 '프란체스코의 오상伍傷'이라고 합니다. 1224년에 성 미카엘 대천사 축일(9월 29일)을 준비하기 위해 베르나산에서 단식기도를 하고 있던 프란체스코는 손과 발, 그리고 옆구리에 상처가 생기는 특별한 체험을 하게 됩니다. 예수와 같은 위치에 상처를 입는 것을 그리스도교에서는 특별한 은총으로 여기므로 이에 관한 그림도 많은 편입니다.[2]

아시시 성 프란체스코 성당의 프레스코화

옷을 벗어서 아버지에게 돌려주는 성 프란체스코

오상을 받는 성 프란체스코

불 속에서 화상을 입지 않은 성 프란체스코

새들에게 설교하는 성 프란체스코

성 프란체스코의 선종

다소 전설적인 내용도 있는데, 프란체스코가 술탄(이슬람교의 지도자)에게 그리스도교만이 진리임을 설득하기 위해 불 속으로 걸어 들어갔는데 전혀 화상을 입지 않고 무사히 빠져나왔다고 합니다.[3]

그가 새들에게 설교했다는 일화도 소개하지 않을 수 없습니다. 하루는 프란체스코가 몇몇 수도사들과 함께 길을 가다가 많은 새들이 앉아 있는 나무를 보았습니다. 그걸 본 프란체스코는 새들에게 설교를 하겠다며 나섰다고 합니다. 동료들은 그런 프란체스코를 의아하게 바라보았지만 그는 진짜로 새들을 상대로 설교를 시작했고, 놀랍게도 새들은 한 마리도 날아가지 않고 끝까지 그의 설교를 들었다고 합니다. 자연을 향한 그의 애정을 알 수 있는 일화이며, 자연까지도 감동시킨 그의 진정한 신앙심을 알려주는 일화입니다.[4]

그는 1226년 10월 3일에 선종善終(가톨릭에서 임종하며 성사를 받아 큰 죄가 없는 상태에서 죽는 일)했고,[5] 1228년 7월 16일에 오랜 친구이자 추기경 시절에 프란체스코회의 보호자로 지냈던 교황 그레고리오 9세에 의해 시성諡聖(죽은 후 성인으로 인정됨)되었습니다.

옷을 벗어서 아버지에게 돌려주는 성 프란체스코

피렌체 산타 크로체 성당 바르디 예배실

오상을 받는 성 프란체스코

피렌체 산타 크로체 성당 바르디 예배실

샤울라이 십자가 언덕 성당

불 속에서 화상을 입지 않은 성 프란체스코

피렌체 산타 크로체 성당

피렌체 성 삼위일체 성당 사세티 예배당

새들에게 설교하는 성 프란체스코

아시시 성 프란체스코 성당

만토바 성 프란체스코 성당

성 프란체스코의 선종

피렌체 산타 크로체 성당 바르디 예배실

피렌체 산타 크로체 성당

산타클로스가 된 뱃사람들의 수호성인

성 니콜라스

ST. NICHOLAS OF MYRA

프라 안젤리코, 〈성 니콜라스 이야기〉, 1437년경, 바티칸 박물관 피나코테카관

암브로지오 로렌제티, 〈성 니콜라스의 일생〉, 우피치 미술관

비치 디 로렌초, 〈결혼 지참금을 주는 성 니콜라스〉, 인디애나폴리스 미술관

270년에 소아시아 리키아 지방의 부유한 가정에서 태어난 성 니콜라스는 사람들에게 선행을 베푸는 걸 좋아했다고 합니다. 부모로부터 상속받은 유산으로 가난한 사람을 즐겨 도왔는데, 특히 지참금이 없어 결혼하지 못하는 세 처녀의 딱한 사정을 알고 돈주머니를 몰래 집 안으로 던져주었다는 이야기[1·2]는 유명합니다.

그 밖에도 선행과 관련된 일화가 더 있는데, 몇 가지를 알아보겠습니다.

어느 해 기근이 심하게 들어 사람들이 굶어 죽을 위기에 빠졌을 때, 밀을 가득 실은 배가 니콜라스가 주교로 있는 도시의 항구에 도착했다고 합니다. 그는 선원들을 찾아가 굶주린 사람들을 위해 밀을 나눠달라고 부탁했는데, 선원들은 황제에게 바쳐야 하는 것이라 조금도 축낼 수 없다며 거절했지요. 그러자 니콜라스는 "하느님의 이름으로 약속하건대, 너희들의 밀이 줄어드는 일은 없을 것이니 내 말대로 밀을 나누어달라."고 하였고, 실제로 사람들에게 밀을 나눠 주었지만 원래의 양에서 전혀 줄어들지 않았다고 합니다.[3·4]

기근이 들었을 때 맘씨 나쁜 여관집 주인이 어린아이 셋을 죽인 후 손님들에게 먹을거리로 팔기 위해 소금에 절이는 끔찍한 일이 발생하기도 했습니다. 그 사실을 알게 된 니콜라스가 아이들을 부활[5·6]시켰는데, 그 일이 12월 24일에 일어났으므로 그를 어린이의 수호성인으로 여기게 되었고, 그 일이 널리 알려져 크리스마스 이브에 아이들에게 선물을 주는 산타클로스로 발전하게 되었다는 설이 있습니다.

또, 해적에게 인질로 잡힌 젊은이들을 구하기 위해 자신이 가진 재산을 내놓았다고도 하고, 사형당할 위기에 빠진 무죄한 죄수들을 구한 일도 있다고 합니다.[7]

이렇듯 성 니콜라스는 실존 인물임에도 불구하고 전설적인 이야기가 많이 전하는데, 대주교가 된 까닭을 알려주는 이야기에도 전설적인 요소가 강합니다. 신의 뜻에 따라 선하게 살기로 마음먹은 니콜라스가 사제가 된 지 얼마 안 되었을 때, 미라Myra의 대주교가 세상을 떠났습니다. 사람들은 새로운 대주교를 보내 달라며 신에게 열심히 기도했는데, 이런 말이 하늘로부터 들려왔다고 합니다.

밀을 나눠주는 성 니콜라스

오이스키르헨 성 마르틴 교구 성당

오이스키르헨 성 마르틴 교구 성당

아이들을 부활시킨 성 니콜라스

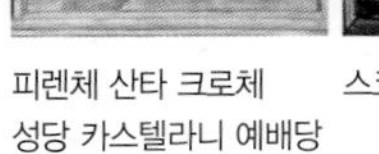

피렌체 산타 크로체 성당 카스텔라니 예배당

스코틀랜드 국립 미술관

죄수들을 구한 성 니콜라스

아시시 성 프란체스코 성당

"내일 아침 기도하기 위해 제일 먼저 성당으로 들어오는 니콜라스라는 사람이 새로운 대주교가 될 것이다."

다음 날 새벽에 니콜라스가 기도하기 위해 성당으로 들어가자 기다리고 있던 사람들이 그의 이름을 물은 다음, 그를 향해 대주교가 될 사람으로 하늘이 점지했다고 말했습니다. 니콜라스는 사제가 된 지 얼마 안 된 자신이 대주교가 된다는 것은 말이 안 된다며 여러 차례 사양했지만, 신의 뜻이라고 강권하는 사람들 때문에 결국 대주교 자리에 올랐다는 것입니다. 그래서 그는 '미라의 성 니콜라스'로 불리기도 합니다.

대주교가 된 후에도 그의 선행은 계속되었으며, 그러한 그의 행적은 많은 사람들에게 감동을 주었습니다. 그래서 죽은 후에 성인으로 추앙받게 된 것이지요. 그의 유해를 바리Bari에 안치한 까닭에 '바리의 성 니콜라스'라고 하기도 합니다.

그의 아름다운 선행은 노르만족의 이동과 십자군 전쟁을 통해 전 유럽으로 퍼졌습니다. 그에 대한 이야기를 들은 네덜란드 사람들은 그를 Sint Klaes 또는 Sinterklaas라고 부르며 자선을 베푸는 인물의 대표 사례로 여겼습니다.

미국으로 건너간 네덜란드계 이민자들로부터 착한 어린이들에게 선물을 주는 성인에 대한 이야기를 들은 그리스도교도들은 크리스마스에 선물을 주고받는 자신들의 풍습과 결합시켜 산타클로스Santa Claus라는 인물을 만들어냈습니다.

그런데 성 니콜라스가 뱃사람들의 수호성인이기도 했다는 사실은 잘 알려지지 않았습니다. 지금은 그를 어린이들의 수호성인으로 먼저 떠올리지만, 중세 시대에는 뱃사람들을 보호하는 선한 인물로 더 널리 알려졌습니다. 그가 뱃사람들의 수호성인이 된 것은, 리키아 연안에서 난파된 배의 선원들을 적극적으로 구조한 일이 많았기 때문이라고 합니다.

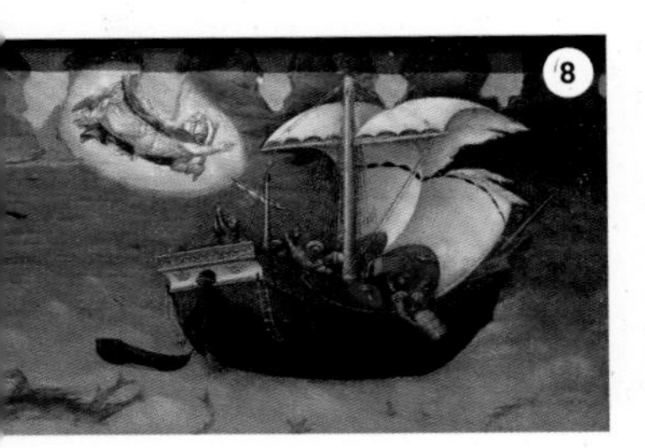

난파선을 구하는 성 니콜라스
(바티칸 박물관 피나코테카관)

바티칸 박물관 피나코테카관에 소장된 그림을 보면 바람에 잔뜩 부풀어 오른 하얀 돛을 단 배가 거센 파도에 휩쓸리고 있습니다.[8] 폭풍을 만났다는 뜻이지요. 그런데 돛 위를 보면 성 니콜라스가 나타나 배를 육지 쪽으로 이끌고 있는 것이 보입니다. 난파 위기에 처한 배를 구하는 존재로서의 성 니콜라스의 역할을 알게 해주는 그림입니다.

성 니콜라스는 키예프 공국의 블라디미르 대공이 그리스도교를 최초로 받아들일 때 이미 러시아에 전해진 성인으로, 가난한 자들을 위해 선행을 베풀고 뱃사람들을 보호하는 수호성인으로 여겨졌기 때문에 러시아 사람들의 각별한 사랑을 받았습니다. 그의 이름을 딴 성당이 도시마다 있고, 그의 이름이 러시아 남자들의 이름으로 널리 쓰인 것은 그런 까닭 때문입니다.

상트페테르부르크 성 이삭 성당

상트페테르부르크 성 이삭 성당

그라나다 산 니콜라스 성당

베네치아 산 마르코 대성당

베네치아 산 마르코 대성당

모스크바 성 바실리 성당 성 니콜라스 이콘화를 위한 교회당

코토르 세르비아 정교회 성당(성 니콜라스 성당)

탈린 알렉산드르 넵스키 성당

Part 4.

알아두어야 할 그리스도교 관련 용어와 사건

1
그리스도교 관련 개념과 용어

성당에서 제일 많이 볼 수 있는 것은 그리스도교에서 중요하게 생각하는 인물들과 관련된 이미지입니다. 예수를 비롯한 그리스도교의 핵심 인물들, 혹은 그리스도교의 성인들이 바로 그들이므로, 앞에서 그들에 대해 알아보았습니다. 이 책의 대부분이 그들에 대한 설명으로 이루어진 것만 보아도 그들의 중요성을 충분히 알 수 있을 것입니다.
그러나 종종 인물이 아닌, 그리스도교에서 중요하게 생각하는 개념이나 용어를 구체적인 형상으로 표현해 놓은 것도 발견할 수 있습니다. 성당을 둘러보는 여행자에게는 그런 것들에 대한 설명 또한 필요할 것 같아서 따로 모아서 설명을 하기로 합니다.

성부와 성자와 성령이 하나라는 믿음

삼위일체
TRINITY

헨드릭 반 발렌 더 엘더, 〈성 삼위일체〉, 1620년대, 앤트워프 성 야고보 성당

그리스도교에서의 삼위일체三位一體란, 성부聖父(하느님)와 성자聖子(예수)와 성령聖靈(하느님의 영혼을 의미하며, 주로 비둘기의 형태로 표현됨)이 동일한 위격을 갖는다고 믿는 것으로, 제1차 니케아 공의회Councils of Nicaea에서 공인된 개념입니다.

제1차 니케아 공의회는 325년에 콘스탄티누스 1세가 소집한 공의회로, 각지의 주교들이 한자리에 모여 교리 해석을 놓고 토론했는데, 이는 313년 밀라노 칙령에 의해 그리스도교가 공인된 후 최초로 열린 대규모 종교회의였습니다.

이때의 회의에서 가장 중요하게 다루어진 문제는 예수의 신성神性에 대한 해석이었지요. 그 당시 아리우스Arius라는 이름의 사제는 "예수는 하느님이 창조한 피조물이고, 하느님으로부터 세상을 구할 임무를 받은 특별한 존재이며, 다른 피조물과 하느님 사이를 중재하는 역할을 한다."라고 주장했습니다. 한마디로 요약하자면, 예수는 인간보다는 높지만 신보다는 낮은 존재이므로, 예수 자신이 신은 아니라는 뜻이지요.

이에 대해 아타나시우스Athanasius라는 사제는 "예수는 하느님의 아들이며, 아버지인 하느님과 아들인 예수는 동일한 존재다. 성령 또한 하느님과 동일한 존재다."라고 주장했습니다.

두 주장을 놓고 참석자들이 치열한 논쟁을 벌인 끝에 아리우스의 주장은 이단으로 배격되고, 아타나시우스의 주장이 채택되었습니다. 그 후로 그리스도교에서는 성부와 성자와 성령은 동일한 위격을 갖는다는 삼위일체 주장을 믿게 되었지요. 이후로도 여러 차례 공의회가 개최되었지만, 325년에 니케아에서 확립된 삼위일체론은 그대로 유지되어 현재에 이르고 있습니다.

삼위일체를 표현할 때는 대개 성령(비둘기)을 맨 위에 배치하고, 왼쪽(보는 이 기준)에 예수를, 오른쪽에 하느님을 배치하는 것이 일반적입니다. 예수는 십자가를 들고 있는 경우가 많고, 하느님은 천구天球(우주의 지배자임을 상징)를 들고 있는 경우가 많지요.

자그레브 대성당

그러나 항상 그런 것은 아니지요. 앞에서 본 것과 다소 다른 구도를 보이는 삼위일체 표현들도 있습니다.

쾰른 대성당[2]에서 볼 수 있는 삼위일체 성화는 성부 하느님이 십자가에서 죽은 성자 예수를 안고 있는데, 성령 비둘기가 그 사이에 보입니다. 삼위일체가 한 장면에 나타났지만, 일반적인 구도와는 다른 것입니다.

파르마 대성당의 제단화[3]에는 또 다른 형태의 삼위일체가 보입니다. 아기 예수(성자)가 어머니인 성모 마리아와 함께 있는데, 그 모습을 성부 하느님과 성령 비둘기가 위에서 내려다보는 구도입니다. 어찌 되었든 삼위일체가 다 표현되기는 했지요.

그런가 하면, 빈 슈테판 대성당의 삼위일체 소성당의 삼위일체[4]는 성부와 성령은 2차원 벽화로 그리고, 성자 예수는 십자가에 매달린 3차원 조각으로 표현했습니다. 약간 독특한 표현 방식이지요.

필자가 본 삼위일체 성화 중에서 가장 독특한 것은 모스크바 성모 승천 성당에 설치된 이콘[5]이었습니다. 세 명의 천사가 식탁에 앉아 있는 이 그림은 제목이 '성 삼위일체Holy Trinity Icon'입니다. 삼위일체가 천사로 변하여 아브라함을 찾아갔다는 일화['『구약성서』 속 인물들' 중 '아브라함과 이삭' 편(297쪽) 참조]를 표현한 것이라서, 일반적인 삼위일체 성화와 다른 것입니다.

쾰른 대성당

파르마 대성당

빈 슈테판 대성당 삼위일체 소성당

모스크바 성모 승천 성당

위쪽에 성령(비둘기), 왼쪽에 예수, 오른쪽에 하느님을 배치한 유형

모스크바 성모 승천 성당

빌뉴스 성 삼위일체 성당

블레드 성 마르틴 교구 성당

토리노 대성당

마드리드 대성당

코르도바 메스키타 카테드랄

세고비아 대성당

피란 성 조지 성당

빈 슈테판 대성당

빈 슈테판 대성당

상트페테르부르크 그리스도 부활 성당

빈 카를 성당
(천장에 그려진 성부와 성자, 돔 천장에 그려진 성령 비둘기)

성부와 성자 사이에 흰 비둘기가 있는 유형

피렌체 산타 마리아 노벨라 성당

성부와 성령이 성자와 성모 마리아를 위에서 내려다보는 유형

빈 성 베드로 성당

성부와 성령은 2차원 벽화로 그리고, 성자는 십자가에 매달린 3차원 조각으로 표현한 유형

로마 성 아그네제 인 아고네 성당

삼위일체가 세 명의 천사로 표현된 유형

상트페테르부르크 그리스도 부활 성당

존엄한 우주의 지배자 예수를 일컫는 말

판토크라토르

PANTOKRATOR

상트페테르부르크 그리스도 부활 성당의 '판토크라토르'

비잔틴 양식의 성당 건물에서 중앙 돔 안쪽에 그려진 예수의 모습을 '판토크라토르'라고 합니다. 이 말은 '전지전능하신 분', '존엄한 우주의 지배자'란 뜻입니다. 예수의 권위를 강조하기 위해 예수를 중앙에 배치하고 다른 인물들보다 훨씬 크게 그리며, 단호하고 엄격한 표정인 경우가 대부분이지요. 5세기 이후에 비잔틴 양식 건축에서 나타나기 시작하여 로마네스크 양식 건축에는 최후의 심판자, 혹은 최후의 승리자의 이미지로 표현되었습니다.

판토크라토르의 가장 기본적인 형상은 머리카락이 길고 수염을 기른 장년의 예수가 머리에 후광을 두르고 있으며, 오른손으로는 축복을 내리고 왼손에는 복음을 상징하는 책을 들고 있습니다.

이스탄불 카리예 뮤지엄(코라 성당) 천장의 판토크라토르

판토크라토르는 시간이 지나면서 천장이 아닌 곳에 그려지기도 하고, 그림이 아닌 방식으로도 표현되기 시작했습니다. 그렇더라도 심판자의 모습으로 표현된 그리스도는 판토크라토르로 봅니다.

판토크라토르가 인간에게 축복을 내리는(혹은 심판하는) 전지전능한 우주의 지배자 예수를 가리킨다면, 그가 신의 대리자(혹은 신 그 자체)로서 인간의 운명을 지배하는 절대적 힘을 가진 존재라는 뜻일 겁니다. 그렇기 때문에 판토크라토르는 인간적이고 자비로운 모습이 아닌, 엄격하고 권위적인 모습으로 표현됩니다. 그래서 비잔틴 미술 이전의 그리스도교 성화에서 제자들이나 성인들과 함께 있던 예수의 모습에서 벗어나 다른 인물들보다 월등히 크고 엄숙한 인상을 지닌 존엄한 지배자로 표현한 것입니다.

상트페테르부르크 그리스도 부활 성당 제단 위의 판토크라토르

그렇다면 예수를 옥좌에 앉은 왕의 모습으로 그리는 것은 무슨 이유에서일까요? 우선, 그를 하느님의 아들이자 하느님 그 자체로 보는 시각(삼위일체)이 반영된 것으로 볼 수 있습니다. 우주만물의 창조자인 전지전능한 하느님이 당당한 태도로 옥좌에 앉는 것은 당연한 일일 것입니다.

옥좌에 앉은 왕의 모습으로 표현된 예수(로마 성 밖의 성 바울 대성당)

예수를 가리키는 'Christ'가 본래 '기름 부음을 받은 자'를 의미한다는 데서 이유를 찾을 수도 있습니다. 『구약성서』 시대의 이스라엘은 예언자들이 머리에 기름을 부어주는 이가 왕이 되는 관습이 있었습니다. 사울과 다윗, 솔로몬이 그런 절차를 거쳐 왕이 되었지요. '기름 부음을 받은 자'라는 뜻의 이름을 가진 그리스도(즉, 예수)가 왕으로 여겨진 것 또한 당연한 일이었을 겁니다.

산토리니 메트로폴리탄 대성당

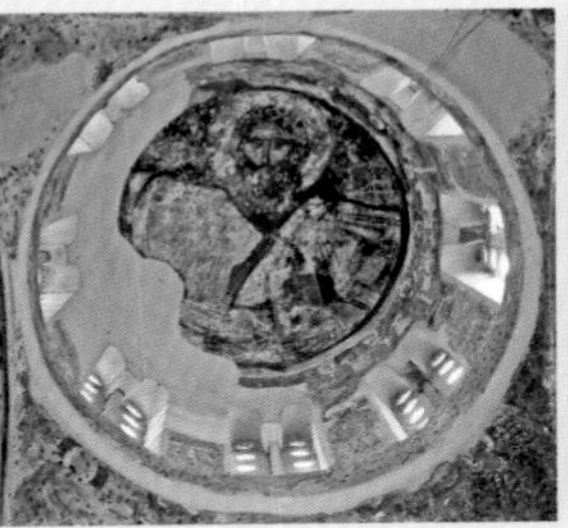
아테네 성 사도 교회

아테네 성 게오르기우스 성당

파도바 대성당 세례당

이스탄불 카리예 뮤지엄(코라 성당)

상트페테르부르크 그리스도 부활 성당

프라하 성 비투스 대성당

빈 슈테판 대성당

런던 웨스트민스터 성당

이스탄불 카리예 뮤지엄(코라 성당)

마드리드 대성당

모데나 대성당

상트페테르부르크
그리스도 부활 성당

빈 카를 뤼거 기념 교회

쾰른 대성당

이스탄불 하기야 소피아

그가 세상을 구원하리라

살바토르 문디

SALVATOR MUNDI

레오나르도 다빈치, 〈살바토르 문디〉, 1500년경, 개인 소장
이 그림 속의 천구는 투명한 공처럼 표현되었다.

오르비에토 대성당

빈 보티프 성당 설교단

빈 카를 성당 천장화

성당에서 흔하게 볼 수 있는 이미지는 아닙니다만, '살바토르 문디'란 것이 있습니다. '살바토르Salvator'는 '구제하는 자', 또는 '구원하는 자'를 뜻하는 말이며, '문디Mundi'는 mundus(라틴어로 '세상', '우주', '세계', '하늘', '천공')의 소유격이니 '세상의'라는 뜻입니다. 그러니까 이 둘을 합치면 '세상을 구원하는 자(구세주)'란 뜻이 되며, 그리스도교에서 예수를 가리키는 말로 쓰입니다.

살바토르 문디를 보면 대개 예수가 천구天球를 손에 들고 있는 모습[1]인데, 이때의 천구는 세상(혹은 '세상의 모든 사람')을 상징하는 것으로 보면 되겠습니다.

빈 보티프 성당 설교단[2]의 살바토르 문디는 천구 대신 '*A* *Ω*'란 알파벳이 적힌 책을 들고 있는 것이 색다릅니다. 그러나 '*A* *Ω*(알파이자 오메가)'란 표현 역시 '세상의 모든 것'을 뜻하니, 의미만 놓고 보면 천구와 비슷하다고 볼 수 있지요.

그리고 빈 카를 성당의 천장화에 표현된 살바토르 문디[3]는 표현 방식이 약간 다른데, 예수가 천구를 손에 들고 있는 것으로 표현되는 일반적인 예와 달리 예수의 발아래 쪽에 놓인 천구를 아기 천사들이 대신 들고 있습니다. 그래도 예수가 세상을 구원하는 존재라는 의미는 동일합니다.

유럽의 성당에서 만날 수 있는 '살바토르 문디'

상트페테르부르크 성 이삭 성당

베를린 카이저 빌헬름 성당

빈 보티프 성당

상트페테르부르크 성 이삭 성당

세상을 꿰뚫어 보는 하느님의 눈

섭리의 눈

EYE OF PROVIDENCE

프라하 성 비투스 대성당의 '섭리의 눈'

성당에서 삼각형 안에 눈이 그려져 있고, 그 주변으로 선들이 뻗어 나가는 이미지를 보면, '섭리의 눈'이라고 이해하면 됩니다. 섭리의 눈은 다른 말로 '세상을 보는 눈all seeing eye'이라고도 하지요.

삼각형 안에 그려진 눈은 '세상 모든 것을 다 보는 눈', 즉 신의 섭리를 나타내는 눈을 의미합니다. 눈을 삼각형 안에 그려 넣은 것[1]은, 성부와 성자와 성령은 하나의 위격을 가진다는 그리스도교의 삼위일체 사상에 기

빌뉴스 성 삼위일체 성당

인한 것으로 봅니다.

광채처럼 사방으로 뻗어 나가는 선은 있을 때도 있고 없을 때도 있는데, 태양이 온 세상을 환히 비추듯이 신의 혜안이 세상 모든 것을 다 굽어보는 것을 의미하지요.

섭리의 눈 중에는 삼위일체를 상징하는 삼각형 안에 눈 대신 글자를 적어 넣은 경우[2]도 있습니다. 빈 카를 성당 제단에 새겨진 섭리의 눈에는 눈 대신 '야훼Yahweh'라는 의미를 갖는 히브리 문자가 있습니다. 야훼(하느님)가 세상 만물을 꿰뚫어 본다는 뜻이니, 의미는 동일한 것으로 봅니다.

그리고 피렌체 산타 마리아 델 카르미네 성당처럼 세상을 꿰뚫어 보는 하느님의 눈 대신 하느님 자체를 넣은 경우[3]도 있기에 소개합니다. 글자를 넣거나 하느님을 넣은 경우는 눈을 그려 넣는 것보다 드문 예로 보였습니다.

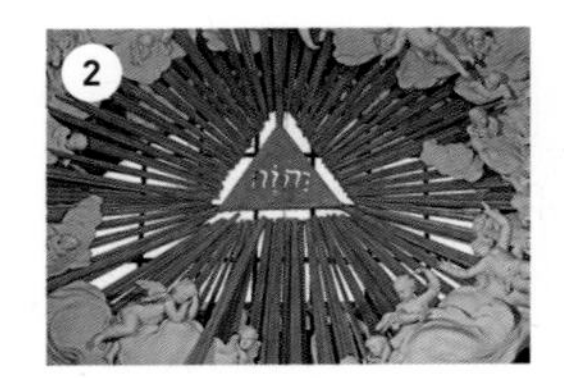
2

빈 카를 성당

3

피렌체 산타 마리아 델 카르미네 성당

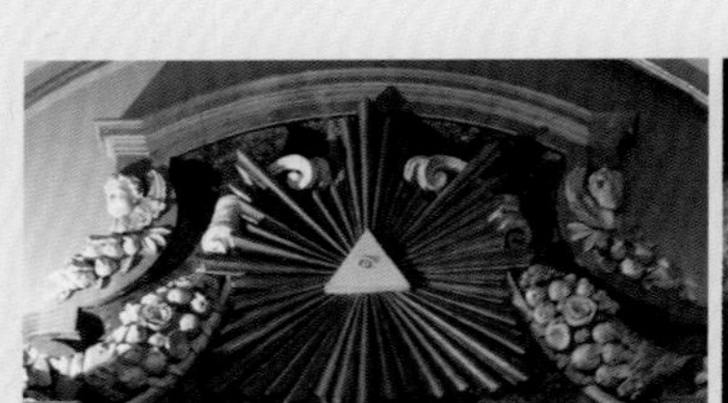
로마 산 조반니 인 라테라노 대성당

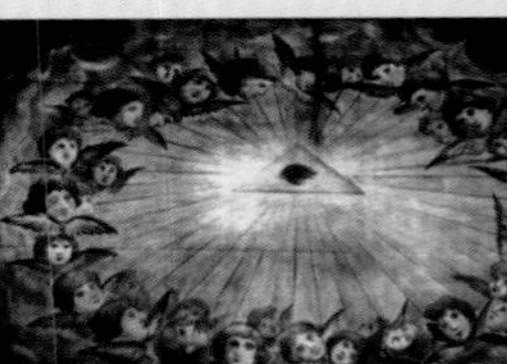
로마 산타 마리아 마조레 대성당

상트페테르부르크 카잔 대성당

빈 미카엘 성당

빈 성 베드로 성당

브뤼헤 노트르담 성당

상트페테르부르크 카잔 대성당

상트페테르부르크 성 이삭 성당

예수가 부활한 지 50일째 되는 날 일어난 기적

성령 강림

DESCENT OF THE HOLY SPIRIT

상트페테르부르크 그리스도 부활 성당의 '성령이 내림'

그리스도교에서 오순절伍旬節/pentecost이라고 하는 축일은, 예수가 부활한 지 50일째 되는 날을 말합니다. 한자의 순旬은 '10'이란 숫자를 가리키거든요. 그러니까 사순절四旬節(부활절 이전 주일을 뺀 사십일)이니 오순절이니 하는 축일은 예수의 부활이라는 중요한 사건과 관련이 있는 것입니다.

유대인들은 오순절에 하느님이 시나이산에서 모세에게 십계명을 주었으므로 중요하게 여기지만, 그리스도교인들은 오순절이 예수의 제자들에게 성령이 내린 날이므로 중요하게 생각합니다.

하이델베르크 예수회 교회

예수가 부활한 지 50일째 되는 날, 예루살렘 마가의 집 다락방에 모여 있던 마리아와 제자들에게 성령이 내렸다고 합니다. 성령이 내리는 모습을 그리스도교 성화에서는 대개 제자들 사이로 흰 비둘기가 빛과 함께 내려오는 방식으로 표현하지요. 마리아는 함께 있는 경우도 있고 그렇지 않은 경우도 있지만, 대부분 마리아가 중앙에 있고 예수의 제자들이 좌우에 앉아 있는 것으로 표현됩니다.

오순절에 성령이 내렸다고 보기 때문에 이날을 다른 말로 성령강림절聖靈降臨節이라고도 합니다. 예수의 제자들은 성령 강림을 체험한 다음 방언(성령에 힘입어 자기도 모르게 하는 내용을 알 수 없는 말)을 말하게 되었다고 하지요.

오순절에 성령 강림을 경험한 제자들은 예수의 가르침을 널리 알리기 위해 적극적으로 활동하기 시작했으므로, 그리스도교에서는 이날을 교회의 탄생일로 생각하기도 합니다.

유럽의 성당에서 만날 수 있는 '성령 강림'

로마 산타 마리아 마조레 대성당

빈 보티프 성당

베네치아 산타 마리아 델라 살루테 성당

톨레도 대성당

쾰른 대성당

아레초 대성당

그라나다 산 헤로니모 수도원

마드리드 대성당

세비야 대성당

톨레도 대성당

프라하 성 비투스 대성당

두브로브니크 성 프란체스코 성당

빌뉴스 성령 성당

인류를 심판하는 종말의 날

최후의 심판

LAST JUDGEMENT

한스 멤링, 〈최후의 심판〉, 1467년~1471년, 그단스크 국립 박물관

그리스도교에서 말하는 '최후의 심판'이란, 세상의 종말이 오는 날 인류는 하느님(『구약성서』)이나 예수(『신약성서』)에 의해 자신이 지은 죄에 대한 심판을 받게 된다는 교리를 말합니다.

최후의 심판을 그림으로 표현할 때는 대체로 일정한 양식을 따릅니다.

화면 중앙에 심판자인 예수가 앉아 있고, 그 옆에 인류의 죄를 사면해 주기를 청원하는 성모 마리아와 세례자 요한이 배치됩니다.(이러한 구도를 '데이시스'라고 하는데, 이에 대해서는 뒤에서 설명합니다.)

대천사 미카엘도 등장합니다. 그는 죽은 이의 죄의 무게를 저울에 달아 천국으로 보낼 것인지 지옥으로 보낼 것인지를 판별하는 역할을 합니다.

심판자로서의 예수는 대개의 경우 오른손을 들어 의인들을 축복하고 왼손을 내려 죄인들을 심판합니다. 예수의 오른쪽(보는 이의 입장에서는 왼쪽)에는 천국으로 인도되는 선택받은 영혼들의 행복한 모습이, 왼쪽에는 지옥으로 떨어지는 저주받은 영혼들의 고통스러운 모습이 그려집니다.

상트페테르부르크 성 이삭 성당

시에나 스칼라 성당

빈 카를 뤼거 기념 교회

파리 노트르담 대성당의 정면 파사드

모스크바 대천사 성당

바티칸시국 시스티나 예배당

최후의 심판을 주관하는 예수에게 드리는 간곡한 청원

데이시스

DEISIS

데이시스의 가장 우아하고 아름다운 사례라고 할 수 있는 이스탄불 하기아 소피아의 '데이시스'
이슬람교도들에 의해 석회 반죽으로 덧칠되어 온전한 모습을 아직 되찾지 못하고 있지만 드러난 부분만으로도 충분히 아름다우며, 데이시스의 기본 구도와 인물의 자세를 이해할 수 있다.

데이시스(산토리니 선지자 엘리야 수도원)

'데이시스'란 최후의 심판을 주제로 한 성화에서 중앙에 '우주의 지배자인 예수Christ in Majesty'가 옥좌에 앉아 있고, 왼쪽(보는 사람 기준)에는 성모 마리아가, 그리고 오른쪽에는 세례자 요한이 서 있는 화면 구성을 말합니다.

데이시스는 '청원', '기도'의 의미를 갖는 말로, 최후의 심판의 날에 성모 마리아와 세례자 요한이 인류의 죄를 용서해 달라고 예수에게 청원한다는 뜻입니다. 그렇기 때문에 심판자로서의 예수는 당당한 자세로 중앙에 앉아 있고, 청원자인 성모 마리아와 세례자 요한은 고개를 약간 숙이고 손을 내밀어 간곡히 부탁하는 자세를 하고 있는 것입니다.

기본적인 데이시스는 예수와 성모 마리아, 그리고 세례자 요한으로 구성되지만, 때로는 그 좌우에 대천사 미카엘과 가브리엘이 배치되는 경우도 있습니다. 혹은 예수의 제자들이나 예언자들, 그리스도교의 성인들이 함께 그려지는 경우도 있지요.

참고로, 미켈란젤로가 시스티나 예배당의 벽에 그린 '최후의 심판' 속 데이시스는 일반적인 데이시스와 인물의 배치가 다릅니다. 화면 중앙에 심판자인 예수가 앉아 있고, 그 왼쪽(보는 이 기준)에 마리아가 배치된 것은 일반적인 구도와 같지만, 세례자 요한이 예수의 오른쪽(보는 이 기준)이 아닌, X자형 십자가를 든 안드레아 왼쪽에 배치된 것은 다른 데에서 볼 수 없는 독특한 구도이지요.

바티칸시국 시스티나 예배당(미켈란젤로의 '최후의 심판' 속 데이시스)

베네치아 산 마르코 대성당

로마 산 조반니 인 라테라노 대성당

피렌체 산타 마리아 델 피오레 대성당

베네치아 산 마르코 대성당

파르마 대성당 세례당

모스크바 성모 승천 성당(성모 마리아와 세례자 요한 좌우에 대천사 미카엘과 가브리엘이 있음)

거룩한 슬픔

피에타

PIETA

미켈란젤로, 〈피에타〉, 1498년~1499년, 바티칸시국 성 베드로 대성당

'피에타'란 '경건한 마음', '자비심', '연민' 등의 뜻을 갖는 이탈리아어에서 나온 말로, 그리스도교 미술의 주제로서는 성모 마리아가 십자가에서 내려진 예수의 시신을 무릎에 안고 슬픔에 잠겨 있는 그림이나 조각을 말합니다.

피에타를 주제로 한 미술 작품은 여러 예술가들에 의해 수없이 제작되었고, 웬만한 성당에서는 쉽게 볼 수 있습니다. 그래도 그 가운데 가장 유명하면서 완성도가 높은 작품을 하나만 꼽는다면, 바티칸시국의 성 베드로 대성당이 소장하고 있는 미켈란젤로의 '피에타'라고 할 수 있겠지요.

서른세 살에 죽은 예수의 어머니로 보기에는 지나치게 젊은 마리아의 얼굴이 보는 이를 당혹스럽게 하고, 죽은 아들을 바라보는 어머니의 표정에 슬픔보다는 자애로운 평화가 감돌고 있어 다소 의아한 느낌을 주는 작품입니다.

피에타를 주제로 한 미술 작품은 무수히 많지만, 대부분 몸집이 작은 마리아가 성인 남자인 예수를 안고 있는 형태다 보니 불안정하고 부자연스럽게 보입니다. 미켈란젤로는 이 문제를 해결하기 위해 마리아의 옷자락을 풍성하게 표현함으로써 자연스럽고 안정감 있게 보이도록 했습니다. 예수가 어머니의 넉넉한 품에서 영원한 안식을 취하고 있는 것과 같은 느낌을 받는 것은 그 때문입니다.

다른 성당에서 볼 수 있는 같은 주제의 그림과 조각 작품을 비교하면서 감상해 보기 바랍니다. 유럽의 여러 성당을 돌아본 필자의 경험을 말하자면, 그림보다는 조각을 더 많이 볼 수 있었습니다.

유럽의 성당에서 만날 수 있는 '피에타'

두브로브니크 성 프란체스코 성당

류블랴나 성 프란체스코 성당

말라가 대성당

빈 카를 뤼거 기념 교회

빈 카푸치너 성당

그라나다 대성당

자다르 대성당

하이델베르크 예수회 교회

프랑크푸르트 대성당

프라하 성 비투스 대성당

세고비아 대성당

세비야 대성당

빈 카푸치너 성당 지하 황실 묘지

로마 산 조반니 인 라테라노 대성당

그라나다 고뇌의 성모 마리아 성당

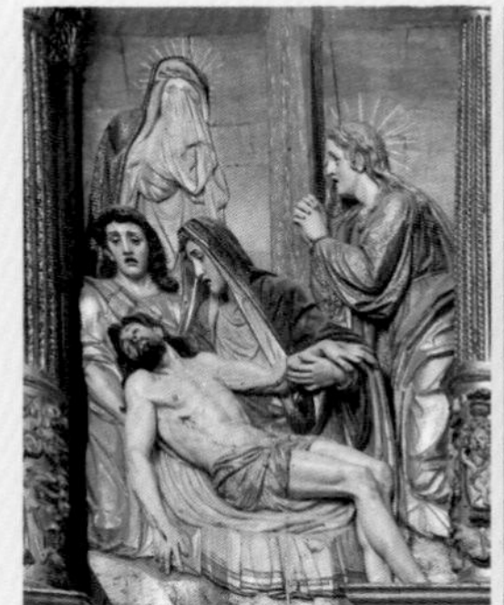
그라나다 산 헤로니모 수도원

로마 산타 마리아 인 아라코엘리 성당

만토바 성 안드레아 성당

세비야 대성당

아기 예수와 성모 마리아, 그리고 성 요셉

성 가족

HOLY FAMILY

안드레아 델 사르토, 〈성 가족〉, 1528년경, 로마 국립 고대 미술관

우리가 흔히 사그라다 파밀리아Sagrada Familia라고 부르는 바르셀로나의 성 가족 성당은 '성스러운 가족에게 봉헌된 성당'이라는 뜻이지요. 여기에서 성스러운 가족이라 하면, 예수와 그의 어머니인 성모 마리아, 그리고 아버지인 성 요셉을 말합니다. 예수를 일컬어 '하느님의 아들'이라고는 하지만, 하느님을 성 가족에 포함시키지는 않습니다. 하느님은 세속적인 존재가 아니기 때문에 그런 것 같습니다.

성 가족 중에서 제일 중요한 인물은 당연히 예수입니다. 그리스도교는 예수로부터 비롯된 종교이므로, 그의 삶과 죽음, 그리고 부활이 그리스도교의 기반을 이룹니다. 당연히 성당에서 가장 많이 볼 수 있는 이미지는 예수와 관련된 것입니다.

브뤼헤 노트르담 성당(미켈란젤로, 〈성모자상〉)

그다음으로 중요하게 여겨지는 이는 예수의 어머니인 마리아입니다. 그래서 그리스도교 국가에서 성모 마리아에게 봉헌된 성당은 쉽게 찾아볼 수 있으며, 거의 모든 성당에서 볼 수 있는 것이 바로 성모자(성모 마리아와 아기 예수)를 표현한 성화와 성상[1]이 아닌가 합니다. 그렇다 보니 성당 투어 시 성모자와 관련된 이미지는 따로 관심을 갖지 않는 편입니다. 비슷한 작품들이 너무 많으니까요.

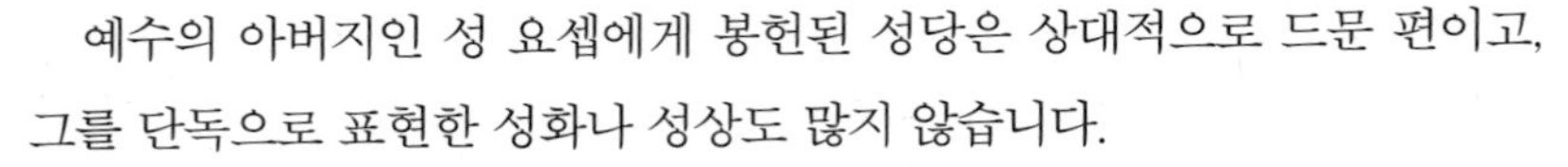

예수의 아버지인 성 요셉에게 봉헌된 성당은 상대적으로 드문 편이고, 그를 단독으로 표현한 성화나 성상도 많지 않습니다.

그리스도교에서 성 요셉이 성모 마리아에 비해 소홀한 대접을 받는 이유는, 그와 예수 사이에 생물학적인 혈연관계가 없다고 보기 때문 아닐까 생각합니다. 성서에 의하면, 마리아는 요셉과 결혼하기 전에 성령에 의해 잉태했다고 하니, 그가 예수의 친아버지는 아닌 셈입니다.

물론 요셉은 의로운 사람이었으며, 하느님의 뜻에 따라 예수의 아버지로서 최선을 다해 살았다고 합니다. 하느님이 요셉을 예수의 양육자로 선택한 까닭은, 그가 다윗의 후손이기 때문으로 보입니다. 이스라엘 사람들에게는 '다윗의 후손 중에서 세상을 구할 메시아가 나온다.'는 믿음이 널리 퍼져 있었으므로, 예수가 메시아로 인정받기 위해서는 다윗의 후손에게서 태어날 필요가 있었던 것입니다.

요셉과 예수가 함께 있는 장면은 대개 요셉이 아기 예수를 안고 있는 형태가 많습니다.[2] 사실 성부자상은 많지 않기 때문에, 어쩌다 만나면 반가울 정도이지요.

두브로브니크 성모 승천 대성당

어린 예수가 어머니인 성모 마리아와 함께 있는 장면은 무수히 많고, 양아버지라고 할 수 있는 성 요셉과 함께 있는 장면도 종종 볼 수 있는 데 비해, 성 가족 세 사람이 함께 있는 장면[3]은 드문 편입니다. 베들레헴의 외양간에서 예수가 태어난 순간과 천사의 인도를 받으며 이집트로 도피하는 장면을 제외한다면, 매우 드물다고 말할 수 있습니다.

토리노 신자들의 도움이신 마리아 성당

예수의 외조부모를 성 가족에 넣을 수 있는지는 고민을 해봐야겠지만, 가끔 외조모인 안나와 함께 있는 모습도 볼 수 있습니다.[예수의 외조부모, 즉 마리아의 부모인 요아킴과 안나에 대해서는 '성모 마리아의 일생' 중 '마리아의 탄생' 편(161쪽) 참조] 성모자와 안나가 함께 있는 장면을 그린 그림 중에는 레오나르도 다 빈치의 〈성 안나와 함께 있는 성모자〉가 가장 유명하다고 할 수 있지요.[4]

레오나르도 다빈치, 〈성 안나와 함께 있는 성모자〉

예수와 성모 마리아가 함께 있는 형태(성모자상)

톨레도 대성당

룩셈부르크 노트르담 성당

로마 산 피에트로 인 빈콜리 성당

로마 성 아그네제 인 아고네 성당

예수와 요셉이 함께 있는 형태

바르셀로나 사그라다 파밀리아

모데나 성 요셉 성당

빈 보티프 성당

자그레브 대성당

파엔차 대성당

바르셀로나 페드랄베스 수도원

바티칸시국 성 베드로 대성당

빈 슈테판 대성당

예수와 성모 마리아, 요셉이 함께 있는 형태

브뤼헤 노트르담 성당

모데나 성 요셉 성당

빈 성 베드로 성당

안나가 성모자(예수와 성모 마리아)와 함께 있는 형태

톨레도 대성당

그라나다 대성당

특별한 사연이 있는 성모자상

성모자聖母子상이 없는 성당을 찾기가 어려울 정도이니, 평범한 성모자상은 따로 소개할 필요가 없습니다. 그러나 특별한 사연이 있는 경우는 사정이 다르지요. 어떤 경우엔 그 특별한 성모자상 때문에 성당을 짓기도 하고, 나라나 도시를 수호하는 존재로 여기기도 하니까요. 여기서는 그런 특별한 성모자상에 얽힌 사연을 알아보도록 합시다.

● 검은 성모자상

바르셀로나 근교의 몬세라트 수도원에는 유명한 '검은 성모자La Moreneta'상이 있습니다.

몬세라트 수도원이 워낙 유명하고, 수도원 주변의 산세가 절경이므로 '몬세라트 수도원은 오로지 검은 성모자상 때문에 간다.'라고 설레발칠 수는 없겠지만, '몬세라트 수도원에 간 사람은 누구나 검은 성모자상을 한 번씩 만져보고 간다.'고 말하는 정도는 허용되지 않을까 합니다. 그 정도로 유명한 성모자상이지요.

바르셀로나 몬세라트 수도원

검은 성모자상

성모자의 얼굴 부분이 검기 때문에 검은 성모자상이라고 불리는 이 조각상을 만든 이는 〈누가복음〉의 저자인 누가이며, 그것을 스페인으로 가져온 이는 베드로라는 설이 있습니다. 스페인이 무어인(이슬람교도)들의 지배를 받던 시절에 박해를 피해 몬세라트산 중턱에 있는 산타 코바 동굴에 숨겨 놓았는데, 880년에 신령스러운 빛이 동굴을 비추는 것을 목동들이 보고 찾아가 이 조각상을 발견했다는 것입니다.

이 조각상에는 신비한 힘이 있어 손을 만지며 소원을 빌면 이루어진다는 소문이 퍼져나가면서 순례자들이 몰려들기 시작했고, 11세기 초에 아바트 올리바 수도원장이 현재의 자리에 수도원을 세우면서 몬세라트 수도원의 역사가 시작되었으니, 수도원 입장에서는 매우 귀중한 보물인 것입니다.

● 카잔의 성모

러시아에는 '카잔 대성당'이란 이름을 갖는 성당이 여러 군데 있는데, 이 성당들이 같은 이름을 갖는 이유는 '카잔의 성모Our lady of Kazan'에게 봉헌된 곳이기 때문입니다.

모스크바의 카잔 대성당은 '대성당'이라고 불리는 것이 의아할 정도로 작은 규모지만 카잔의 성모에게 봉헌한 성당이므로 어엿한 대성당 대접을 받고, 상트페테르부르크의 카잔 대성당은 카잔의 성모 이콘에 입을 맞추려는 사람들이 항상 줄을 잇습니다.

모스크바 카잔 대성당

상트페테르부르크 카잔 대성당(카잔의 성모를 경배하기 위해 줄을 선 사람들)

'카잔의 성모'는 볼가강 유역의 도시인 카잔에서 1579년에 발견된 것으로 알려진 성모자 이콘을 말합니다. 전설에 의하면 카잔에 사는 어느 소녀가 꿈에 성모를 만났는데, 성모는 소녀에게 특정한 장소를 일러주며 그곳을 파보라고 하였다는 것입니다. 여러 차례 같은 꿈을 꾼 소녀는 이상하게 생각하여 어머니에게 말했고, 소녀의 어머니는 소녀가 알려준 곳을 찾아가 이 이콘을 발견했다고 하지요.

'카잔의 성모'가 발견된 후 잇달아 기적적인 일들이 일어났고, 영험함이 소문난 후 카잔의 수호성인으로 여겨졌습니다.
1612년 폴란드와의 전쟁에서 승리한 후 모스크바 카잔 대성당으로 옮겨졌고, 카잔의 성모는 러시아의 수호성인으로 위상이 높아졌습니다. 그러다가 상트페테르부르크의 카잔 대성당이 완공된 직후인 1811년에 이곳으로 다시 옮겨졌는데, 당시 러시아 제국의 수도가 상트페테르부르크였다는 점이 고려된 것으로 보입니다.
'카잔의 성모' 원본은 1904년에 도난당했으며, 훼손되었을 것으로 추정됩니다. 현재 상트페테르부르크의 카잔 대성당에 있는 '카잔의 성모'는 원본을 바탕으로 좀 더 화려하게 주변을 장식한 작품입니다. 오른쪽 사진이 원본에 가까운 카잔의 성모상으로 추정됩니다.

상트페테르부르크 카잔 대성당에 소장된 '카잔의 성모' 이콘

카잔의 성모상 (16세기 모사품)

● **보호의 망토를 입은 성모와 하인들의 성모**

빈의 슈테판 대성당에는 특별한 사연이 전하는 성모자상이 있습니다. '보호의 망토를 입은 성모Madonna with the Protective Cloak'라고 불리는 것과 '하인들의 성모'가 그것입니다.

'보호의 망토를 입은 성모'는 아기 예수를 안고 있는 성모 마리아의 옷자락 안에 사람들의 모습이 보이는데, 그것이 마치 마리아의 망토에 의해 보호를 받고 있는 것처럼 보입니다.

보호의 망토를 입은 성모

이 조각상을 기증한 이는 빈 시장을 지낸 콘라트 포아라우프의 미망인인 도로테아로 알려졌습니다. 그녀는 정치적 이유로 처형당한 남편을 위해 이 조각상을 슈테판 대성당에 바쳤습니다. 성모 마리아의 왼쪽에 묵주를 들고 간절히 기도하는 이는 도로테아, 그녀 뒤의 두 사람은 그녀의 딸, 그 뒤의 셋은 천사라고 하고, 성모 마리아의 오른쪽에 모자를 벗고 경건한 자세로 무릎 꿇고 있는 이가 콘라트 포아라우프, 뒤의 둘은 수호성인, 그 뒤의 셋은 천사라고 합니다. 수호성인과 천사들의 보호를 받는 콘라트 포아라우프를 보면서 우리는 남편의 무죄를 주장한 도로테아의 목소리를 들을 수 있습니다.

보호의 망토를 입은 성모(확대)

'하인들의 성모'는 하인들을 수호해주는 성모상이라고 생각해 그렇게 부르는데, 거기엔 이런 사연이 있다고 합니다.

하인들의 성모상

옛날 빈에 한 백작 부인이 살고 있었습니다. 신앙심이 지극했던 그녀는 집안에 예배실을 만들고 검은색 성모상을 안치해두었습니다. 날마다 열심히 기도를 올린 건 당연한 일이겠지요. 그러나 극진한 신앙심과는 달리 마음이 곱지는 않았던가 봅니다.

하루는 보석이 없어진 사실을 깨닫고 부리던 하녀를 닦달했다고 합니다. 그 하녀가 훔쳐갔다고 생각한 것이지요. 아무 죄가 없는 하녀는 자신의 결백을 호소했지만 소용없었습니다. 경찰서에 끌려갈 처지에 놓인 그녀는 백작 부인의 예배실로 뛰어 들어가 검은 성모상 앞에서 눈물을 흘리며 자신의 억울함을 하소연했습니다.

그 모습이 어찌나 절실해 보였던지 경찰은 집안을 다시 수색했고, 결국 보석은 다른 하인의 방에서 나왔다고 합니다.

보석을 되찾기는 했지만, 자신의 성모상이 하찮은 하녀의 소원을 들어줬다고 생각하니 마음이 언짢아진 백작 부인은 그것을 슈테판 대성당에 기증했습니다. 그때부터 그 성모상이 하녀의 억울함을 풀어줬다고 소문이 나서 많은 사람들, 특히 하인과 하녀들이 찾아와 기도드리는 대상이 되었다고 합니다. 그래서 이름이 '하인들의 성모'인 것입니다.

● 푀츄의 성모

'푀츄의 성모Madonna von Pötsch'는 17세기에 제작된 비잔틴 양식의 이콘화인데, 이것 역시 빈 슈테판 대성당에 있습니다. 푀츄의 성모와 관련해서는 이런 이야기가 전합니다.

오스만튀르크와의 전쟁이 한창일 때, 어떤 헝가리 사람이 포로로 잡혔다가 구사일생으로 탈출하였다고 합니다. 그는 고향 마을인 푀츄로 돌아간 뒤, 성모 마리아에게 감사하기 위해 이 이콘화를 바쳤다고 하지요. 그리스도교 신앙이 돈독한 유럽에서는 이런 이유로 제작된 성화가 적지 않을 것입니다.

푀츄의 성모 제단

푀츄의 성모 이콘

그림을 살펴보면 아기 예수는 왼손에 세 송이의 장미를 들고 있는데 이는 삼위일체를 의미하는 것이라고 하며, 성모 마리아가 오른손을 펴서 뭔가를 가리키는 것은 아들인 예수가 앞으로 당할 고난과 영광을 암시하는 것이라고 해석합니다.

그런데 헝가리의 푀츄 마을에 있던 그림이 빈의 슈테판 대성당으로 옮겨오게 된 연유는 무엇일까요.

오스만튀르크의 부대가 헝가리를 침공했을 때, 푀츄의 성모가 눈물을 흘린다는 소문이 퍼졌습니다. 이를 들은 합스부르크 황실에서는 푀츄의 성모를 빈으로 가져와 슈테판 대성당에 안치하는데, 당시는 헝가리가 합스부르크 제국의 일원이었기 때문에 별로 문제가 안 되는 일이었습니다.

슈테판 대성당으로 옮겨온 뒤로도 종종 푀츄의 성모는 눈물을 흘렸는데, 여기에 기도하면 병이 낫는다는 소문이 널리 퍼지면서 많은 사람들이 찾아와 기도드리는 일이 생겼습니다. 지금도 간절한 바람을 지닌 사람들이 찾아와 기도드리는 모습을 쉽게 볼 수 있습니다.

성모자 이콘의 유형

동방 정교회의 성모자 이콘
VIRGIN AND CHILD ICON

자비의 성모 유형의 '블라디미르의 성모' 이콘화

동방 교회(동방 정교회)와 서방 교회(가톨릭 및 개신교)의 성화 양식은 차이가 있습니다. 서방 교회가 미술 사조의 변화를 수용하여 화가 개인의 개성적인 표현을 인정하는 데 비해, 동방 교회는 고딕 양식의 획일적인 화풍만을 고집하기 때문입니다.

화풍의 다양함을 인정하지 않는 획일적 양식의 동방 정교회의 성모자 표현은 르네상스 이후의 다양한 미술 사조에 익숙한 사람들에게는 단조롭고 구태의연한 느낌을 줍니다. 그 대신, 성모 마리아나 성모자를 그린 그림을 몇 가지 유형으로 분류할 수 있으므로 그에 대해 설명하고자 합니다.

제일 먼저, '호디기트리아Hodigitria(길의 인도자 성모)' 유형[1]이 있습니다.

호디기트리아의 전형적 형태는 아기 예수를 안은 성모 마리아가 정면을 응시하는 것입니다. 성모는 왼팔로 아기 예수를 안고 있고, 오른손을 들어 예수를 가리키거나 가슴에 대고 기도하는 자세를 취하는 것이 일반적입니다. 마리아의 이 자세를 '신앙의 길을 찾지 못한 사람들을 예수에게 인도하는 것'이라고 보아 '길의 인도자 성모'라고 하는 것이지요.

어머니의 팔에 안긴 아기 예수는 왼손에 '말씀'을 상징하는 두루마리 양피지를 들고 있고, 오른손은 사람들에게 축복을 내리는 자세를 취하고 있습니다.

'기도하는 성모Orans icon' 유형[2]도 있습니다. 이것은 아기 예수 없이 마리아만 그려지는데, 마리아가 두 손을 위로 올리고 있는 자세의 그림입니다. 이 자세를 마리아가 기도하는 것으로 보는 것이지요.

'엘레우사Eleousa'라고 하는 '자비의 성모' 유형[3]도 있습니다. 어머니인 마리아가 아들인 아기 예수를 다정하게 감싸 안은 자세가 매우 자애롭게 보인다고 하여 그렇게 부릅니다. 이 유형의 그림 속 성모자 사이에는 깊은 애정이 엿보입니다.

'계시의 성모', 혹은 '표징의 성모'라고 불리는 그림[4]은 기도하는 자세를 취한 성모 마리아의 가슴에 아기 예수가 함께 그려진 것입니다.

십자가에서 내려진 예수를 안고 비탄에 잠겨 있는 마리아를 표현한 '피에타'는 앞에서 살펴보았듯이 서방 교회의 성화와 성상으로 많이 다루어졌습니다. 동방 정교회의 이콘에서도 피에타는 사랑받은 주제였습니다.[5]

노보데비치 수도원 이콘 박물관

아테네 호시오스 루카스 수도원

노보데비치 수도원 이콘 박물관

노보데비치 수도원 이콘 박물관

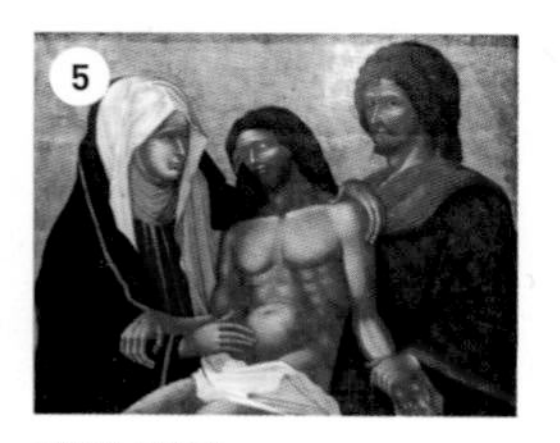
제네바 미술관

길의 인도자 성모 유형

노보데비치 수도원 이콘 박물관

기도하는 성모 유형

키예프(키이우) 성 소피아 대성당

오흐리드 성모 페리블렙토스 교회

코스섬의 아기아 파라스케비 대성당

피에디몬테마테세 성모 성지

자비의 성모 유형

노보데비치 수도원 이콘 박물관

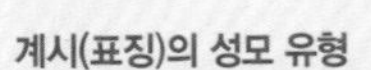

계시(표징)의 성모 유형

트레티야코프 미술관

노보데비치 수도원 이콘 박물관

쾰른 성 마르틴 성당

모스크바 성모 승천 성당

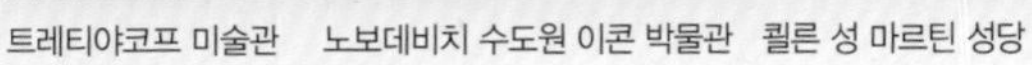

피에타

바르샤바 국립 박물관

바르샤바 국립 박물관

로사노 코덱스 교구 박물관

오나시스 재단

라벤나 국립 박물관

11

그리스도교도로서의 삶과 죽음

콘페시오와 카타콤
CONFESSIO, CATACOMB

시에나 대성당 '고백의 예배당' 제단화

시에나 대성당의 '고백의 예배당'

시에나 대성당에는 '고백의 예배당'이란 공간이 있습니다.[1] 예배당이라고 하지만 번듯한 규모의 공간은 아니고, 실제로는 측랑 벽에 제단이 설치되어 있는 정도입니다.

이 공간에 '고백의 예배당'이라는 이름을 붙인 까닭은, 아마도 제단화 때문일 겁니다. 아니면 제단의 이름에 맞게 제단화의 내용을 구성했겠지요.

이 제단화의 내용은 이렇습니다. 흰옷을 입고 붉은색 천을 두른 젊은이가 손가락으로 하늘을 가리키며 뭐라고 이야기하고 있습니다. 젊은이의 표정은 담담합니다. 반면 그 젊은이를 붙잡은 여인은 뭔가를 애원하는지 이별을 슬퍼하는지 모르겠지만, 절망적인 표정입니다. 그리고 화면 오른쪽에는 젊은이를 끌고 가려는 사람들이 몰려 있고, 왼쪽의 병사는 여인을 떼어놓으려 합니다. 그리고 병사 뒤쪽의 아이를 안은 여인은 안쓰러운 상황을 보는 듯 표정이 무겁기만 합니다.

이 젊은이는 대체 무슨 말을 하고 있는 걸까요? 여인은 왜 이렇게 절망적인 몸짓으로 젊은이를 붙잡는 걸까요? 창을 든 병사들은 왜 이 젊은이를 끌고 가려 하는 걸까요? 그리고 왜 이 그림이 걸려 있는 제단의 이름을 '고백의 예배당'이라고 했을까요.

이 젊은이는 지금 자신이 그리스도교 신자임을 고백하고 있습니다. 그래서 '고백의 예배당'인 것입니다. 그가 하늘을 가리키는 건, 유일신인 하느님을 믿는다는 뜻이지요. 그런 젊은이를 로마 제국의 병사들이 끌고 가려 하는 것입니다. 그리스도교가 박해받던 시절의 이야기이니, 이 젊은이는 곧 목숨을 잃게 될 것입니다. 그러니 사랑하는 사람을 보내는 여인의 몸짓이 이토록 절망적인 것이고, 옆에서 보는 사람의 표정도 침통하기만 한 것이지요.

라틴어 confessio에서 영어 단어 confession과 이탈리어 단어 confessioni가 나왔습니다. 모두 '고백하다', '신앙고백'의 의미를 갖는 단어들이지요.

그런데 가톨릭에서 콘페시오는 순교자들의 무덤을 가리키는 말로 쓰입니다. 왜냐하면 순교자들은 자신이 그리스도교 신자임을 고백한 다음 죽음을 맞았기 때문입니다. 그리스도교에 대한 탄압이 극심하던 초기 교회 당시에, 신앙고백은 곧 죽음이나 마찬가지였던 것입니다.

바티칸시국의 성 베드로 대성당에 '콘페시오'라고 불리는 계단[2]이 있습니다. 교황의 제단(베르니니의 발다키노) 앞으로 난 계단이 바로 콘페시오인데, 이 계단은 지하에 있는 베드로의 묘로 직접 연결됩니다. 베드로 또한 순교자였으니 그의 무덤을 콘페시오라고 할 수 있으며, 그곳에 이르는 계단 또한 콘페시오라고 부르는 것입니다.

바티칸시국 성 베드로 대성당의 콘페시오 계단

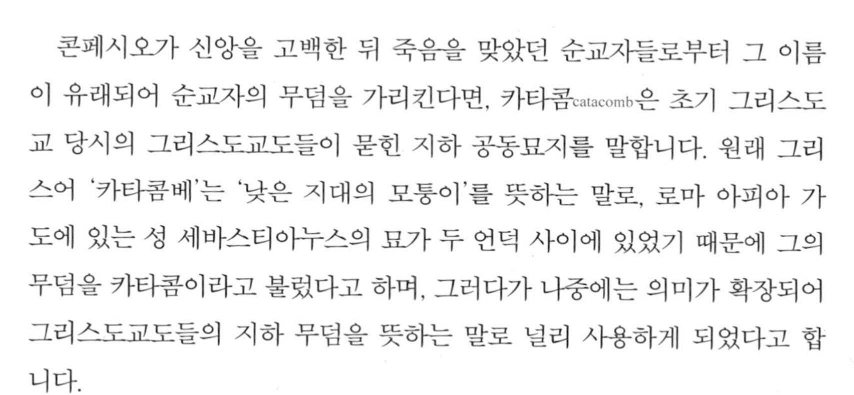

콘페시오가 신앙을 고백한 뒤 죽음을 맞았던 순교자들로부터 그 이름이 유래되어 순교자의 무덤을 가리킨다면, 카타콤catacomb은 초기 그리스도교 당시의 그리스도교도들이 묻힌 지하 공동묘지를 말합니다. 원래 그리스어 '카타콤베'는 '낮은 지대의 모퉁이'를 뜻하는 말로, 로마 아피아 가도에 있는 성 세바스티아누스의 묘가 두 언덕 사이에 있었기 때문에 그의 무덤을 카타콤이라고 불렀다고 하며, 그러다가 나중에는 의미가 확장되어 그리스도교도들의 지하 무덤을 뜻하는 말로 널리 사용하게 되었다고 합니다.

튀르키예의 카타콤

그리스도교 박해 당시에 카타콤은 공동묘지이면서 비밀 예배 장소로 쓰였다고 합니다. 혹은 박해를 피해 그리스도교도들이 모여 살던 거주 공간이기도 했지요. 그런 까닭에 로마 제국의 영토였던 곳에 카타콤이 많이 남아 있습니다.[3] 그리스도교도들에게 성지 순례의 대상이 되는 카타콤은 일반 여행자에게도 이색적인 공간으로 다가옵니다.

나쁜 짓 하면 지옥 간다고 위협하는 낙숫물받이

가고일
GARGOYLE

빈 슈테판 대성당의 가고일

어느 건물이든, 비가 올 때를 대비한 낙숫물받이는 있기 마련입니다. 그렇지 않으면 빗물이 벽을 타고 흘러내려서 지저분해지고, 건물의 내구성에도 문제가 생길 테니까요. 그러니 성당과 같이 규모가 크고 사람들에게 정신적 지주 역할을 하는 건물에 낙숫물받이를 설치하는 것은 당연한 일이지요. 빗물 흘러내린 자국이 흉하게 남아 있는 건물 외관은 성당의 신성한 분위기를 해칠 테니까요.

자신들의 신앙심을 증명하기라도 하려는 듯, 성당을 짓고 유지하는 데 재물과 노력을 아낌없이 쏟아부었던 그리스도교도들은 낙숫물받이 하나도 예사롭게 만들지 않았습니다.

비단 성당뿐만이 아니라 멋진 건물에는 낙숫물받이조차 멋진 형상으로 설치되었습니다. 베네치아의 산 마르코 대성당이나 코모 대성당에서 볼 수 있는 낙숫물받이가 왕궁 등의 세속적인 건축물에서 볼 수 있는 멋진 낙숫물받이의 대표적인 모습 아닐까 싶습니다. 건물 밖으로 빗물을 빼내는 기능에 충실하면서도 웅장하고 장식적인 건물의 전체 분위기와도 잘 어울리니까요.

낙숫물받이

베네치아 산 마르코 대성당　코모 대성당

그런데 성당의 경우는 낙숫물받이로 추악한 형상의 괴물을 만들어서 설치하는 경우가 많았습니다. 그것을 '가고일'이라고 하지요.

그러면 가고일은 무엇일까요? 그리고 왜 하필이면 성당 건물에 그런 추악한 형상의 괴물을 설치한 것일까요?

가고일은 기괴하게 생긴 모습에서 짐작할 수 있는 것처럼, 저승 세계에 속하는 존재입니다. 빗물을 모으는 괴물이라는 설도 있습니다. 그런 흉측한 괴물을 신성한 성당 건물에 설치한 까닭은, 그것이 악령을 쫓아낼 거라고 믿었기 때문입니다. 동양에서 궁궐 지붕에 잡상雜像을 세우는 것과 똑같은 목적에서 말이죠. 흉측한 가고일을 보고 겁을 먹은 악령이 감히 접근할 엄두를 내지 못하길 바란 겁니다.

또 다른 이유로는 성당에 오는 사람들에게 '죄를 지으면 저렇게 생긴 무서운 괴물이 지옥으로 끌고 간다(혹은, 저런 무서운 괴물이 있는 지옥에 가게 된다)'는 위협을 하기 위해서일 수도 있습니다. 절 입구에 무시무시한 인상의 사천왕상四天王像을 세우는 것과 비슷한 이유에서죠.

가고일

시에나 대성당의 가고일

파리 노트르담 대성당의 가고일

Part 4.

알아두어야 할 그리스도교 관련 용어와 사건

2
그리스도교의 주요 사건

로마 제국의 식민지 백성으로 태어난 예수가 로마법에 따라 십자가형을 선고받고 세상을 떠난 후, 그의 제자들을 중심으로 그리스도교의 뿌리가 내리기 시작했습니다. 그리스도교 초기에는 혹독한 박해를 받으며 수많은 순교자를 냈지만 세력이 꺾이기는커녕 점차 저변이 확대됐고, 끝내는 로마 제국의 국교로 정해지기에 이르렀지요.
로마 제국이 역사의 뒤안길로 사라진 후에도 그리스도교는 유럽의 정신적 지주가 되어 현재에 이르게 되었습니다. 그러는 동안 세계사의 흐름에 영향을 미칠 정도로 중요한 종교적 사건들도 종종 일어났는데, 그중에서 가장 중요한 사건 몇 가지를 알아보려고 합니다.

로마 제국은 왜 그리스도교를 극심하게 박해했을까

로마 제국의 그리스도교 박해

예수가 탄생한 때를 기준으로 기원전(BC, '그리스도 이전'을 뜻하는 before Christ의 약자)과 기원후(AD, '주님의 해'라는 의미의 Anno Domini의 약자)를 나누기는 합니다만, 예수가 태어난 것은 BC 4년경으로 알려져 있습니다. 그 당시 유대 땅은 로마 제국의 식민지였고, 로마 제국의 통치자는 초대 황제인 아우구스투스(재위 BC 27~AD 14년)였습니다.

예수가 십자가형을 선고받고 처형당한 것은 그의 나이 33세 때로, 대개 AD 30년쯤의 일로 봅니다. 그때는 아우구스투스의 뒤를 이어 황위에 오른 2대 황제 티베리우스(재위 AD 14~AD 37년)가 제국을 통치할 때였으며, 예수가 죽은 후 그의 제자들을 중심으로 선교 활동이 시작되었습니다. 그리스도교의 출발이지요.

그러나 예수가 죽은 직후부터 로마 제국이 그리스도교를 박해한 것은 아닌 것으로 보입니다. 그리스도교의 세력이 아직 미미하여 로마 제국의 관심을 끌지 못했을 수도 있고, 아우구스투스 이후의 황제들인 티베리우스(2대), 칼리굴라(3대), 클라우디우스(4대)가 자신의 권력 기반을 다지는 데 급급해 종교 문제에는 신경을 쓰지 못했을 수도 있습니다.

헨리크 지미라즈키, 〈네로의 횃불〉 네로 황제가 그리스도교도들을 십자가(혹은 기둥)에 묶고 불태워 죽임

그리스도교에 대한 대대적인 박해를 가한 최초의 황제는 5대 황제인 네로입니다. 그는 로마 대화재로 민심이 흉흉해지자 백성들의 분노가 자신을 향할까 두려워 애꿎은 그리스도교도들을 희생양으로 삼았던 것입니다. 이때 베드로와 바울이 순교했고, 그 밖에도 많은 순교자가 나왔습니다.['예수의 열두 제자' 중 '성 베드로' 편(205쪽) 참조]

그렇게 시작된 그리스도교에 대한 박해는 313년에 콘스탄티누스 1세가 밀라노 칙령을 반포해 그리스도교에 종교의 자유를 주기 전까지 계속되었습니다.

그리스도교를 특히 가혹하게 박해한 10명의 로마 제국 황제들을 꼽자면, 네로(재위 54~68년), 도미티아누스(재위 81~96년), 트라야누스(재위 97~117년), 하드리아누스(재위 117~138년), 마르쿠스 아우렐리우스(재위 161~180년), 셉티미우스 세베루스(재위 191~211년), 막시미아누스(재위 235~238년), 데키우스(재위 249~251년), 발레리아누스(재위 257~259년), 디오클레티아누스(재위 284~303년)를 들 수 있습니다. 밀라노 칙령 이전까지는 꾸준히 박해가 계속되었다고 볼 수 있지요.

그렇다면 로마 제국은 왜 그리스도교를 그토록 가혹하게 박해한 것일까요.

아마도 그리스도교의 유일신 사상을 로마 제국 황제들이 용납하기 어려웠던 것 같습니다. 그들은 생전에 훌륭한 업적을 쌓아 죽은 뒤 신의 반열에 오르는 것을 꿈꾸었는데, 하느님 이외의 신은 없다는 그리스도교의 교리에 따르면 아무리 노력해도 신이 될 가능성이 없기 때문입니다. 무소불위의 권력을 쥔 황제들에게 그건 몹시 불쾌한 일이었을 겁니다.

그런가 하면, 그리스 신화를 받아들여 다신교 신앙에 익숙했던 로마 제국의 시민들에게도 그리스도교의 유일신 사상은 생소하고 납득하기 어려운 주장이었을 것으로 보입니다. 자신들이 중요하다고 여겨 숭배하는 여러 신들을 그리스도교도들이 잡신 취급을 하니 화가 났을 게 분명합니다.

'가난한 자에게 복이 있나니, 천국이 그들의 것'이라는 그리스도교의 주장이 부유한 귀족들의 심기를 거슬렀을 수도 있습니다. 특권을 누리던 그 당시 귀족들에게 가난한 사람을 먼저 챙기고 위로하는 종교는 사회(정확하게는 귀족 중심의 사회)를 불안하게 만드는 요소로 여겨졌을 것입니다.

그리스도교에 자유를 준 콘스탄티누스 1세의 밀라노 칙령

그리스도교의 공인

콘스탄티누스 1세는 그리스도교에서 매우 중요한 위치를 차지하는 인물입니다. 313년에 반포한 밀라노 칙령Edict of Milan을 통해 그리스도교를 종교로 인정하고, 그리스도교도에 대한 박해를 중단하였기 때문입니다. 이 말은 그전까지는 그리스도교가 정상적인 종교로 인정받지 못하고 가혹한 탄압을 받았다는 뜻이지요.

예수의 수제자인 베드로가 순교한 이후로 그리스도교는 200년이 넘도록 극심한 박해를 받았습니다. 그리스도교의 성인은 대부분 그 시기에 순교한 사람들입니다. 그들이 어떤 방식으로 죽임을 당했는지를 알고 보면 참혹하기 그지없습니다. 로마 제국은 그리스도교도를 더없이 끔찍한 방법으로 공개 처형함으로써 사람들에게 공포감을 줘 새로운 신자가 생기는 것을 막으려고 했지요. 물론 큰 효과는 없었고, 오히려 신자들이 늘어나는 기현상이 벌어졌지만요.

그런 상황에서 콘스탄티누스 1세가 그리스도교를 종교로 인정하고 박해를 멈추었으니 그리스도교 입장에서는 은인이 아닐 수 없습니다. 그리스도교도들이 그를 일컬어 '대제大帝/Great Emperor'라고 하는 것도 무리가 아닙니다.

그가 그리스도교에 우호적인 입장을 가졌던 데에는 몇 가지 이유가 있는 것으로 알려져 있습니다. 그중 대표적인 것을 세 가지만 꼽자면 독실한 그리스도교 신자였던 어머니 헬레나의 영향을 받았을 거라는 설과 정적政敵인 막센티우스와 맞붙은 밀비우스 다리의 전투Battle of the Milvian Bridge가 있기 전날 꿈에 십자가를 본 뒤 승리한 것이 중요한 이유가 되었을 거라는 설, 그리고 수많은 그리스도교도들을 적대시하는 것이 정치적으로 이득이 없다는 판단을 했을 가능성이 있다는 설이 바로 그것입니다.

그 가운데 꿈에 십자가를 보고 난 뒤 중요한 전투에서 승리했기 때문일 거라는 설에 대해 알아봅시다.

312년 10월, 콘스탄티누스 1세는 처남이자 정적인 막센티우스를 상대로 한 절체절명의 전투를 앞두고 있었습니다. 로마 근교 밀비우스 다리 근처에서 벌어진 이 전투는 양측에 매우 중요했는데, 콘스탄티누스 1세가 군사적인 열세에도 불구하고 승리하였습니다. 그런데 전하는 바에 따르면, 전투가 있기 전날 밤 꿈에 그가 십자가를 보았고 그 덕분에 승리할 수 있었다고 합니다. 그 내용을 그린 그림들이 다수 전하는 것으로 보아 그 당시에는 널리 알려진 사실이었던 것 같습니다.[1]

아레초 산 프란체스코 성당 바치 예배당('콘스탄티누스의 꿈')

그 일이 있은 뒤부터 그는 그리스도교에 우호적으로 변했고, 1년 뒤 그리스도교에 대한 박해를 중단하는 내용의 밀라노 칙령을 발표했다고 하는데, 시기적으로 볼 때 가능성이 있는 주장으로 보입니다.

대천사 미카엘에게 봉헌된 모스크바의 대천사 성당 북쪽 벽면에는 '하늘의 십자가를 보는 콘스탄티누스 황제'라는 제목의 벽화가 있습니다.[2] 천사가 잠든 이에게 뭔가를 알려주고 있는 구도의 그림입니다. 그림의 제목으로 미루어볼 때 잠든 이는 콘스탄티누스 1세이고, 그에게 뭔가를 말하는 천사는 대천사 미카엘일 겁니다. 그러나 제목과는 달리 십자가는 보이지 않습니다. 이 그림에서 십자가 대신 대천사 미카엘을 그린 까닭은, 그가 전사戰士의 이미지를 갖는 천사이므로 다음 날 있을 밀비우스 다리의 전투를 승리로 이끌어 주리라는 암시를 담은 것으로 보입니다.

모스크바 대천사 성당('하늘의 십자가를 보는 콘스탄티누스 황제')

모스크바 구세주 그리스도 성당(왼쪽—헬레나, 오른쪽—콘스탄티누스)

콘스탄티누스 1세의 어머니인 헬레나는 그리스도교에서 성인으로 추앙하는 인물이므로, 그가 어머니의 영향을 받아 그리스도교에 우호적인 태도를 보였을 가능성은 충분히 있습니다. 그래서 헬레나와 콘스탄티누스 1세는 함께 표현되는 경우도 많습니다.[3·4]

바실리 사조노프, 〈헬레나와 콘스탄티누스〉

그리스도교를 로마 제국의 국교로 삼은 테오도시우스 1세

그리스도교의 국교화

로마 제국으로부터 극심한 탄압을 받던 그리스도교는 313년에 콘스탄티누스 1세가 밀라노 칙령을 통해 그리스도교를 종교로 인정하고 신앙의 자유를 허락함으로써, 목숨을 걸고 믿어야만 하는 위험한 처지에서 벗어날 수 있었습니다. 그러나 그 당시의 그리스도교는 여러 종교 중 하나였지요.

박해받던 그리스도교가 로마 제국의 국교가 된 것은 테오도시우스 1세Theodosius I 때의 일입니다. '테오도시우스'란 그의 이름은 공교롭게도 그리스어로 '신이 내린 사람'이란 뜻이라고 하는군요.

테오도시우스 1세는 그리스도교 입장에서도 중요한 인물이지만, 로마 제국의 역사에서도 중요한 위치를 차지합니다. '테오도시우스 대제'라고 불릴 정도로 정치적으로나 군사적으로 탁월한 능력을 보였기 때문이기도 하지만, 그가 두 아들에게 로마 제국을 분할하여 상속함으로써 제국이 영구히 동로마 제국과 서로마 제국으로 나뉘게 되었기 때문입니다.

방대한 영토의 로마 제국을 혼자서 다스리는 것이 벅차다고 생각한 디오클레티아누스 황제는 로마 제국을 둘로 나눈 뒤, 각각 정제正帝/Augustus와 부제副帝/Caesar가 나누어 다스리는 체제를 갖춥니다. 이것을 사두정 체제라고 하지요.

로마 제국의 동쪽 지역 중 중동 및 아프리카 동북부 지역은 정제인 디오클레티아누스가, 그리스와 발칸 반도 지역은 부제인 갈레리우스가 통치했으며, 로마 제국의 서쪽 지역 중 이탈리아반도, 이베리아반도, 아프리카

북부 지역은 정제인 막시미아누스가, 프랑스 및 잉글랜드 지역은 부제인 콘스탄티우스가 통치했지요.[1]

사두정 체제 아래 네 개로 나뉘었던 로마 제국을 하나로 통일한 이가 테오도시우스 1세입니다. 분열된 로마 제국을 통일할 만한 군사적 · 정치적 역량이 있었다는 뜻이자, 혼자서도 제국을 충분히 통치할 수 있다는 자신감이 있었다는 의미일 겁니다.

그런 그가 로마 제국을 영구히 분열되게 만들었으니 역사의 아이러니라고 할 수 있습니다. 테오도시우스 1세는 395년에 제국을 둘로 나눠 두 아들 아르카디우스와 호노리우스에게 상속했고, 그 이후로 로마 제국은 동로마 제국과 서로마 제국으로 분열됩니다.[2] 이후 서로마 제국은 게르만족의 이동 여파로 인해 476년에 멸망하고, 동로마 제국은 오스만 제국의 공격을 받아 1453년에 멸망함으로써 로마 제국은 영원히 역사의 뒤안길로 사라집니다.

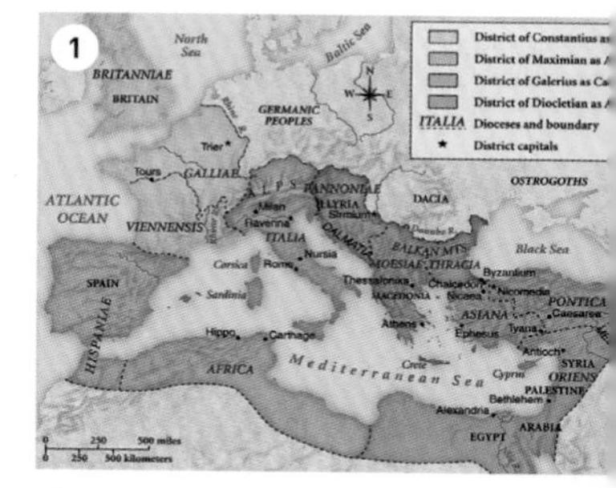

사두정 체제 당시의 로마 제국

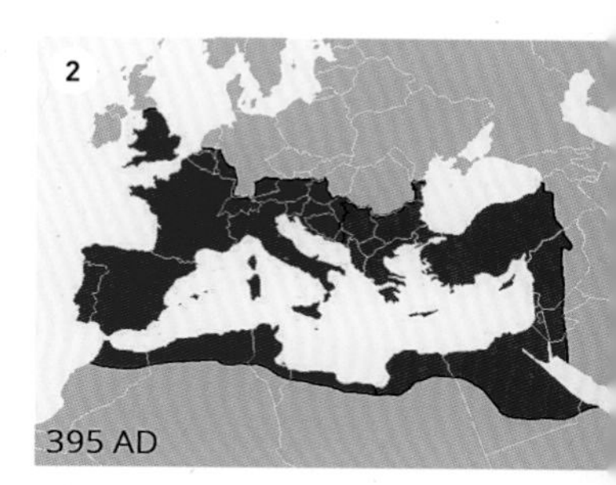

테오도시우스 1세가 죽은 뒤 분열된 동로마 제국과 서로마 제국

로마 제국의 통일과 분열이 정치적 측면에서의 그의 결정이라면, 그리스도교를 국교로 삼은 것은 종교적 측면에서의 결단이었습니다. 그는 4세기 후반에 그리스도교를 제국의 국교로 선포하였으며, 후속 조치로 그리스도교 이외의 다른 종교를 박해하고 여러 신전에 하사되었던 땅을 몰수하였습니다. 또한, 394년에는 올림피아 경기를 금지했는데, 올림피아 경기가 고대 그리스 도시국가 시절에 제우스를 기리기 위해 시작되었으므로 이교도의 행사라고 보았던 것입니다.

테오도시우스 1세는 그 이름으로 미루어볼 때 독실한 그리스도교 신자였던 것으로 보이며, 로마 제국의 황제로서 통일된 제국을 원만히 통치하기 위해서는 종교의 통일이 필요하다고 판단하여 그리스도교를 국교로 삼은 것으로 보입니다.

그런 그가 밀라노의 주교였던 성 암브로시우스로부터 성당 출입을 제한당한 사실['서방 교회의 4대 교부' 중 '성 암브로시우스' 편(318쪽) 참조]은 아이러니한 일이라고 할 수 있습니다.

동방 정교회의 분리와 성상에 대한 동서 교회의 다른 시각

교회의 대분열

예수가 세상을 떠난 후 그의 제자들에 의해 종교로서의 기반을 마련한 그리스도교는 초기에 가혹한 탄압을 받았지만, 콘스탄티누스 1세와 테오도시우스 1세를 거치면서 로마 제국의 중심 종교가 되었습니다. 이때의 그리스도교는 단일한 종교였지요.

그러다가 동방 정교회가 가톨릭과 결별하는 일이 벌어집니다. 그리스도교 최초의 분열인 것입니다.

로마 제국의 국교가 된 그리스도교는 제국의 수도인 로마를 근거지로 삼았습니다. 예수의 수제자인 베드로가 순교한 뒤 로마에 묻혔고, 베드로의 후계자들이 그리스도교의 최고 지도자에 해당하는 교황위를 계승하면서 신자들을 이끌었기 때문입니다.

그런데 서로마 제국이 멸망하면서 미묘한 상황이 됩니다. 교황이 근거지로 삼은 로마는 멸망한 나라의 옛 수도가 되어버린 데 반해, 총대주교가 관할하는 콘스탄티노플은 동로마 제국의 수도로서 번영을 누리고 있었기 때문입니다. 로마 교황청으로서는 자신들이 그리스도교의 종가임을 주장하였겠지만, 콘스탄티노플 교구 입장에서는 로마 제국의 국교인 그리스도교는 황제가 건재하는 동로마 제국 쪽으로 정통성이 넘어왔다고 주장하였을 것입니다.

서로마 제국의 수도였던 로마를 근거지로 하는 서방 교회(가톨릭)와 동로마 제국의 수도인 콘스탄티노플을 근거지로 하는 동방 교회(동방 정교회)는 여러 문제에서 대립했는데, 성상聖像 사용을 두고도 크게 갈등을 빚었습니다. 8세기경에 동로마 제국의 황제들이 교회에서 사용하는 십자가 등의 성상을 사용하지 못하도록 하는 '성상 파괴 운동'이 일어났는데, 이는 황제들이 교회 성직자들을 견제하고 교회에 대한 간섭의 기회로 삼고자 벌인 일로 이해합니다.

동로마 제국의 황제 레오 3세(재위 717~741년)는 교회의 강력한 반발에도 불구하고 725년에 성상 숭배 금지령을 내립니다. 그가 이런 조치를 취한 것은 자신의 명령을 따르지 않는 교회의 재산을 몰수하여 국가 재정을 확충하려는 의도와, 성상 사용을 우상 숭배라며 비난하는 이슬람교를 의식한 결정이었다고 합니다.

성상 숭배 금지령은 787년에 해제되었지만 교황과 황제의 관계를 적대적으로 만들었으며, 동방 교회와 서방 교회 사이의 거리는 멀어지기만 했습니다. 그 이후로도 수차례의 성상 숭배 금지령과 반발이 반복되면서 서방 교회는 성상 숭배를 강화하고 동방 교회는 성상 숭배를 거부하는 쪽으로 각자의 길을 가게 된 것이지요.

동방 교회와 서방 교회는 1054년에 이른바 '케룰라리오스 사건(성찬례에 사용하는 빵에 효모가 있는지 없는지를 두고 동서 교회가 대립한 사건)' 때 서로를 파문함으로써 분열이 가시화되었습니다. 동방 정교회의 분리를 이때로 보는 견해도 있고, 이 사건이 분열의 단초가 되었다고 보는 견해도 있습니다.

동방 교회와 서방 교회가 도저히 회복할 수 없을 정도로 적대적인 관계가 된 것은 1204년에 있었던 제4차 십자군 원정 때의 일입니다. 이때 서방 교회 소속의 군대가 이슬람 국가가 아닌, 같은 그리스도교도의 도시인 콘스탄티노플을 약탈한 것입니다. 동로마 제국의 수도인 콘스탄티노플을 함락한 십자군 군대는 일반 건물뿐만 아니라 교회 건물까지 초토화시켰습니다. 그들은 교회 안의 성상과 성물을 약탈하고, 심지어 성인들의 유해까지 파헤쳤다고 하니, 서방 교회의 동방 교회에 대한 악감정을 짐작할 수 있습니다. 동서 교회는 그렇게 분열된 것입니다.

십자군의 콘스탄티노플 약탈이 있었던 때로부터 800년의 세월이 흐른 뒤인 2001년에 당시의 교황이었던 요한 바오로 2세가 제4차 십자군 원정 때 서방 교회의 군대가 동방 교회에 저지른 만행에 대해 "성지(즉, 예루살렘)를 회복하기 위한 십자군 전쟁이 신앙의 형제들(동방 정교회)에게 등을 돌리게 된 것은 비극적인 일로 심히 유감스럽다."라고 말하며 사과하였습니다. 그리고 그리스 정교회(그리스의 동방 정교회)의 수장인 크리스토둘로스 대주교가 "한 마디의 사과로 동서 교회 간에 쌓인 모든 갈등이 해결되지는 않겠지만, 미래의 공동사회를 이루는 데는 도움을 줄 것"이라고 화답함으로써 오랜 갈등 관계가 해소될 수 있는 실마리를 마련했습니다.

동방 교회의 이콘 파괴 운동이 동서 교회의 분열을 가져온 핵심적인 이유는 아니지만, 이콘의 표현 양식과 삼차원 성상의 허용 여부는 가톨릭과 동방 정교회의 중요한 차이점이므로 그에 대해 알아보도록 하겠습니다.

우상 숭배를 금기시한 유대교의 전통을 이어받은 초기 그리스도교는 신을 구체적인 인간의 형상으로 그리는 것에 부정적인 시각을 갖고 있었습니다. 그래서 예수조차도 십자가, 어린 양, 선한 목자 등의 상징적 이미지로 표현하였지요.

그러나 로마 제국 당시 그리스도교가 국교로 정해진 뒤 문맹자인 신자들에게 성서의 내용을 가르치기 위한 시각 자료의 필요성이 인정되어 성화 및 성상 표현은 점차 확대되기 시작했습니다. 예수가 인간의 모습으로 이 땅에 온 신이라고 보는 그리스도교 교리도 성화 및 성상 예술 발달에 한몫했습니다. 그리하여 그리스도교 신자들이 예수의 모습을 그린 성화聖畫/icon를 보면서 예배를 드리는 전통이 자리 잡았지요. 우상 숭배를 극도로 꺼리는 이슬람교가 현재도 인간과 동물의 형상을 표현하지 않는 것과 달리, 그리스도교는 비교적 초기부터 융통성을 발휘한 것입니다.

그런데 그리스도교의 성화 표현은 동방 교회와 서방 교회가 분열하면서 서로 다른 길을 걷게 됩니다. 그리스도교가 동서 교회로 분열되기 전에는 서방 교회도 고딕 양식의 이콘을 적극적으로 활용했습니다. 서유럽의 성당에서 볼 수 있는 다양한 이콘1~3들은 그런 사실을 알려줍니다. 그러나 동서 교회의 분열 이후 고딕 양식의 이콘은 동방 정교회의 전통으로 남게 되었고, 서방 교회에서는 르네상스 이후 다양한 미술 양식을 받아들인 것입니다. 종교적인 성스러움보다는 화가 개인의 창의적 표현력을 중시하는 르네상스 이후의 미술을 서방 교회가 수용하였으므로, 그리스도교 초기의 이콘과 전혀 다른 스타일의 성화들이 등장하게 됩니다.[4~8]

성상의 허용 여부도 동방 교회와 서방 교회의 중요한 차이점입니다. 동방 정교회에서는 이차원 그림인 이콘은 허용하지만, 삼차원 조각상은 허용하지 않습니다. 조각상을 설치하는 것을 우상 숭배로 보기 때문입니다. 그에 비해 서방 교회에서는 이차원 그림은 물론이거니와 삼차원 조각상도 허용하기 때문에 가톨릭 성당의 실내 장식이 동방 정교회 성당의 실내 장식보다 훨씬 다양하고 풍부한 편입니다.

서유럽의 성당에 남아 있는 고딕 양식의 이콘

라벤나 산타 폴리나레 누에보 성당

베네치아 산 마르코 대성당

로마 성 이그나시오 성당

다양한 미술 양식을 받아들인 서방 교회

로마 산타 마리아 마조레 대성당

제노바 대성당

로마 산 피에트로 인 빈콜리 성당

빈 성 베드로 성당

만토바 성 프란체스코 성당

카노사에서 교황 앞에 무릎 꿇은 신성로마제국의 황제

카노사의 굴욕

'카노사의 굴욕'은 주교 서임권을 둘러싸고 대립하던 신성로마제국의 황제 하인리히 4세와 로마 교황청의 교황 그레고리오 7세 사이에서 일어난 사건입니다. 교황이 주교 서임권을 가져가려 하자(1075년 2월), 황제의 권력이 약화될 것을 우려한 하인리히 4세가 교황을 폐위한다고 선언(1076년 1월)했지요. 당시 유럽 대륙 대부분을 지배하던 신성로마제국 황제의 권력을 믿고 선제공격한 것입니다.

그러자 그레고리오 7세는 하인리히 4세를 파문破門하는 것으로 맞대응(1076년 2월)합니다. 파문이란, 그리스도교 신자 자격을 박탈하는 것이지요.

그리스도교가 세상을 지배하던 당시의 '파문'은 심각한 문제를 불러일으킵니다. 비록 신성로마제국의 황제라는 막강한 자리에 앉은 하인리히 4세였지만, 파문당한 순간부터 종교적으로 사망한 상태가 되어버린 것입니다. 믿었던 측근들조차 그를 멀리했고, 일부 귀족들은 새로운 황제 선출을 논의하기 시작했다고 합니다.

위기를 느낀 하인리히 4세는 교황을 찾아가 용서를 빌기로 합니다. 그 무렵(1077년 1월) 그레고리오 7세는 토스카나 지방에 있는 카노사성에 머물고 있었습니다. 당시 카노사성의 영주는 '마틸다'라는 이름의 여백작이었지요.

하인리히 4세는 한겨울의 추위 속에서 허름한 옷차림으로 사흘 동안 교황의 자비를 애걸하였다고 합니다. 황제가 카노사에서 그런 굴욕을 당했기 때문에 그 사건을 '카노사의 굴욕'이라고 하는 것입니다.

이때 마틸다는 교황에게 하인리히 4세를 너그럽게 용서하는 모습을 보임으로써 교황이 황제보다 우위에 있음을 보여주도록 권유했다고 합니다. 마틸다의 중재를 교황이 받아들여서였는지는 모르겠지만, 사흘째 되던 날 교황은 하인리히 4세에 대한 파문 결정을 취소한다고 발표합니다. 하인리히 4세가 기사회생할 수 있는 기반을 마련한 것이지요.

이렇게 사흘 만에 교황이 황제를 용서함으로써 끝난 이 사건은 그 후 세속 권력에 대한 종교 권력의 우위를 확인한 역사적 계기로 알려지게 되었습니다.

그렇다면 그레고리오 7세는 진정한 승리자였을까요?

교황으로부터 용서받은 하인리히 4세는 황제위를 유지할 수 있게 되었습니다. 그는 다시 세력을 키운 뒤 로마로 진격하여 그레고리오 7세를 축출했고, 쫓겨난 교황은 끝내 로마로 복귀하지 못한 채 망명지인 살레르노에서 사망했습니다. 그러니 두 사람의 대결에서는 결과적으로 하인리히 4세가 승리했다고 볼 수 있겠습니다.

그러나 그리스도교 입장에서 볼 때 '카노사의 굴욕'이란 역사적 사건은 어찌되었든 세속 권력의 정점인 신성로마제국의 황제가 종교 권력의 정점인 교황 앞에 무릎 꿇음으로써 그리스도교의 위상을 높여준 것으로 볼 수 있습니다. 그래서인지 그 사건 때 중재자 역할을 했던 카노사의 영주 마틸다의 무덤을 성 베드로 대성당에 쓰도록 하고 기념비도 세워주었습니다.[1] 아마도 '카노사의 굴욕' 때 그녀가 했던 중재자의 역할을 중요하게 여긴다는 의미로 보입니다.

바티칸시국 성 베드로 대성당 '카노사의 마틸다 기념비'

카노사의 마틸다 기념비 하단 부조[2]를 보면 중앙에 교황 그레고리오 7세가 앉아 있고, 하인리히 4세는 그 앞에 허름한 차림새로 무릎 꿇고 있습니다. 황제는 관을 벗어 뒤쪽의 아이(황제의 아들로 보임)에게 맡긴 상태입니다. 용서를 받기 위한 그의 절박함을 짐작할 수 있는 상황입니다. 그 부조의 오른쪽에 선 여인이 바로 마틸다입니다. 그녀의 자세로 볼 때, 아마도 교황에게 황제를 용서해주라고 조언하는 것으로 짐작됩니다.

카노사의 마틸다 기념비 하단 부조

부패한 가톨릭 교회에 반발하여 일어난 개혁 운동

종교개혁

마르틴 루터Martin Luther 등이 주창한 종교개혁으로 인해 가톨릭에서 개신교(프로테스탄트)가 분리되었으며, 그 원인이 된 것은 성 베드로 대성당의 건축이라고 우리는 생각합니다. 단순하게 말하자면, 성 베드로 대성당의 건축비를 충당하기 위해 신자들에게 무리하게 면죄부를 강매하는 것에 반발하여 마르틴 루터 등이 종교개혁을 주창했다는 것입니다.

물론 종교개혁이란 엄청난 역사적 사건이 '성당 건축 비용을 마련하기 위해 둔 무리수'라는 한 가지 이유에서 비롯되었을 리는 없지만, 중요한 단초가 된 것은 사실입니다. 그 내막을 한 번 알아보겠습니다.

교황 레오 10세는 피렌체의 메디치 가문이 배출한 세 명의 교황(레오 10세, 클레멘스 7세, 레오 11세) 중 한 사람이었습니다. 피렌체의 위대한 통치자였던 로렌초 데 메디치Lorenzo de Medici의 세 아들 중 차남으로, 1476년에 태어났습니다. 문예 부흥기를 이끌었던 메디치 가문 출신답게 그는 학문과 예술을 장려하고, 로마와 피렌체를 르네상스 문화의 중심지로 만들었지요. 특히 미켈란젤로, 라파엘로 등에게 많은 작품을 의뢰하여 그들의 예술혼이 꽃필 수 있도록 후원한 것은 업적으로 꼽힙니다.

그러나 사치와 향락을 즐기던 그는, 교황청의 재정이 바닥나는 심각한 사태를 초래합니다. 레오 10세는 이 문제를 해결하기 위한 수단으로 사제직을 돈 받고 파는 일을 시작합니다. 이는 당시의 교회가 어느 정도로 무능하고 부패했는지를 알려주는 사례가 되며, 신자들로부터 많은 비난과 원망을 샀을 거란 점을 짐작하게 해줍니다.

그런데 문제는 레오 10세의 낭비벽만이 아니었습니다. 전임 교황이었던 율리우스 2세는 '군인 교황'이라는 별칭을 얻을 만큼 교회의 권력을 지키기 위해서는 전쟁도 불사한 사람이었는데, 그가 벌여놓은 일 중에는 성 베드로 대성당 재건축도 있었습니다.

본래 예수의 수제자인 베드로가 순교한 뒤 묻혔다고 믿어지는 곳에 세워진 성당은 324년에 콘스탄티누스 1세의 명으로 세워졌으며, 1200여 년의 세월이 흐르는 동안 퇴락해 볼품없는 건물로 변한 상태였습니다. 그것을 율리우스 2세가 신의 위엄을 보여줄 의도로 어마어마한 규모로 새로 짓기 시작했는데, 그는 완공을 보지 못한 채 세상을 떠납니다.

레오 10세는 후임 교황으로서 성 베드로 대성당을 완성해야 할 의무를 떠안았습니다. 그런데 워낙 웅장한 규모로 시작한 건물이다 보니, 건축비를 감당할 수가 없었습니다. 이미 그 자신의 낭비벽으로 인해 교황청의 재정이 바닥난 뒤였으니 더더욱 곤란한 일이었지요.

아마도 레오 10세는 여러모로 궁리를 했을 것입니다. 비난을 무릅쓰고서라도 사제직을 판매하는 일을 더 적극적으로 했겠지요. 그러나 그 정도로 해결될 문제가 아니었습니다. 사제의 숫자를 무한정 늘릴 수는 없었을 테니까요. 결국 그는 신자들에게 면죄부를 판매하여 돈을 거두어들이는 꾀를 생각해냅니다.

돈을 바친 사람의 죄를 사해준다는 증명서인 면죄부의 판매는 초기에는 그런대로 효과를 거두었습니다. 신앙심이 돈독했던 그 당시 사람들은 "금화가 땡그랑 소리를 내며 헌금함에 떨어지는 순간, 그대의 영혼은 연옥을 벗어나 천국으로 올라간다."는 말을 믿고 다투어 돈을 바쳤기 때문입니다.

그러나 나중에는 자발적으로 면죄부를 사는 사람이 줄어들면서 교황의 고민이 깊어갑니다. 사람들은 한 번 면죄부를 사면 모든 죄를 사면받고 천국에 들어갈 수 있다고 믿었기 때문에 더는 돈을 바치지 않았던 것입니다.

성당을 완공해야 하는데 돈이 들어오지 않으니 결국엔 죽은 사람의 영혼을 구제한다는 명목의 면죄부를 강매하는 지경에 이르렀고, 이러한 무리수는 많은 반발을 불러일으킵니다. 교황청의 파렴치한 행각에 크게 반발한 사람 중의 하나가 바로 마르틴 루터였습니다.

독실한 그리스도교 신자이면서 신학자였던 루터는 1517년 10월 31일에 '95개조 반박문'을 비텐베르크 교회의 문에 내걸었습니다. 루터 주장의 핵심은 '구원은 믿음을 통해서만 얻게 된다.'는 것과, '교회 의식이나 선한 행위를 통해서가 아니라 직접 성서를 읽으며 하느님의 말씀을 들어야 한다.'는 것이었습니다.

이러한 루터의 주장은 면죄부를 살 수 없을 정도로 가난한 사람들에게는 열렬한 호응을 얻었지만, 교황청은 몹시 불쾌해했습니다. 교황청은 루터에게 주장을 철회할 것을 명했지만 루터는 자신의 주장을 굳게 지켰고, 결국 그는 파문당하게 됩니다. 당시 사람들에게 가장 무서운 벌이 종교적인 파문이었다는 것을 생각하면, 루터의 주장이 얼마나 위험하면서도 용감한 것이었는지를 알 수 있습니다.

교황청으로부터 파문당하고, 목숨을 위협받는 상황에 놓이게 된 루터는 바르트부르크성에서 은둔 생활을 하며 라틴어로 되어 있는 성서를 독일어로 번역하는 작업에 몰두합니다. 그전까지는 라틴어를 배운 사제들만이 성서의 내용을 신자들에게 설명할 수 있었는데, 루터의 번역 작업으로 일반인들도 사제를 통하지 않고 하느님의 가르침을 이해할 수 있게 된 것입니다. 이는 교회와 사제의 권위를 떨어뜨리는 효과가 있어 가톨릭 입장에서는 매우 못마땅한 일이었지만, 신자들에게는 교회의 속박으로부터 벗어나는 계기가 되었습니다. 바로 종교개혁이 시작된 것이지요.

빈 카를 성당의 천장화

마르틴 루터의 책을 불태우는 천사

루터 옆에 그려진 사악한 존재들(뱀의 유혹을 받는 탕자와 허영과 가식으로 물든 여인)

빈 카를 성당의 천장화에 '마르틴 루터의 책을 불태우는 천사' 장면[1]이 있는데, 이를 보면 당시의 가톨릭 측이 개신교(프로테스탄트)와 마르틴 루터에 대해 어떤 적대적 감정을 가졌었는지를 짐작할 수 있습니다. 특히 루터 옆에 사악한 존재들을 함께 그린 것[2]을 보면 개신교에 대한 가톨릭 측의 의식을 더욱 분명하게 알 수 있습니다.

개신교 교회의 실내 장식이 단순한 까닭

개신교 교회는 가톨릭 성당에 비해 실내 장식이 검소하고 단순하다는 특징이 있습니다. 그렇다면 두 종교 건축물의 실내 장식은 왜 그런 차이를 보이는 것일까요?

가톨릭이 지배하던 유럽의 종교 지형을 바꿔놓은 것은 의심할 바 없이 마르틴 루터가 주창한 종교개혁이었습니다. 물론 루터 이전에도 종교개혁을 요구한 이들이 있었는데, 대표적인 인물로 보헤미아의 얀 후스, 피렌체의 지롤라모 사보나롤라 등을 꼽을 수 있지요.
종교개혁의 필요성을 부르짖었던 얀 후스와 지롤라모 사보나롤라는 견고한 가톨릭의 아성을 허무는 데 실패합니다. 자신들이 화형당하는 것으로 끝난 것입니다. 그러나 마르틴 루터의 경우는 달랐습니다. 그의 주장은 일파만파를 불러와 결국 가톨릭에 대항하는 개신교(프로테스탄트)가 등장할 수 있었으니까요.
루터의 주장이 많은 사람들의 공감을 불러일으켜 종교개혁이 성공하게 된 데에는 여러 가지 이유가 있을 것입니다. 그중에서 제일 중요한 요인으로 성 베드로 대성당 건축비를 충당하기 위해 교황청이 무리하게 면죄부를 강매함으로써 가난한 신자들의 반발을 부른 것을 꼽을 수 있습니다.
루터는 부패한 교황청을 비판하면서 95개 조항의 반박문을 비텐베르크 교회 정문에 내겁니다. 그중에는 '돈을 받고 죄를 면해주는 교황청의 처사는 옳지 못하다.'는 것이 있었는데, 이는 면죄부를 팔아 성 베드로 대성당 건축비를 충당하던 교황청으로서는 상당히 불쾌한 공격이었습니다. 그러나 면죄부를 살 형편이 안 되는 가난한 신자들에게는 더없이 반가운 주장이었지요.
결과적으로 루터의 주장은 많은 신자들의 지지를 받으며 교회의 변화를 이끌어냈는데, '프로테스탄트'라고 불리는 개신교의 등장은 그중의 하나입니다. 그 뒤로 서방 교회는 가톨릭과 개신교로 분열하게 됩니다.

그런데 전통적으로 가톨릭 성당은 건물 안팎을 그림과 조각으로 화려하게 장식하는 경향이 있었습니다. 이것은 가톨릭이 사치를 숭상하기 때문이 아니라, 문맹자인 신자들에게 성서의 내용을 알기 쉽게 전달하려는 노력의 일환이었습니다. 일종의 시각적 교육 자료였으니 불가피한 면이 있었던 겁니다.
그러나 종교개혁을 통해 등장한 개신교의 입장에서는 교황청이 화려하기 그지없는 성 베드로 대성당의 건축을 위해 면죄부를 판매했던 사실을 잊을 수 없을 것입니다. 교회 장식이 사치와 부패로 연결될 수 있음을 기억했을 테지요.
그래서인지 개신교의 교회는 내부 장식을 단순하고 검소하게 하는 경향이 있습니다. 유럽을 여행하다 보면 가톨릭이 우세한 국가들(스페인, 포르투갈, 이탈리아, 프랑스, 오스트리아, 벨기에 등)의 성당은 장엄하고 화려한 반면, 개신교가 우세한 북부 유럽의 교회 건물은 조촐하고 소박한 것을 알 수 있습니다.
참고로, 바티칸의 성 베드로 대성당(가톨릭)과 헬싱키의 루터란 교회(개신교) 내부 장식을 비교해 보면 실내 장식을 대하는 두 종교의 태도를 이해할 수 있을 것입니다.

화려한 장식이 특징인 성 베드로 대성당

검소하고 단순한 장식이 특징인 헬싱키 대성당(루터란 교회)

헨리 8세의 요란한 이혼과 재혼이 낳은 영국 성공회

영국 성공회의 창시

헨리 8세

헨리 8세Henry VIII 이전까지 영국은 독실한 가톨릭 국가였습니다. 헨리 8세 자신도 독실한 가톨릭 신앙을 가졌었다고 합니다. 그러나 그는 이혼 문제로 교황청과 결별하고 영국 성공회를 창시했지요. 영국이 유럽의 다른 나라들과는 다른 독자적인 종교(비록 그리스도교의 한 분파이기는 하지만)를 갖게 된 이유와 그 과정에 대해 알아봅시다.

헨리 8세의 첫 번째 부인은 아라곤의 캐서린Catherine of Aragon이었습니다. 아라곤 왕국의 페르난도 2세와 카스티야-레온 왕국의 이사벨 1세 사이에서 태어난 막내딸이지요.

아라곤의 캐서린

1485년에 태어난 캐서린(스페인어로는 카탈리나)은 1501년에 잉글랜드 왕 헨리 7세의 장남인 웨일스 공 아서와 결혼합니다. 그녀의 나이 열여섯 살 때의 일로, 프랑스를 견제할 필요가 있던 잉글랜드와 스페인 사이에 이루어진 전형적인 정략결혼이었지요. 그런데 결혼한 지 몇 달 만에 아서 왕세자가 병으로 죽자, 문제가 생깁니다. 잉글랜드와 스페인 사이에는 여전히 혼인 동맹을 유지할 필요가 있는데, 신랑이 죽어버린 것입니다. 그러자 두 나라의 왕실은 캐서린을 아서의 동생인 헨리 왕자와 다시 결혼하게 하는 방식으로 문제를 해결하려 합니다. 이때 교황 율리오 2세는 잉글랜드와 스페인의 요청을 받아들여, 캐서린이 아직 초야를 치르지 않은 처녀이므로 아서와의 결혼은 무효라고 선언해줍니다. 헨리 왕자와 캐서린 공주의 결혼이 법적으로나 종교적으로 문제가 없는, 정상적인 결합이라고 인정해준 것이지요.

헨리 7세가 사망한 후 잉글랜드의 왕이 된 헨리 8세와 캐서린은 결혼식을 올리고, 그들 사이에서 딸 메리가 태어납니다.

그런데 캐서린이 메리를 낳은 후 아들을 낳지 못하자 두 사람 사이는 멀어지게 됩니다. 헨리 8세는 반드시 왕비에게서 낳은 아들에게 왕위를 물려줘야 한다는 강박증에 시달린 사람이었습니다. 아직 역사가 짧은 튜더 왕가의 입지를 강화해야 한다는 책임감에서 그랬을 것입니다.

캐서린의 시녀인 앤 불린Anne Boleyn과 사랑에 빠진 헨리 8세는 결국 교황 클레멘스 7세에게 캐서린과의 결혼을 무효화해달라고 요청합니다(1527년). 캐서린이 자신의 형과 결혼했었으며, 자신과 결혼할 당시에 처녀가 아니었으므로 성경의 가르침에 어긋난 결혼이었다고 주장한 것입니다.

그런데 아라곤의 캐서린은 신성로마제국의 황제인 카를 5세의 이모였습니다. 캐서린의 언니인 후아나의 아들이 카를 5세였던 겁니다. 그러니 교황으로서는 섣불리 헨리 8세의 요구를 들어줄 수 없는 상황이었습니다. 게다가 같은 해인 1527년에 카를 5세의 군대가 로마를 철저히 파괴하고(로마 대 약탈) 교황 클레멘스 7세는 천사의 성으로 도피해 간신히 목숨을 건진 상황이었으니, 감히 헨리 8세의 이혼 문제에 개입할 수 없었지요. 결국 클레멘스 7세는 헨리 8세의 거듭된 이혼 허용 요청에도 불구하고 '가톨릭에서는 이혼을 허락하지 않는다.'는 명분을 내세워 거절합니다.

앤 불린

교황의 허락 없이는 이혼도 재혼도 할 수 없었던 헨리 8세는 극단적인 방식으로 문제를 해결합니다. 즉, 영국의 국교를 가톨릭에서 영국 성공회로 바꿔버린 것입니다(1534년). 그런 다음 원하던 대로 아라곤의 캐서린과 이혼한 후 앤 불린과 재혼하지요.

강제로 이혼당한 캐서린은 왕궁에서 쫓겨나 불행한 여생을 보내야 했고, 그녀의 딸 메리 역시 불행한 어린 시절을 보내야 했습니다.

한편, 국교를 바꾸면서까지 요란하게 결혼한 앤 불린과의 사랑도 1,000일을 넘기지 못하고 파국을 맞았고, 앤 불린은 딸 엘리자베스를 남긴 채 불륜을 저질렀다는 죄목으로 처형됩니다. 아들을 낳아야 한다는 헨리 8세의 집착은 그 후로도 여러 명의 왕비를 갈아 치우는 결과를 가져왔지요.

앤 불린을 처형한 후 맞이한 세 번째 왕비 제인 시모어Jane Seymour에게서 에드워드 왕자를 얻었으므로, 헨리 8세 사망 후 잉글랜드의 왕위는 에드워드 6세Edward Ⅵ에게 넘어갑니다. 그러나 병약했던 에드워드 6세는 즉위한 지 6년 만에 16살의 나이로 사망하고, 왕위는 제인 그레이Lady Jane Grey(9일 동안 재위), 메리 1세Mary I(아라곤의 캐서린이 낳은 딸로 5년간 재위), 엘리자베스 1세Elizabeth I(앤 불린이 낳은 딸로 45년간 재위)로 이어집니다.

메리 1세(블러디 메리)

엘리자베스 1세

독실한 가톨릭 신자였던 아라곤의 캐서린은 이혼당하는 수모를 겪으면서도 자신의 종교를 굳게 지켰고, 그것은 딸인 메리에게로 이어졌습니다. 어머니가 이혼당한 후 신분적으로 위태로운 상황에 놓였던 메리는 냉정하고 고집스러운 성격으로 바뀌었고, 왕위에 오르자 영국의 국교를 다시 가톨릭으로 되돌리기 위해 개신교와 성공회를 탄압하고 많은 사람들을 처형하여 '블러디 메리Bloody Mary(피의 메리)'라는 별명이 붙었습니다.

메리 1세가 영국의 종교를 가톨릭으로 되돌리기 위해 노력했음에도 불구하고 짧은 재임 기간을 보내고 사망한 뒤, 이복동생인 엘리자베스 1세에게로 왕위가 넘어가면서 영국의 종교는 성공회로 회귀합니다. 헨리 8세가 앤 불린과의 결혼을 위해 바꾼 종교이니, 앤 불린의 딸인 엘리자베스 1세가 성공회를 지키려 한 것은 당연한 일이겠지요.

그런 우여곡절을 겪으며 영국 성공회는 영국의 국교로서 현재까지 이어져 오고 있습니다.

국제 전쟁으로 번진 신교와 구교 간의 종교 전쟁

30년 전쟁

30년 전쟁Thirty Years' War은 특히 독일 역사에 아픈 상처로 남은 전쟁입니다. 신성로마제국의 종교 문제로 시작된 전쟁이 나중에는 유럽 각국이 이해관계에 따라 뛰어드는 바람에 규모가 커져 국제 전쟁으로 비화하였기 때문입니다. 30년이란 긴 세월에 걸쳐 전쟁이 계속되는 동안 승패가 엎치락뒤치락하는 과정에서 피해를 본 나라들이 많았지만, 특히 자신의 영토 안에서 국제 전쟁을 치러야 했던 독일의 피해는 말로 다 표현할 수 없을 정도였습니다.

그렇다면 30년 전쟁은 왜 일어났으며, 유럽의 역사에 어떤 영향을 미쳤을까요?

1618년, 보헤미아의 페르디난트 2세Ferdinand II는 가톨릭만을 유일한 종교로 인정하는 칙령을 반포합니다. 그는 1년 뒤인 1619년에 신성로마제국의 황제가 되는 인물로, 극단적인 가톨릭 옹호자였습니다. 그가 루돌프 2세가 신앙의 자유를 인정하며 내렸던 칙령을 파기하고 종교 탄압을 시작하자, 개신교 신자들이 반발하여 반란을 일으킵니다.

보헤미아의 페르디난트 2세

이때 일어난 중요한 사건이 '제2차 프라하 창문 투척 사건'입니다. 종교 탄압에 불만을 품은 개신교 귀족들이 두 명의 가톨릭 섭정(마르티니치와 슬라바타)을 창문 밖으로 던져버린 사건입니다. 두 사람은 다행히 목숨을 건졌지만 가톨릭과 개신교 사이의 앙금은 점점 깊어졌고, 결국 30년 동안 유럽을 전쟁터로 만든 것입니다.

덴마크의 크리스티앙 4세

스웨덴의 구스타브 2세 아돌프

신성로마제국의 종교 갈등으로 인해 전쟁이 일어나자 당시 유럽의 강국이었던 덴마크의 크리스티앙 4세Christian IV가 개신교 신자들을 지원하며 전쟁에 뛰어들었고, 같은 개신교 국가인 네덜란드도 힘을 보탰습니다. 그러나 개신교 연합군은 페르디난트 2세에게 패하였으며, 그 여파로 덴마크는 국력이 약해져 유럽의 강자 자리를 내놓아야 했지요.

가톨릭 우위의 판세가 고착될 것처럼 보였던 중부 유럽의 상황은 개신교를 지원하는 스웨덴의 구스타브 2세 아돌프Gustav II Adolph가 개입하면서 다시 전쟁이 시작됩니다. 그러자 가톨릭 국가인 프랑스가 종교적으로 앙숙 관계인 스웨덴과 손을 잡고 같은 가톨릭 국가인 신성로마제국과 스페인을 상대로 전쟁을 선포하면서 복잡하게 얽혀버립니다. 프랑스는 종교 문제보다도 국경을 맞댄 두 강대국인 스페인과 신성로마제국을 견제하는 문제가 더 시급했던 것으로 보입니다.

유럽의 주요 국가들이 모두 참전한 이 전쟁은 30년에 걸쳐 치열하게 전개되었고, 1648년에 베스트팔렌 조약이 체결되며 비로소 종결되었지요.

30년 전쟁은 유럽의 역사에 많은 영향을 끼쳤습니다.

앞에서 말했듯이 초기에 전쟁에 뛰어들었다가 패전한 덴마크는 유럽의 강호 자리를 내놓아야 했고, 끝까지 전쟁을 수행해 승리한 스웨덴은 북유럽의 새로운 강자로 등극하며 발트해 연안을 장악하게 됩니다. 프랑스는 알자스 지방에 대한 지배권과 라인강 서쪽 지역을 차지하며 가장 실속 있는 이익을 챙겼지요. 네덜란드와 스위스는 이때 독립 국가로 인정받게 됩니다.

반면 자국 영토 안에서 전쟁을 치러야 했던 독일은 오랜 전쟁으로 인해 국토가 황폐해지고 국민의 1/3이 사망할 정도로 큰 피해를 입은 것은 물론이거니와, 신성로마제국이 붕괴되며 수많은 제후국들로 사분오열되어 국력이 크게 약화됩니다. 훗날 비스마르크에 의해 통일되기 전까지, 독일은 유럽의 약소국으로 전락하여 주변국들의 눈치를 보는 처량한 신세가 되었지요.

30년 전쟁은 최후의 종교 전쟁이자, 최초의 세계대전이라고 불립니다.

성당별 찾아보기

사용 그림 목록

016
성 밖의 성 바울 대성당 @altotemi

020
쾰른 대성당 @Raimond Spekking

022
페라라 대성당 @sailko
앙굴렘 대성당 @Nicrid16
투르네 노트르담 대성당 @Jean-Pol GRANDMONT

024
로마 판테온의 외관 @Nicholas Hartmann 내부 돔 @Sarahhoa

026
샤르트르 대성당 @MathKnight

029
로텐부르크 성 야고보 성당 @Tuxyso

045
성 베드로 대성당 세례 소성당 @Darafsh

054
탈린 알렉산드르 넵스키 성당의 성화벽 @Pudelek

065
트렌티노 산 나자로 성당 @Syrio

105
벨파스트 성 조지 성당 @Andreas F. Borchert

146
코토르 성 트리푼 성당 @sailko

154
볼로냐 산타 마리아 델라 비타 성당 @Joyofmuseums

216
로마 포로 로마노의 마메르티눔 @fortherock

235
볼로뉴 노트르담 성당 @Reinhardhauke

243
질란트 몰링 예배당 @Nico-dk
보딜리스 노트르담 성당 @GO69
기밀리오 성 밀리오 성당 @Tango7174
린덴베르크 마을 교구 교회 @Andreas Praefcke
발트키르히 성 마르가르타 교회 @James Steakley
귀스트로 대성당 @Wolfgang Sauber
레냐고 산 마르티노 대성당 @Threecharlie
라인 암 레흐 세례자 요한 성당 @GFreihalter
바트발드제 성 베드로와 바울 교회 @Andreas Praefcke
에니스코시 성 에이단 대성당 @Andreas F. Borchert

259
18세기 이탈리아 지도와 베네치아 공화국의 영토 @Alphathon

299
안델스부흐 성 베드로와 바울 교구 교회 @Wolfgang Sauber
피렌체 두오모 오페라 박물관 @Yair Haklai

319
로마 산 주세페 알라 룽가라 성당 @Dickstracke

347
본 대성당 @Axel Kirch
오라비차 그리스 가톨릭 성당 @Pasztilla aka Attila Terbócs
도베르스베르크 성 램버트 교구 성당 @Wolfgang Sauber
굼폴츠키르헨 성 미카엘 교구 성당 @Wolfgang Sauber
소바나 산타 마리아 마조레 성당 @Syrio
트렌티노 오래된 성 안토니오 대제 성당 @Syrio

355
성 계단 성당 @Antoine Taveneaux

361
오이스키르헨 성 마르틴 교구 성당 @Reinhardhauke
피렌체 산타 크로체 성당 카스텔라니 예배당 @sailko

395
아테네 호시오스 루카스 수도원 @Shakko
제네바 미술관 @sailko

396
코스섬의 아기아 파라스케비 대성당 @Ad Meskens
피에디몬테마테세 성모 성지 @Gianfranco Vitolo
로사노 코덱스 교구 박물관 @sailko
오나시스 재단 @Shakko
라벤나 국립 박물관 @sailko

Epilogue

'서당 개 삼 년이면 풍월을 읊는다.'고 합니다. 비유적인 표현입니다만, 수긍이 가는 말입니다. 절 보면 말이지요.

지금으로부터 꼭 십 년 전인 2014년에 『가고 싶다, 바르셀로나』를 출간했습니다. '디테일이 살아 있는 색다른 지식 여행'이라는 부제가 붙은 시리즈의 첫 번째 책이었는데, 일반적인 여행 서적보다는 설명 대상을 훨씬 자세하고 꼼꼼하게 다뤄야만 했습니다.

그런데 문제가 있었습니다. 바르셀로나에서 가장 중요한 관광 명소는 누가 뭐래도 사그라다 파밀리아라고 할 수 있어 책의 절반 정도를 그곳에다 할애했는데, 제가 그리스도교에 대해 아는 게 별로 없었던 것입니다.

그런 사정이었음에도 불구하고 그 책을 꼭 내고 싶었던 저는 이리저리 자료를 찾아가며 원고를 써 내려갔고, 세상에 나온 그 책은 바르셀로나를 여행하는 사람들에게 큰 도움이 된다는 호평을 얻을 수 있었습니다.

그 뒤로 스페인의 그라나다, 그리스의 아테네와 산토리니, 이탈리아의 피렌체, 러시아의 상트페테르부르크, 러시아의 모스크바, 오스트리아의 빈을 소개하는 책을 이어서 냈는데, 그 책들도 전체 원고의 절반 정도는 그리스도교와 성당에 관한 설명이 차지했습니다. 그리스도교 문화권인 유럽은 어느 도시를 설명의 대상으로 삼든 비슷한 상황이 될 수밖에 없을 겁니다.

그렇게 10년 가까이 유럽 관련 글 작업을 꾸준히 하다 보니, 그리스도교에 대해 하나둘 알아가는 재미가 있었습니다. 서당 개도 삼 년이면 풍월을 흉내 낸다는데, 하물며 인간이야 말해 무엇 하겠습니까.

결국 제가 비그리스도교인이라는 사실도 잊은 채, '유럽을 여행하며 한 군데 이상의 성당에 들를 사람들에게 도움이 될 만한 책을 쓰고 싶다.'는 열망이 치솟았습니다. 생각해보면 참으로 무모한 일인데, 아무튼 그런 욕심이 생겼습니다.

그렇게 하여 일단 초고를 만들어 출판사에 보냈는데, 곧바로 코로나19가 지구촌을 뒤흔드는 바람에 진행이 막혔습니다. 하릴없이 3년 가까운 시간이 답답하게 흘렀지요.

다행스럽게도 코로나19의 기세가 꺾이면서 책의 마무리 작업을 할 수 있게 되니, 일단 벌여 놓은 일의 매듭을 지을 수 있어 홀가분합니다. 독자 여러분께 어떤 평가를 받을지 몰라 걱정도 되지만, 그래도 제가 원했던 콘셉트로 책이 나올 수 있어 저는 참 행복합니다.

이 책은 애당초 유럽 성당 여행자를 위한 가이드북으로 구상했기 때문에, 가급적이면 유럽의 성당에서 찍은 사진들을 자료로 제시했습니다. 사진마다 어느 곳에서 찍은 것인지를 일일이 밝혀놓은 까닭은, 여행자가 해당 장소에서 직접 확인할 수 있도록 하기 위함입니다.

굳이 사족을 덧붙이자면, 그 작업이 너무 힘들었습니다. 수만 장의 사진 속에서 필요한 사진을 하나씩 찾아내는 과정은 참으로 더디고 피곤한 작업이었으니까요. 정말 이런 책은 다시는 못 낼 것 같습니다.

이 책은 여행자에게 도움을 주기 위한 목적으로 만들어졌습니다. 만약 그리스도교와 관련해 부정확한 내용이 있다면 너무 매섭게 나무라지는 마시고, 필자의 메일을 통해 따뜻한 가르침을 주셨으면 합니다. 그러면 진지한 태도로 배우겠습니다. 혹시 '그리스도교인도 아니면서 독학으로 이 정도 공부한 것이 대견하다.'고 여겨주시는 분이 계시다면 더없이 감사하겠습니다.

이 책의 원고는 제가 썼지만, 이 책의 주인은 사실상 사진입니다. 20년 가까이 저의 여행에 동행해 주며 촬영과 포토샵 작업을 해주는 오형권 사진작가에게 먼저 감사의 마음을 전합니다. 그의 고생이 없었다면 이런 콘셉트의 책을 내고 싶다는 생각을 하지 못했을 겁니다.

그리고 저의 어설픈 구상을 응원해주고, 또 이렇게 완성된 형태로 책이 나올 수 있도록 끊임없이 조언과 격려와 노력을 아끼지 않은 북핀 출판사 식구들께는 말로 전하는 감사가 부질없게 느껴질 따름입니다. 말은 마음을 다 담지 못하기 때문입니다. 그래도 진심을 담아 고맙다는 인사를 이 자리에서 드리고 싶습니다.

아무쪼록 세상 밖으로 나가는 이 책이 여행자들의 많은 사랑을 받을 수 있기만 바랄 뿐입니다.

저자 신양란

유럽 성당 방문자를 위한 맞춤형 지식 교양서

여행자의 성당 공부

1판 1쇄 펴냄 2023년 10월 10일

지은이 신양란(글), 오형권(사진)
펴낸이 정현순
디자인 원더랜드
인쇄 ㈜한산프린팅

펴낸곳 ㈜북핀
등록 제2021-000086호(2021. 11. 9)
주소 경기도 부천시 조마루로385번길 92
전화 032-240-6110 / 팩스 02-6969-9737

ISBN 979-11-91443-19-6 03920
값 25,000원